EU, MIEP, ESCONDI A FAMÍLIA DE ANNE FRANK

Miep Gies e ALISON LESLIE GOLD

EU, MIEP, ESCONDI A FAMÍLIA DE ANNE FRANK

TRADUÇÃO DE Iris Figueiredo

Vestígio

Copyright © 1987 Miep Gies e Alison Leslie Gold
Copyright do posfácio © 2009 Miep Gies e Alison Leslie Gold
Publicado através de acordo com a Simon & Schuster, Inc., editora original da obra.

Título original: *Anne Frank Remembered – The Story of the Woman Who Helped to Hide the Frank Family*

Publicado anteriormente no Brasil pela editora Gutenberg com o título *Recordando Anne Frank*.

Todos os direitos reservados pela Editora Vestígio. Nenhuma parte desta publicação poderá ser reproduzida, seja por meios mecânicos, eletrônicos, seja via cópia xerográfica, sem a autorização prévia da Editora.

EDITOR RESPONSÁVEL
Arnaud Vin

CAPA
Diogo Droschi

EDITOR ASSISTENTE
Eduardo Soares

IMAGENS DE CAPA E CONTRACAPA
Photo collection Anne Frank House, Amsterdam

PREPARAÇÃO
Sonia Junqueira
Andresa Vidal Vilchenski

DIAGRAMAÇÃO
Waldênia Alvarenga

REVISÃO
Nilce Xavier
Graziela Marcolin

Dados Internacionais de Catalogação na Publicação (CIP)
Câmara Brasileira do Livro, SP, Brasil

Gies, Miep
  Eu, Miep, escondi a família de Anne Frank / Miep Gies, Alison Leslie Gold ; tradução Iris Figueiredo. -- 2. ed. -- São Paulo : Vestígio, 2020.

  Título original: Anne Frank Remembered – The Story of the Woman Who Helped to Hide the Frank Family.

  ISBN 978-85-54126-73-5

  1. Frank, Anne, 1929-1945 2. Holocausto judeu (1939-1945) - Países Baixos - Amsterdã 3. Gentios justos no Holocausto - Países Baixos - Amsterdã - Biografia 4. Gies, Miep, 1909-2010 5. Guerra Mundial,1939-1945 - Judeus - História I. Gold, Alison Leslie. II. Título.

20-32861   CDD-940.5318

Índices para catálogo sistemático:
1. Holocausto judeu : Guerra Mundial, 1939-1945 : História 940.5318

Iolanda Rodrigues Biode - Bibliotecária - CRB-8/10014

A **VESTÍGIO** É UMA EDITORA DO **GRUPO AUTÊNTICA**

São Paulo
Av. Paulista, 2.073 . Conjunto Nacional
Horsa I . 23º andar . Conj. 2310-2312
Cerqueira César . 01311-940 São Paulo . SP
Tel.: (55 11) 3034 4468

Belo Horizonte
Rua Carlos Turner, 420 Silveira
31140-520
Belo Horizonte . MG
Tel.: (55 31) 3465 4500

www.editoravestigio.com.br

"Segunda, 8 de maio de 1944
"Parece que a Miep está sempre pensando em nós..."
Anne Frank

PRÓLOGO
9

PARTE UM
REFUGIADOS
11

PARTE DOIS
NO ESCONDERIJO
87

PARTE TRÊS
OS DIAS MAIS SOMBRIOS
165

EPÍLOGO
215

POSFÁCIO
221

PRÓLOGO

EU NÃO SOU UMA HEROÍNA. Estou no final de uma longa, muito longa, fila de bondosos holandeses que fizeram o mesmo – ou muito mais – que eu durante aqueles tempos sombrios e tenebrosos, que, no coração de todos os que os testemunhamos, parecem ter acontecido ontem. Nem um dia se passa sem que eu me lembre do que houve naqueles anos.

Mais de vinte mil holandeses ajudaram a esconder judeus e outras pessoas que também precisavam de refúgio durante aqueles tempos. Fiz de bom grado tudo o que podia para ajudar. Meu marido também. Mas não foi o bastante.

Não há nada de especial em mim. Eu nunca quis chamar atenção. Só estava disposta a fazer o que me pediram e o que parecia necessário na época. Quando me convenceram a contar minha história, tive de pensar no lugar que Anne Frank ocupa na História e o que a história *dela* passou a significar para milhões de pessoas que foram tocadas por ela. Contaram-me que toda noite, assim que o sol se põe, em algum lugar do mundo uma cortina se levanta no palco para uma peça baseada no diário de Anne. Levando em consideração as muitas edições de *Het Achterhuis* ("O Anexo") – publicado no Brasil como *O diário de Anne Frank* – e as muitas traduções da história de Anne, sua voz atingiu os cantos mais distantes da Terra.

Minha colaboradora, Alison Leslie Gold, disse que as pessoas também reagiriam às minhas memórias de como aqueles terríveis eventos ocorreram. Agora todos os envolvidos estão mortos, só restamos eu e meu marido. Estou narrando os fatos da maneira que me lembro.

Para manter o espírito da versão original do diário de Anne, decidi usar os mesmos nomes que ela inventou para muitos dos envolvidos.

Anne fez uma lista de pseudônimos, que foi encontrada entre suas anotações. Aparentemente, queria preservar a identidade das pessoas, caso alguma de suas experiências secretas fosse publicada depois da guerra. Por exemplo, meu apelido, bastante comum na Holanda, era Miep, que Anne não se preocupou em mudar. O nome do meu marido, Jan, foi alterado para "Henk". E nosso sobrenome, Gies, virou "Van Santen".

Quando o diário foi publicado pela primeira vez, o Sr. Frank decidiu usar os nomes que Anne inventou para todos, exceto para sua própria família, em respeito à privacidade dos envolvidos. Por fidelidade ao diário de Anne, e também pela privacidade, fiz o mesmo, usando ou variações dos nomes dados por ela ou nomes que inventei para pessoas não mencionadas no diário. A exceção mais notável é que, desta vez, usei meu sobrenome verdadeiro, Gies. A identidade real de todas as pessoas está cuidadosamente documentada nos arquivos oficiais dos Países Baixos.

Em alguns casos, mais de cinquenta anos se passaram, e vários detalhes dos eventos narrados neste livro foram, em parte, esquecidos. Reconstituí conversas e acontecimentos da maneira mais próxima possível às minhas lembranças. Não é fácil revisitar essas memórias com tantos detalhes. Mesmo com o passar dos anos, não fica mais fácil.

A minha é uma história de pessoas comuns durante uma época terrível e extraordinária. Tempos que espero, de todo o meu coração, que nunca, nunca voltem. Minha história é para que nós, pessoas comuns em todo o mundo, saibamos o que aconteceu e jamais deixemos que isso se repita.

Miep Gies

PARTE UM

REFUGIADOS

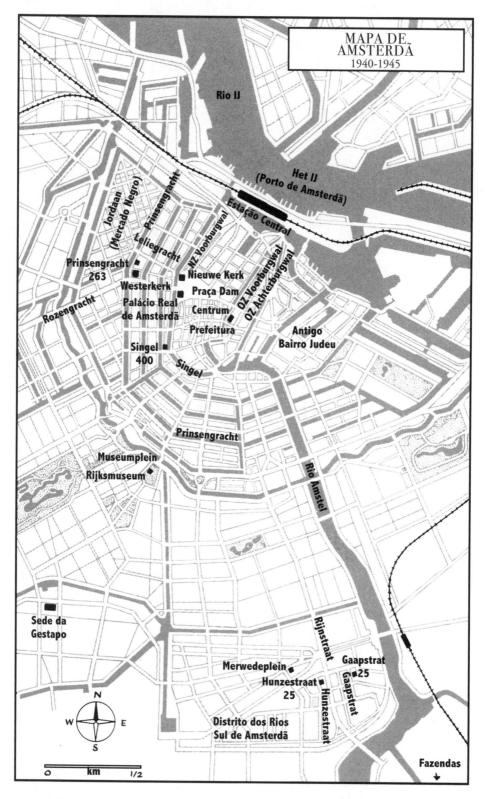

CAPÍTULO UM

EM 1933, EU E MEUS PAIS adotivos, os Nieuwenhuis, vivíamos no número 25 da rua Gaaspstraat, onde eu compartilhava um pequeno e aconchegante quarto no sótão com minha irmã adotiva, Catherina. Nosso bairro ficava em uma área silenciosa ao sul de Amsterdã, conhecida como o Distrito dos Rios, porque as ruas tinham nomes de famosos rios holandeses e europeus que cortavam os Países Baixos até o mar, como o Reno, o Mosa, o Jeker. O Amstel praticamente corria em nosso quintal.

Esse distrito foi construído durante os anos 1920 e início dos anos 1930, quando grandes companhias progressistas construíram condomínios com a ajuda de empréstimos do governo. Todos nós estávamos bastante orgulhosos dessa evolução na forma de tratar simples trabalhadores: casas confortáveis, encanamento, jardins arborizados nos fundos de cada condomínio. Vários deles foram construídos exclusivamente por empresas privadas.

Na verdade, nosso bairro não era totalmente silencioso. Quase sempre, crianças animadas preenchiam o lugar com gritos e gargalhadas; se não estavam brincando, estavam assobiando para chamar outras para brincar. Cada grupo de amigos tinha um assobio alto e exclusivo para chamar uns aos outros e identificar quem estava lá fora. As crianças estavam sempre juntas, reunidas em pequenos grupos a caminho da piscina, do parque Amstel ou conversando, em uma cadência que parecia que cantavam, quando iam e vinham da escola. As crianças holandesas, assim como seus pais, aprendiam ainda muito jovens a serem leais aos amigos, e poderiam se tornar implacáveis se algo de ruim fosse feito a um deles.

A Gaaspstraat era muito parecida com as outras ruas, repleta de prédios de cinco andares. As portas que davam acesso a escadas íngremes estavam por todos os lados. Os prédios eram de tijolinhos marrom-escuros com telhados inclinados cor de laranja. Havia janelas na frente e nos fundos, todas de madeira e pintadas de branco, cada uma delas com cortinas rendadas diferentes, e sempre com flores ou plantas no parapeito. Nosso quintal era repleto de ulmeiros.

No meio do caminho havia uma pracinha gramada e, do outro lado dela, uma igreja católica romana, cujos sinos marcavam o dia e dispersavam os pássaros pelo céu: pardais, pombos, que permaneciam nos telhados, e gaivotas. Sempre gaivotas.

Nosso distrito era limitado a leste pelo Amstel, com seus barcos indo e vindo, e ao norte pela majestosa avenida Zuideramstel, na qual circulava o bonde número 8; álamos cresciam dos dois lados, em linhas retas. A Zuideramstel Lan encontrava a Scheldestraat, uma das ruas comerciais da vizinhança, repleta de mercados, cafés e floriculturas com vasos de flores vibrantes e frescas.

AMSTERDÁ, NO ENTANTO, não era minha cidade natal. Nasci em Viena, Áustria, em 1909. Quando eu tinha 5 anos, estourou a Primeira Guerra Mundial. Nós, crianças, não tínhamos como saber que a guerra havia começado até o dia em que ouvimos os soldados marchando pela rua. Lembro que fiquei muito empolgada e corri para dar uma olhada. Eu reparava nos uniformes, nos equipamentos e nas muitas manifestações passionais entre o povo. Para ver melhor, corri entre os cavalos e os homens em marcha. Um bombeiro me agarrou, me ergueu nos braços e me levou para casa, enquanto eu espichava o pescoço para ver mais.

Em Viena, havia prédios antigos em condições não muito boas, erguidos em torno de pátios centrais e divididos em vários apartamentos ocupados por trabalhadores. Vivíamos em um desses apartamentos escuros. O bombeiro me levou de volta à minha ansiosa mãe e partiu.

– Há soldados nas ruas. Não é seguro. Não vá para fora – disse minha mãe em tom severo.

Eu não entendia, mas obedeci. Todo mundo estava agindo de um jeito estranho. E eu era muito pequena. Lembro-me muito pouco daquela época, exceto que dois tios que moravam com a gente tiveram que ir para a guerra, e que a vida mudou muito depois disso.

Ambos voltaram em segurança e, àquela altura, um deles já estava casado. Nenhum dos dois voltou a morar conosco, então, quando a guerra acabou, eu vivia apenas com a mamãe, o papai e a vovó.

Nunca fui uma criança muito forte e, por causa dos severos racionamentos de comida durante a guerra, fiquei subnutrida e doente. Para começar, eu era uma menina pequena e parecia definhar em vez de crescer normalmente. Minhas pernas pareciam palitos com joelhos ossudos e meus dentes eram frágeis. Quando fiz 10 anos, meus pais tiveram outra filha, o que significava que haveria ainda menos comida para todos nós. Minha saúde estava piorando, e disseram aos meus pais que eles precisavam tomar alguma providência ou eu morreria.

Mas graças a um programa organizado por trabalhadores estrangeiros para socorrer crianças austríacas que passavam fome foi traçado um plano que poderia me salvar do meu destino fatal. Fui enviada para um país distante chamado Holanda, junto com filhos de outros trabalhadores austríacos, para ser alimentada e recuperar minha saúde.

Era inverno – sempre cruel em Viena –, dezembro de 1920, eu estava embrulhada nas roupas que meus pais conseguiram encontrar, e fui despachada para a cavernosa ferrovia de Viena. Esperamos durante várias horas e muitas crianças doentes se juntaram a nós. Os médicos deram uma olhada em mim, examinando meu corpo magro e fraco. Embora eu tivesse 11 anos, aparentava ser muito mais nova. Meus cabelos ralos e loiro-escuros estavam presos por um laço de algodão. Tinha um cartão pendurado no pescoço, e nele estava impresso um nome desconhecido, de alguém que eu nunca tinha visto.

O trem estava lotado de crianças como eu, todas com cartões pendurados no pescoço. De repente, ele começou a se mover, e eu não consegui mais enxergar o rosto dos meus pais. Todas as crianças estavam assustadas e apreensivas sobre o que seria de nós. Algumas choravam. A maioria nunca tinha saído da própria rua, muito menos de Viena. Eu me sentia fraca demais para ficar observando, mas descobri que o movimento constante do trem me deixava sonolenta. Dormia e acordava, e a viagem continuava, continuava...

Era meio da noite e estava muito escuro lá fora quando o trem parou e nós fomos acordados pelo tranco e levados para fora. Na placa ao lado do trem ainda fumegante estava escrito LEIDEN.

Falando conosco em uma língua completamente desconhecida, as pessoas nos guiaram até um salão amplo, com o pé direito alto, e nos sentaram em cadeiras de madeira com encostos duros. Ficamos lado a lado, em longas fileiras. Meus pés não alcançavam o chão. Eu estava com muito, muito sono.

Do lado oposto à multidão de crianças doentes e exaustas, estava um grupo de adultos. De repente, eles vieram em nossa direção como um enxame e começaram a checar nossos cartões, lendo os nomes. Éramos impotentes para resistir àqueles seres ameaçadores, de mãos desajeitadas.

Um homem não muito alto, mas de aparência forte, leu meu cartão.

– *Ja* – disse ele com firmeza, e pegou minha mão, me ajudando a descer da cadeira, guiando-me para fora. Eu o acompanhei sem sentir medo.

Cruzamos uma cidade, passando por prédios muito diferentes daqueles que eu tinha visto em Viena. A lua brilhava, suave, luminosa. O ar era límpido. O luar permitia enxergar bem, e eu observava com atenção para onde estávamos indo.

Vi que nos afastávamos da cidade. Não havia mais casas, não havia mais árvores. O homem tinha começado a assobiar. *Ele deve ser fazendeiro*, pensei. *Deve estar assobiando para chamar o cachorro.* Eu tinha muito medo de cães de grande porte. Senti um aperto no coração.

Continuamos andando e nenhum cachorro apareceu, e, de repente, surgiram mais casas. Fomos até uma porta, que logo se abriu, e subimos as escadas. Uma mulher com um rosto de traços proeminentes e olhos gentis estava parada em uma sala. Olhei para o interior da casa e, no fim de um patamar da escada, avistei vários rostinhos de crianças me encarando. A mulher me deu a mão e me levou até outra sala, onde me serviu um copo de leite espumoso. Depois me guiou escada acima.

Todas as crianças tinham desaparecido. A mulher me levou para um pequeno quarto, no qual havia duas camas. Em uma delas estava uma garota da minha idade. A mulher tirou todas as camadas de roupa que eu vestia, desfez o laço do meu cabelo e me colocou entre as cobertas da outra cama. O calor me envolveu. Minhas pálpebras se fecharam e eu adormeci.

Nunca me esquecerei daquela jornada.

Na manhã seguinte, a mesma mulher veio até o quarto, me vestiu com roupas limpas e me levou para o andar de baixo. Lá, sentados à mesa, estavam o homem forte, a menina com quem dividi o quarto, da mesma faixa etária que eu, e quatro garotos de diferentes idades; todos os rostos que me encararam na noite anterior me olhavam agora, curiosos, ao redor da mesa. Não entendi nada do que eles disseram, e eles não entenderam nada do que eu disse, até que o garoto mais velho, que estava estudando para ser professor, começou a falar um pouco de alemão, que havia aprendido no colégio, traduzindo coisas mais simples para mim. Ele se tornou meu intérprete.

Apesar da barreira do idioma, todas as crianças eram gentis comigo. Na minha situação de miséria, gentileza era essencial. Era um remédio tão importante quanto o pão, a marmelada, o bom leite holandês, a manteiga e o queijo, o calor dos quartos. E, ahhh... os floquinhos de chocolate conhecidos como "granizo", e os outros pedacinhos de chocolate, chamados de "ratinhos", que me ensinaram a colocar em pães besuntados de manteiga – gostosuras que eu nunca havia imaginado.

Depois de algumas semanas, recuperei um pouco da minha força. Todas as crianças estavam na escola, incluindo o mais velho, meu intérprete. Todo mundo acreditava que a forma mais rápida de uma criança aprender holandês era frequentando uma escola holandesa. Então o homem me pegou de novo pela mão e me levou até a escola local, onde teve uma longa conversa com o diretor.

– Pois que ela venha à nossa escola – disse o diretor.

Em Viena, eu estava na quinta série, mas em Leiden fui colocada de volta na terceira. Quando o diretor me levou à sala desconhecida, explicando às crianças, em holandês, quem eu era, todas quiseram me ajudar; tantas mãos vieram em meu auxílio que eu nem sabia qual segurar primeiro. Todas as crianças me adotaram. Existe um conto infantil sobre uma criança que é levada por uma enchente em um berço de madeira e fica boiando em águas violentas, correndo perigo de se afogar, quando um gato salta no berço e pula de um lado para outro, equilibrando-o até tocar a terra firme outra vez e o bebê estar a salvo. Eu era o bebê, e todos aqueles holandeses eram os gatos.

Ao final de janeiro, eu já era capaz de compreender e falar algumas palavras em holandês. Na primavera, eu era a melhor da turma.

MINHA ESTADIA NA Holanda deveria ter durado três meses, mas eu ainda estava fraca ao fim daquele período, e os médicos a estenderam por mais três meses e, depois, por mais três. Rapidamente, a família começou a me incorporar, considerando-me parte dela. Os meninos diziam:

– Nós temos duas irmãs.

O homem que eu começava a enxergar como pai adotivo era supervisor de uma companhia de carvão em Leiden. Apesar de já terem cinco filhos e embora não fossem abastados, aquele homem e sua mulher partiam do princípio de que onde comiam sete, oito também poderiam comer; então eles logo revigoraram aquela pequena criança faminta de Viena. No início, me chamavam pelo meu nome, Hermine, mas, à medida que o gelo entre nós se quebrava, eles acharam o nome muito formal e começaram a me chamar por um carinhoso apelido holandês, Miep.

Eu levava a vida na Holanda com naturalidade. *Gezellig*, ou aconchego, é o lema holandês. Aprendi a andar de bicicleta e passar manteiga nos *dois* lados do pão. Aquelas pessoas me ensinaram a amar música clássica, e era minha obrigação ser politicamente consciente, ler o jornal todas as tardes e depois discutir o que tinha lido.

Só falhei miseravelmente em um aspecto da vida holandesa. Quando o inverno se tornou forte o bastante para congelar as águas do canal, os Nieuwenhuis me agasalharam, assim como às outras crianças, e nos levaram até o canal congelado. Era uma atmosfera festiva: barraquinhas vendendo chocolate quente e leite de anis; famílias inteiras patinando juntas, uma atrás da outra, de braços enganchados em um longo poste para se balançarem ao redor dele. O horizonte era sempre plano e luminoso, com o sol avermelhado do inverno.

Eles amarraram, com tiras de couro, um par de patins de madeira com lâminas onduladas aos meus sapatos e me empurraram para a superfície congelada. Vendo meu pânico, puxaram uma cadeira de madeira para o gelo e me ensinaram a empurrá-la à minha frente. Meu tormento deve ter ficado visível, porque logo fui guiada para a margem do canal. Congelada e arrasada, lutei para desamarrar as tiras de couro úmidas com as mãos sem luvas. Os nós não cediam, e meus dedos ficavam mais e mais congelados. Senti a raiva e a angústia crescendo e jurei a mim mesma que nunca mais chegaria perto do gelo. E cumpri essa promessa.

QUANDO EU TINHA 13 ANOS, toda a família se mudou para o sul de Amsterdá, para um bairro onde todas as ruas tinham nomes de rios. Ainda que esse distrito ficasse nos limites de Amsterdá, às margens do rio Amstel, com pastos verdejantes e vacas malhadas pastando, nós morávamos na cidade. Eu amava a vida urbana. Me encantava, em particular, com os bondes elétricos de Amsterdá e os canais, as pontes e as barragens, os pássaros, os gatos, as bicicletas em alta velocidade, as barracas de flores resplandecentes e bancas cheias de arenque, os antiquários, as casinhas com telhados decorados, os teatros, os cinemas e as sociedades políticas.

Em 1925, quando eu tinha 16 anos, os Nieuwenhuis me levaram a Viena para que eu reencontrasse meus parentes. Fiquei surpresa com a beleza da cidade, porém me senti estranha ao lado daquelas pessoas que não eram mais familiares. Quando a visita foi chegando ao fim, minha ansiedade pela partida aumentou. Então minha mãe biológica teve uma conversa honesta com meus pais adotivos.

– É melhor Hermine voltar para Amsterdá com vocês. Ela virou holandesa. Acho que não ficaria feliz se permanecesse em Viena.

O nó no meu peito se desfez e senti um grande alívio.

Não queria magoar minha família biológica, e eu ainda era jovem e precisava da permissão deles. Mas queria desesperadamente voltar para a Holanda. Minha sensibilidade era holandesa, e a natureza dos meus sentimentos também.

No final da adolescência, uma parte de mim se voltou para dentro. Fiquei mais independente e comecei a ler e refletir sobre Filosofia. Lia Spinoza e Henri Bergson. Comecei a preencher cadernos com meus pensamentos mais íntimos, fazendo anotações infinitas. Escrevia em segredo, apenas para mim mesma, não para discutir. Eu tinha um desejo profundo de entender a vida.

Então, com a mesma velocidade com que me invadiu, a paixão por escrever diários se foi. De repente me senti envergonhada, autoconsciente, com medo de que alguém se aproveitasse daqueles pensamentos tão particulares. De uma só vez, rasguei todos os papéis e joguei fora, para nunca mais escrever nada parecido. Aos 18 anos, saí da escola e fui trabalhar em um escritório. Embora eu continuasse a ser reservada e independente, meu entusiasmo pela vida passou a se manifestar novamente.

Em 1931, aos 22 anos, retornei a Viena para ver meus pais. Eu já era uma mulher feita e viajei sozinha. Trabalhando há algum tempo, me correspondia com eles e mandava dinheiro sempre que podia. Foi uma boa visita e, dessa vez, não houve nenhuma menção ao meu retorno à Áustria. Eu já era completamente holandesa. A menina vienense de 11 anos, faminta, com o cartão no pescoço e um laço de algodão no cabelo havia desaparecido. Agora eu era uma jovem holandesa robusta.

Nenhum de nós pensou em mudar meu passaporte durante as minhas visitas a Viena; então, nos documentos, eu ainda era uma cidadã austríaca. Mas quando me despedi da minha mãe, do meu pai e da minha irmã na Áustria, eu estava consciente da minha identidade. Eu sabia que iria continuar a escrever e mandar dinheiro com regularidade, sabia que continuaria a visitá-los e levaria meus filhos para vê-los quando essa época chegasse, mas a Holanda seria para sempre o meu lar.

CAPÍTULO DOIS

EM 1933, EU TINHA 24 ANOS. Aquele foi um ano difícil. Passei meses desempregada após ser demitida, junto de outro funcionário, da companhia têxtil onde tive meu primeiro e único emprego como secretária. Os tempos eram ruins e o desemprego era alto, mas, por ser uma jovem de alma independente, eu queria muito voltar a trabalhar.

Eu vivia com a minha família adotiva alguns andares acima de uma mulher mais velha, a Sra. Blik, que de vez em quando tomava café com minha mãe. A Sra. Blik tinha um emprego bastante raro para uma mulher, embora não fosse incomum que as holandesas trabalhassem fora de casa. Ela era caixeira-viajante e, com frequência, passava a semana fora – até sábado –, demonstrando e vendendo produtos para esposas de fazendeiros e para clubes de donas de casa.

Todos os sábados, ela voltava com seu baú vazio e prestava contas às empresas que a contratavam, para repor seu estoque de amostras e dar entrada nas encomendas. Certo sábado, ela ouviu de um de seus empregadores fixos que uma das secretárias estava doente e que a empresa procurava uma substituta temporária.

Naquela mesma tarde, vindo direto do bonde, ela arrastou-se alguns degraus a mais até nosso apartamento e bateu na porta. Minha mãe adotiva me chamou da cozinha e me contou sobre a vaga, entusiasmada. A Sra. Blik me entregou um pedaço de papel e disse:

– Segunda-feira, bem cedinho...

Eu lhe agradeci, animada com a perspectiva de reconquistar minha independência voltando a trabalhar... isto é, se conseguisse chegar cedo o suficiente e ser contratada. Onde era o escritório? Dei uma olhada no papel. *Fácil*, pensei, *menos de 20 minutos de bicicleta.* Talvez 15, como eu pedalava rápido. O papel indicava:

Sr. Otto Frank
NZ Voorburgwal 120-126

NA MANHÃ DE SEGUNDA-FEIRA, levantei bem cedo, contente, carregando escada abaixo minha resistente bicicleta de segunda mão, com cuidado para não sujar a blusa e a saia recém-lavadas e passadas. Me orgulhava por vestir roupas da moda, a maior parte delas costuradas à mão para economizar, mas não muito diferentes das que exibiam as vitrines das melhores lojas. Eu também usava um penteado moderno, um coque baixo, e alguns amigos diziam, entre risadas, que eu parecia a estrela norte-americana Norma Shearer. Eu era baixinha, tinha pouco mais de 1,50 m de altura, olhos azuis e volumosos cabelos loiro-escuros. Tentava compensar minha estatura com os sapatos, usando os saltos mais altos que podia.

Embiquei minha bicicleta para o norte, deixando a vizinhança silenciosa para trás. Pedalando no ritmo perigoso de sempre, a saia balançando ao vento, "costurei" entre as bicicletas dos trabalhadores que seguiam para seus empregos no Centrum, o centro comercial de Amsterdá.

Olhei de relance para a vitrine da De Bijenkorf, uma loja de departamento gigante, cobiçando os modelitos mais novos, cruzei a larga Praça Dam, lotada de pombos, por onde muitos bondes passavam a caminho da estação Central. Então circulei o Palácio Real de Amsterdá e a antiga "Nieuwe Kerk" – a "nova igreja" –, onde Guilhermina foi coroada rainha em 1898, quando completou 18 anos. (Ela foi sucessora de Guilherme III em 1890, durante a regência da Rainha-mãe Emma.) Virei na caótica N.Z. Voorburgwal.

A N.Z. Voorburgwal, rua sinuosa cheia de bondes e trabalhadores, era ocupada na maior parte por construções dos séculos XVII e XVIII. Encontrando o quarteirão, dei as últimas pedaladas.

O prédio à minha frente era o mais moderno da rua, quase um arranha-céu. Acima da entrada de pedra bege havia um toldo arredondado. Nove andares envidraçados, separados por pedras acinzentadas, se erguiam contra o céu cheio de nuvens. Esse edifício inusitado era chamado, de acordo com um letreiro preto no nível da rua, de GEBOUW CANDIDA (Edifício Candida). Acomodei minha bicicleta no bicicletário e ajeitei meu cabelo.

A Travies & Company ocupava um pequeno escritório de duas salas. Fui recepcionada por um rapaz de rosto amistoso e cabelos castanhos, na faixa dos 16 anos. Ele usava uniforme de trabalho e estava desempacotando e organizando mercadorias num lugar que parecia o setor de remessas. A sala não era iluminada e, além da área de remessas, tinha uma mesa de madeira com uma máquina de escrever preta e um telefone da mesma cor. O rapaz se apresentou como Willem, disse que era balconista e garoto de recados da companhia. Logo percebi que ele era um holandês simpático e amigável, mas antes que eu pudesse observá-lo melhor, uma voz suave e com sotaque acentuado me chamou da sala ao lado.

De um jeito tímido, porém cavalheiresco, um homem alto, magro e sorridente se apresentou. Fiz o mesmo, e ele começou com as perguntas habituais de uma entrevista de emprego. Seus olhos escuros encontraram os meus e senti, de imediato, sua natureza amável e gentil, endurecida de alguma forma pela timidez e por um leve nervosismo. Veio por detrás de uma mesa bem organizada. Havia duas em seu escritório. Desculpou-se por seu holandês ruim, explicando que chegara havia pouco tempo de Frankfurt, na Alemanha – tão recentemente, na verdade, que a esposa e as filhas ainda não tinham se juntado a ele.

Falei alemão com prazer, para tornar as coisas mais fáceis para ele. Um brilho de gratidão raiou em seus olhos quando passou para o conforto da língua-mãe. Seu nome era Otto Frank. Estimei que estava na casa dos 40 anos, tinha bigode, e seu sorriso, que aparecia com frequência, revelava dentes tortos.

Devo ter causado uma boa impressão, porque ele disse:

– Antes de começar, você precisa vir comigo à cozinha.

Minhas bochechas esquentaram. Teria conseguido o emprego? Não conseguia imaginar o que ele poderia querer na cozinha: talvez uma xícara de café? Mas claro que o segui até lá. No caminho, fui apresentada a outra pessoa, o Sr. Kraler, com quem o Sr. Frank dividia o escritório. Depois descobri que, assim como eu, Victor Kraler tinha nascido na Áustria.

Na cozinha, o Sr. Frank começou a reunir sacos de fruta, açúcar em pacotes de papel e outros ingredientes, tudo isso enquanto falava em seu jeito culto e discreto. Pelo visto, a sede da Travies & Company ficava em Colônia, na Alemanha. A empresa era especializada em produtos para donas de casa, um deles chamado pectina, que o Sr. Frank estava vendendo às holandesas. Era feito de maçã – "sementes de maçã", brincou o Sr. Frank –, e ele as importava da Alemanha. Ao combinar com açúcar, frutas frescas e vários outros ingredientes era possível fazer a própria geleia em cerca de 10 minutos.

Ele me estendeu um pedaço de papel.

– Aqui está a receita. Agora faça a geleia!

Virou-se e saiu, deixando-me só na cozinha. De repente, eu estava em terreno desconhecido. Como o Sr. Frank poderia saber que eu ainda vivia com meus pais adotivos e tinha pouquíssima experiência na cozinha? Sim, eu até podia fazer o melhor café lá em casa, mas geleia?! Silenciei as vozes na minha cabeça e li a receita. Era um processo com o qual não estava familiarizada. Lembrei a mim mesma que era capaz de fazer qualquer coisa que me programasse para fazer. Então organizei meus pensamentos e simplesmente segui as instruções.

Fiz a geleia.

Nas duas semanas seguintes, fiquei na pequena cozinha fazendo potes e mais potes de geleia. Todos os dias o Sr. Frank trazia um saco de frutas diferentes, que depositava no balcão. Cada fruta tinha uma fórmula distinta. Logo peguei o jeito, e no terceiro ou quarto dia me tornei uma quase especialista: minhas geleias estavam sempre perfeitas, de boa qualidade, com cores vibrantes, consistência firme, suculentas. Vidros e vidros empilhados, cheios de deliciosas geleias.

O Sr. Frank sugeriu que eu e Willem levássemos geleia para nossas famílias, o que fizemos. Mas ele mesmo não levou nenhuma para si, já que estava vivendo sozinho em um hotel no Centrum e ficaria lá até que a família pudesse se juntar a ele em Amsterdá. O Sr. Frank falava pouco sobre os familiares, só que estavam hospedados na casa de sua sogra em Aachen, uma cidade alemã bem perto da fronteira sudeste da Holanda. Sua esposa se chamava Edith, e eles tinham duas filhas bem jovens: Margot Betti, a mais velha, e Anneliese Marie, o bebê, a quem chamavam de Anne. Ele também tinha a mãe, já de idade avançada, e outros parentes vivendo em Basileia, na Suíça.

Senti que era solitário, um homem de família sem a família. Claro que não disse nada a respeito, era um assunto muito pessoal.

Eu o chamava de Sr. Frank e ele me chamava de Srta. Santrouschitz, já que os norte-europeus da nossa geração não usavam os primeiros nomes uns com os outros. Sentindo-me logo próxima dele, deixei a formalidade de lado e disse:

— Por favor, me chame de Miep. — E o Sr. Frank fez como pedi.

Nós dois rapidamente descobrimos várias afinidades, como nossa paixão por política, pois compartilhávamos as mesmas ideias. Embora eu tenha sido ensinada a não odiar, desaprovava o fanático Adolf Hitler, que recentemente tinha subido ao poder na Alemanha. O Sr. Frank sentia o mesmo, embora tivesse seus próprios motivos: era judeu. Ele tinha deixado a Alemanha por causa das políticas antissemitas de Hitler.

Embora a campanha contra judeus parecesse ter chegado ao fim na Alemanha, aquilo me deixou aborrecida. Nunca tive nada contra ou a favor dos judeus. Em Amsterdã, eles eram tão parte da cidade que não havia nada de excepcional neles. Era simplesmente injusto que Hitler tivesse criado leis especiais para essas pessoas. Ainda bem que o Sr. Frank tinha ido para a Holanda, e logo sua família também estaria segura vivendo ali. Mantendo nossas pequenas discussões em alemão, concordamos que estava tudo bem virar as costas para a Alemanha de Hitler e ficar seguro e protegido no país que nos adotou, a Holanda.

Os dias passavam e a garota doente que eu estava substituindo não parecia dar indícios de que iria voltar. Certa manhã, lá pela minha segunda semana na cozinha, o Sr. Frank chegou de mãos vazias, sem frutas. Foi até a porta e fez um gesto para que eu tirasse o avental que usava para proteger minhas roupas da geleia.

— Vem cá, Miep! — pediu, e abriu caminho até a sala da frente.

Ele me apontou a mesa ao lado da janela e disse:

— De agora em diante, você vai se sentar a essa mesa. Eu a chamo de Mesa das Reclamações e Informações. Você logo vai saber o motivo.

Eu me ajeitei no cantinho da sala, com uma visão parcial dos bondes e da agitação da rua lá embaixo. Logo entendi o título que vinha junto com a mesa. Agora que eu era especialista no processo de produção das geleias, meu trabalho era lidar diretamente com nosso cliente, o produtor caseiro.

Para a fabricação de geleias, nós vendíamos um envelope com quatro pacotes de pectina, com receitas de diferentes tipos de geleia escritas no verso dos pacotes. Dentro havia também adesivos azuis e cor de laranja para identificar os potes, e quadrados de celofane para molhar, colocar na boca do pote e prender com um elástico, tapando-a. Nossa representante, a Sra. Blik, vendia os produtos por toda a Holanda, e nós vendíamos nossos pequenos *kits* diretamente em mercados e drogarias.

Várias donas de casa estavam começando a usar nosso produto, mas com frequência não seguiam a receita com exatidão. Estavam acostumadas a usar a imaginação em tudo o que faziam na cozinha e muitas vezes inovavam em cima das nossas instruções, tirando um pouquinho daqui e acrescentando um tiquinho ali. De repente, as geleias se transformavam ou em uma pasta sólida ou em desastres líquidos.

Holandeses que fazem tudo em casa são sempre prudentes com dinheiro, por necessidade e por princípio. Ser holandês é ser muito controlado com dinheiro e fazer cara feia para o desperdício. Então, aquelas mulheres, ao perder o investimento feito em nosso produto, ficavam iradas e nos ligavam para reclamar que nosso produto não era bom. Meu trabalho era ouvir com educação e descobrir o que tinham feito de errado, como haviam modificado a receita a ponto de transformar tudo em uma porcaria de geleia intragável. Eu as acalmava e as deixava descrever os resultados, e, de acordo com o desastre, conseguia dizer onde tinham errado e dava as orientações sobre como consertar. A Travies & Company, então, ganhava uma cliente fiel e satisfeita.

O Sr. Kraler, que dividia o escritório conosco, era um homem robusto, bonito e meticuloso, de cabelos escuros. Rigoroso, nunca brincava. Tinha cerca de 33 anos e estava sempre atarantado por causa dos negócios, sempre sério e educado, enviando recados pelo jovem Willem e supervisionando o trabalho dele. Até então, não tinha nada a ver comigo. Eu parecia responder ao Sr. Frank, e, por me dar tão bem com ele, estava satisfeita por ficar sob sua supervisão.

O Sr. Frank também devia estar satisfeito comigo, porque começou a me dar outras tarefas para fazer, como contabilidade e datilografia. Os negócios eram lentos, mas estavam crescendo por causa das inovações do Sr. Frank e das habilidades da Sra. Blik nas vendas.

Um dia, o Sr. Frank me disse, com uma expressão satisfeita, que havia alugado um apartamento no meu bairro, ao sul de Amsterdá, onde muitos refugiados holandeses tinham começado a viver. Finalmente, sua família tinha vindo da Alemanha. Dava para notar que ele estava feliz.

Não muito depois disso, o Sr. Frank anunciou que a funcionária que eu substituía, a Srta. Heel, voltaria a trabalhar, agora que estava saudável. Tentando não mostrar minha tristeza, assenti, pensando: *É... eu sabia que isso ia acontecer.*

– Mas – ele acrescentou – ficaríamos muito felizes se você também continuasse como funcionária permanente. Você continuaria aqui, Miep?

Meu coração pulou.

– Sim, é claro que fico, Sr. Frank!

– Os negócios estão crescendo – explicou. – Vai ter trabalho suficiente para você *e* para a Srta. Heel. Vamos conseguir outra mesa e todos os aparatos de que precisa. Agora mesmo.

Certa manhã, o Sr. Frank perguntou se tínhamos café e leite sobrando na cozinha. Supus que fôssemos receber visitas. Estava concentrada no trabalho quando ouvi baterem na porta da frente. *As visitas do Sr. Frank*, pensei, e olhei para a porta. Quem entrou foi uma mulher de rosto redondo, bem-vestida, com roupas conservadoras e o cabelo escuro preso em um coque. Tinha uns 30 anos. Ao lado dela vinha uma menininha de cabelos pretos, vestindo um casaco de pele branco como a neve.

O Sr. Frank deve ter ouvido a porta e correu para saudar as visitas. Como eu estava mais perto, ele as trouxe para me conhecer primeiro.

– Miep – disse, em alemão. – Eu gostaria que você conhecesse minha esposa, Edith Frank-Holländer. Edith, essa é a Srta. Santrouschitz. – Ao se apresentar, a Sra. Frank se portou como uma mulher de origem culta e rica: distante, porém sincera. E então, com um sorriso, o Sr. Frank acrescentou: – E essa é minha caçula, Anne.

A garotinha de casaco branco e fofo olhou para mim e fez uma reverência.

– Você vai ter que falar alemão – explicou o Sr. Frank. – Ela ainda não fala holandês. Só tem 4 anos.

Eu podia ver que a pequena Anne era tímida e, a princípio, se pendurava na mãe. Mas seus olhos grandes, brilhantes, escuros e alertas, que se sobressaíam no rosto delicado, se inebriavam com tudo à sua volta.

– Meu nome é Miep – disse para as duas. – Vou trazer café. – Corri até a cozinha para preparar uma bandeja de bebidas.

Quando trouxe a bandeja, Frank tinha levado a esposa e a filha para conhecer o Sr. Kraler e Willem. Anne estava fascinada por Willem e por todos os materiais de escritório. Embora ainda estivesse com vergonha, ela estava se soltando mais comigo, demonstrando curiosidade por coisas que, para os adultos, eram tediosas e comuns, como caixas de papelão, papel de embrulho, barbante e recibos.

Anne bebeu um copo de leite enquanto o Sr. e a Sra. Frank tomavam café no escritório do Sr. Frank. Anne me acompanhou até minha mesa e olhou com admiração para minha máquina de escrever preta e brilhante. Levei seus dedos até as teclas e pressionei. Seus olhos brilharam ao vê-las pularem e imprimirem letras pretas no recibo enrolado no cilindro. Então chamei sua atenção para a janela – o tipo de cena vívida que achei que qualquer criança adoraria. Eu tinha razão. A vista atraiu o interesse da menina: os bondes, as bicicletas, os pedestres.

Observando Anne, pensei: *Gostaria de ter uma filha como ela algum dia.* Quieta, obediente, curiosa a respeito de tudo. Anne terminou de tomar o leite e olhou para mim. Ela não precisava falar; seus olhos me diziam o que ela queria. Peguei o copo vazio e o enchi de novo.

A PARTE DO MEU TRABALHO com Otto Frank relacionada a reclamações e informações se tornou menos importante à medida que nossos clientes foram se acostumando a seguir as receitas para fabricar as geleias. Minhas tarefas de contabilidade, datilografia e registro aumentaram conforme os negócios cresciam. Willem era uma companhia agradável no escritório, como um amigável irmão mais novo. Nós nos dávamos muito bem.

Todas as manhãs, eu embrulhava meu almoço e pedalava até o escritório. Passava pela escola montessoriana, onde o Sr. Frank tinha matriculado Anne e a outra filha, Margot, dois anos mais velha que Anne. Era um prédio moderno de tijolinhos, e as calçadas estavam sempre cheias de crianças rindo e correndo. Os Frank tinham se mudado para um endereço na Merwedeplein, uma rua como a minha, em um grande prédio de apartamentos com fachada de tijolos marrons, talvez umas três ou quatro ruas ao norte, também no Distrito dos Rios.

Diariamente, mais e mais refugiados da Alemanha se mudavam para nossa vizinhança; a maioria era de judeus, e a piada que corria era que na linha 8 do bonde "o cobrador também falava holandês". A maior parte dos refugiados era mais rica que os trabalhadores holandeses da vizinhança, e causavam um reboliço quando eram vistos usando casacos de pele ou outros acessórios extravagantes.

Eu nunca andava quando podia correr, então sempre voava até o trabalho na minha bicicleta de segunda mão e chegava às 8h30 em ponto, antes que o Sr. Frank ou o Sr. Kraler, ou até mesmo Willem chegassem. Minha primeira tarefa era passar o café. Aquele era o *meu* trabalho todas as manhãs. Me dava prazer fazer um café bom e forte, e ver todos os outros encherem as canecas. Depois do café, estávamos prontos para trabalhar.

Um dia, uma nova mesa chegou ao escritório e foi colocada em frente à minha. Pouco depois, uma garota com mais ou menos a minha idade, de aparência simples, loira, gordinha, apareceu e reivindicou a mesa, e eu me mudei para a outra. Era a Srta. Heel, a moça que passou tanto tempo doente. Willem, Srta. Heel e eu agora dividíamos a sala da frente.

A Srta. Heel e eu não nos demos muito bem. Nós conversávamos sobre um assunto ou outro, e ela quis mostrar que era uma especialista em tudo. Música, contabilidade, não importava o tema, ela sempre queria dar a última palavra. Se existisse um concurso para isso, ela seria a Pequena Miss Sabe-Tudo.

A Srta. Heel começou a se manifestar sobre o grupo político ao qual havia se filiado, o NSB – Movimento Nacional Socialista dos Países Baixos –, que era a versão holandesa do partido de Hitler, o Nacional Socialista. De repente, um partido nazista havia surgido na Holanda também. Quanto mais ela expunha seus novos dogmas para Willem e eu, incluindo comentários racistas sobre judeus, mais eu me irritava.

Chegou a um ponto em que não consegui controlar minha língua.

– Escute – eu disse, olhando-a nos olhos –, você sabia que nosso chefe, o Sr. Frank, também é judeu?

Ela inclinou a cabeça daquele jeito arrogante e replicou:

– Ah, sim, eu sei disso. Mas o Sr. Frank é um cavalheiro.

– Então *todos* os cristãos são cavalheiros? – rebati com aspereza.

Silenciada pelo meu sarcasmo, ela deu de ombros. Não nos falamos mais, e a antiga atmosfera aconchegante do escritório se tornou tensa e fria. Nenhum de nós se importava em falar de política na frente dela.

Me perguntava o que o Sr. Frank pensava sobre suas conexões nazistas, e se a demitiria. Uma atmosfera de suspense pairava sobre o escritório, como se todos esperássemos que outra bomba explodisse.

Mas o escritório não era a única esfera da minha vida. Naquela época, minha vida social estava agitada. Amava dançar e pertencia, como várias outras jovens holandesas, a um clube de dança. Fui uma das primeiras garotas em Amsterdá a aprender Charleston, *two-step*, tango e *slow fox*. Meu clube ficava em Stadhouderskade. Minhas amigas e eu tínhamos aula uma vez por semana, treinávamos as danças com um professor e um pianista e umas com as outras.

Nas noites de sábado e domingo, o salão oferecia bailes gratuitos. Dançávamos com os rapazes ao som de músicas como "When You Wore a Tulip", "My Blue Heaven" e "I Can't Give You Anything But Love, Baby". Eu era uma dançarina tão dinâmica e amava tanto dançar que nunca parava sentada. Sempre havia um rapaz para me oferecer a mão, dançar comigo e me levar para casa depois.

Eu era acompanhada por diversos jovens encantadores, inclusive um holandês alto, bem-vestido e muito atraente, alguns anos mais velho que eu. O nome dele era Henk Gies. Eu o conheci quando trabalhamos juntos na companhia têxtil, anos antes. Eu era secretária, e ele, contador. Nós nos tornamos amigos naquela época, e embora tenhamos seguido caminhos diferentes – eu na Travies & Company, ele como assistente social na Secretaria de Serviço Social de Amsterdá –, mantivemos contato. Comecei a achar Henk mais atraente. Seus cabelos claros e espessos brilhavam, e seus olhos eram cálidos e cheios de vida.

Henk também morava no Distrito dos Rios. Na verdade, cresceu no antigo sul de Amsterdá, perto do Rio Amstel, quando ainda havia fazendas, vacas e ovelhas pastando nos gramados. Agora ele ocupava um quarto na casa de uma família na Rijnstraat. Era uma rua comercial, com muitos mercados e ulmeiros escuros e frondosos.

AS INVENÇÕES DO Sr. Frank estavam trazendo mais prosperidade à Travies & Company. O holandês dele havia melhorado bastante, e nós dois passávamos horas criando anúncios para nosso produto, que eu enviaria para as revistas que as donas de casa liam.

O Sr. Kraler nem sempre me achava uma funcionária tão boa quanto o Sr. Frank dizia. Sempre sério, meticuloso, com seu cabelo escuro penteado sempre do mesmo jeito, Victor Kraler gostava das coisas apenas do jeito dele. Uma vez, o Sr. Frank me entregou uma carta e disse:

— Por favor, responda a essa carta, Miep.

Assim fiz; levei minha resposta ao escritório que o Sr. Frank compartilhava com o Sr. Kraler e mostrei a ele. O Sr. Frank leu em silêncio e disse:

— Ótimo.

Kraler deu uma olhada, mas discordou do Sr. Frank:

— Não, vamos redigir de outro jeito.

Segurei a língua. Àquela altura, eu com certeza sabia como escrever uma carta. O que o Sr. Kraler não reconhecia era que, por ser uma mulher, eu sabia que havia um jeito de se dirigir a homens de negócios e outro jeito de se dirigir a donas de casa. Embora Kraler fosse casado, não tinha filhos, e via as regras empresariais de um modo muito antiquado. A visão do Sr. Frank para os negócios era mais atual e inovadora. No entanto, apesar de seu conservadorismo, o Sr. Kraler não era uma pessoa desagradável. Era justo com os empregados e cuidava ele mesmo da maior parte de seus afazeres.

A Srta. Heel não apareceu no trabalho por dias. Enviou uma mensagem para o Sr. Kraler, seguida de uma carta do seu médico: "Como resultado de uma doença mental, a Srta. Heel não é capaz de fazer o trabalho exigido na Travies & Company". Continuamos apreensivos, mas quando nada além daquilo aconteceu, supusemos que tínhamos nos livrado dela. Brincando, o Sr. Frank disse:

— ...um jeito fácil de perder uma nazista.

Concordamos, e nenhum de nós perguntava se a saúde dela tinha melhorado ou não. Nós esperávamos ter nos livrado dela para sempre.

EM 1937, a Travies & Company se mudou para o número 400 da Singel, ocupando vários andares de uma antiga casa à beira do canal, com uma sala de trabalho embaixo. Nosso novo endereço ficava a dois passos de distância do belo mercado flutuante de flores, com vista para o sinuoso canal Singel, uma das vias fluviais mais charmosas de Amsterdã. Próximo de lá, para minha alegria, ficava a Leidsestraat, uma rua de compras chique, e a Spui, lotada de alunos pesquisando nas diversas livrarias. Havia também a Kalverstraat, outra rua de compras. Embora eu fosse econômica com meu pequeno salário, não custava nada dar uma olhada e admirar as lojas de roupas da moda. Não havia nada que eu gostasse mais do que, em um dia ensolarado, dar uma volta depois do almoço e olhar os novos vestidos nas vitrines.

Às vezes, eu e Henk Gies dávamos uma voltinha juntos na hora do almoço. O Sr. Frank encontrou Henk várias vezes pelo caminho e percebeu que ele estava se tornando uma companhia frequente. Os dois se pareciam muito fisicamente – altos e magros –, mas Henk era ainda mais alto, com os cabelos na testa em ondas espessas, enquanto os cabelos escuros de Frank eram finos e começavam a cair. O temperamento dos dois também era parecido: homens de poucas palavras, com princípios morais elevados e senso de humor irônico.

Um dia, o Sr. Frank me convidou para jantar na casa dele.

– E traga o Sr. Gies – acrescentou.

Aceitei, honrada pelo convite para jantar na casa do meu chefe, junto com a família dele.

As boas maneiras diziam que deveríamos chegar pontualmente às 6 horas, comer e ir embora pouco depois da refeição, mantendo a visita o mais curta possível. Não combinava com a formalidade das nossas relações ficar muito tempo depois do jantar. Henk e eu chegamos à casa dos Frank às 6 horas em ponto.

O Sr. Frank estava mais descontraído no conforto do seu lar, mesmo vestindo gravata e paletó. A Sra. Frank nos cumprimentou do seu jeito reservado. Seus cabelos escuros e brilhantes estavam repartidos ao meio e puxados para trás em um coque frouxo. Tinha olhos escuros, um rosto largo e uma testa grande. Suas bochechas estavam coradas, e ela pesava uns quilos a mais, o que dava ao seu corpo um aspecto robusto e maternal. Ainda que estivesse progredindo no holandês, falava com um sotaque carregado, muito mais forte do que o do Sr. Frank. Henk era fluente em alemão, então conversamos nesse idioma. Eu lembrava quão rude o holandês tinha soado para mim quando o ouvi pela primeira vez. Para os Frank deveria ser ainda mais, considerando o momento que viviam.

A Sra. Frank sentia muita falta da Alemanha, muito mais do que o Sr. Frank. Na conversa, ela frequentemente se referia à sua vida em Frankfurt com nostalgia, falava da superioridade de alguns doces alemães e da qualidade da roupa na Alemanha. Sua velha mãe, a Sra. Holländer, havia se mudado com eles, mas sua saúde não era boa e ela ficava muito tempo na cama.

A mobília do apartamento tinha sido trazida de Frankfurt, e havia muitas antiguidades, a maioria em madeira escura e polida; muitas eram móveis imponentes, grandes e sombrios. Eu admirava, em especial, uma escrivaninha de estilo francês do século XIX, acomodada entre duas janelas. A Sra. Frank comentou que tinha sido parte do seu dote. O tique-taque suave de um antigo e majestoso relógio de pêndulo soava ao fundo. Era um Ackermann, fabricado em Frankfurt. Quando manifestamos nossa admiração pelo relógio, Frank nos informou que era ajustado a cada três ou quatro semanas, mantendo a hora certa.

Meus olhos captaram um adorável rascunho em carvão, pendurado em um belo quadro na parede. Era o desenho de uma gata gorda com dois gatinhos ao lado. A mãe gata estava serena, e os dois filhotes se aconchegavam contra o seu corpo, mamando. Os Frank eram amantes de gatos. E, de fato, uma gatinha amigável marchou, possessiva, pelo cômodo, como se fosse a dona do lugar. Frank comentou que a gata pertencia às suas filhas. Por todo canto havia desenhos e brinquedos, sinais de que as crianças dominavam a casa.

Nos últimos tempos, a sangrenta Guerra Civil espanhola não saía das nossas cabeças. Franco, o general fascista da Espanha, praticamente destruiu todas as forças formadas por voluntários de várias partes da Europa e de lugares distantes como Estados Unidos e Austrália. Hitler e o líder fascista da Itália, Mussolini, não escondiam seu apoio a Franco. Como todos compartilhávamos posições antifascistas, discutimos as últimas notícias da Espanha, frustrados, pois parecia que a corajosa resistência acabara de ser esmagada.

Estávamos sentados à mesa quando chamaram Margot e Anne. A mais nova correu para a sala. Estava com 7 anos, ainda era magra e delicada, mas tinha olhos verdes-acinzentados cheios de energia, rajados também de verde. Seus olhos eram fundos e, quando estavam semicerrados, aparentavam estar envoltos por uma sombra escura. Anne tinha o nariz da mãe e a boca do pai, mas a mordida ligeiramente torta e um furinho no queixo.

Era a primeira vez que víamos Margot. Ela entrou e se sentou. Estava com 10 anos, era muito bonita, também tinha cabelos negros brilhantes. As duas tinham os cabelos cortados um pouco abaixo das orelhas, repartidos de lado, presos por uma presilha. Os olhos de Margot eram negros. Tímida e quieta, era muito bem-educada, assim como a pequena Anne. Quando Margot sorria, seu rosto ficava ainda mais bonito. As duas garotas falavam um holandês perfeito.

Margot parecia ser a garotinha da mamãe, enquanto Anne era a do papai.

As irmãs Frank estavam enfrentando problemas de saúde no último ano. Por causa de frequentes doenças infantis como sarampo, elas acabaram perdendo muitas aulas. Era bom ver, à medida que o jantar progredia, que apesar da saúde frágil, ambas tinham um apetite saudável.

Depois do jantar, as crianças pediram licença, não sem antes dizer boa noite, e voltaram para o quarto para fazer o dever de casa. Enquanto saíam, reparei nas perninhas finas de Anne cobertas por meias soquete brancas com babadinhos. As meias escorregaram ligeiramente pelos tornozelos finos, de um jeito engraçado. Uma onda de ternura cresceu em meu peito. Contive um sorriso e a vontade de me abaixar e ajeitar suas meias.

Henk, os Frank e eu continuamos a conversa, e logo que nossas xícaras de café ficaram vazias pela segunda vez, agradecemos e fomos embora rápido.

Aquele foi o primeiro de outros convites para jantares ocasionais na casa dos Frank. Apesar da formalidade, estava aprendendo mais sobre eles, em especial porque o Sr. Frank gostava de relembrar o passado, sua infância feliz na pequena cidade de Aachen, seu casamento com a Sra. Frank em 1925, a vida deles em Frankfurt. O Sr. Frank tinha crescido lá. Sua família fazia parte da elite cultural, empresarial e bancária da comunidade judaica, já no século XVII. Ele teve uma boa educação e foi um valente soldado condecorado na I Guerra Mundial, quando presenciou muitos combates e foi promovido a tenente.

Em Frankfurt, depois da Guerra, Frank se tornou um homem de negócios. Sua irmã vivia em Basileia, na Suíça. Era casada com um homem que trabalhava para uma firma cuja sede ficava em Colônia e que tinha uma subsidiária em Amsterdá. Essa empresa era a Travies & Company, especializada em produtos alimentícios. Quando o Sr. Frank quis deixar a Alemanha, seu cunhado sugeriu à filial holandesa que o contratasse e o deixasse ampliar os negócios. Assim foi feito, e a decisão se mostrou vantajosa não apenas para o Sr. Frank, mas também para a empresa.

CAPÍTULO TRÊS

HENK GIES E EU COMEÇAMOS a passar cada vez mais tempo juntos. Aos poucos, fomos descobrindo o quanto tínhamos em comum, como Mozart, a quem nós dois adorávamos. Como ficamos contentes ao descobrir que amávamos um concerto em particular para flauta e harpa!

Quando estávamos juntos, às vezes eu captava algum olhar de aprovação à imagem que formávamos. Nós dois nos orgulhávamos de nos vestir bem. De fato, Henk estava sempre muito elegante. Nunca o vi sem gravata. Seus olhos azuis faiscavam com vitalidade. Nossa atração mútua era magnética, e quem nos via não tinha como não senti-la também.

Íamos ao cinema com frequência, e logo nossas idas sábado à noite ao Cinema Tip Top no velho Bairro Judeu se tornaram um hábito. Aquele cinema exibia filmes norte-americanos, britânicos e alemães, assim como as notícias recentes e um seriado que nos deixava sempre tão intrigados que mal podíamos esperar pelo sábado seguinte para assistir ao próximo episódio.

Como todos os outros jovens casais holandeses, gostávamos de passear de bicicleta. Uma única bicicleta, para ser exata: Henk pedalava e eu me sentava de lado na garupa atrás dele, as pernas erguidas, a saia esvoaçando com o vento, as costas inclinadas para trás, me equilibrando e me segurando de leve à cintura de Henk.

Amsterdã inteira montava em suas confiáveis bicicletas pretas em qualquer dia quente de sol, assim como nós. Famílias inteiras cabiam em uma bicicleta ou duas. Com uma cadeirinha acoplada à garupa, uma criancinha holandesa podia ser levada atrás, enquanto outra poderia se sentar em um assento instalado à frente do condutor. Dois pais poderiam transportar uma família de quatro crianças, ainda muito novas para pedalar.

Porém, logo que as crianças tivessem idade para tanto, ganhavam uma bicicletinha de segunda mão e seguiam os pais como patinhos enfileirados pelas ruas pavimentadas, atravessando pontes sobre os canais que fluíam.

Henk Gies e eu éramos doidos pela feira que acontecia aos domingos no Bairro Judeu, bem próxima à imponente sinagoga portuguesa, em frente ao rio Amstel. Pessoas de toda a cidade gostavam de ir a esse notável bairro, repleto de construções os séculos XVII, XVIII e XIX, e passear pelo grande mercado a céu aberto, delineado por carrinhos de mão, repleto de atividades, cores e muito barulho, com guloseimas e pechinchas exóticas por todos os lados. Costumava ir lá com minha família adotiva nas manhãs de domingo, assim como Henk quando era mais jovem; juntos, então, nos sentíamos em casa.

Nesse bairro, viviam as pessoas pobres de Amsterdã. Muito tempo antes, judeus de países do leste acharam o caminho até a Holanda; e, recentemente, judeus germânicos se juntaram a eles. Algumas vezes era possível ouvir ídiche ou alemão. Mas agora as leis holandesas para imigração haviam se enrijecido, ficando cada vez mais difícil para judeus e outros refugiados entrarem na Holanda, assim como em outros países da Europa Ocidental.

O fluxo de refugiados tinha se reduzido a gotas. Nós nos perguntávamos para onde aqueles indesejados iriam. E, em especial, nos perguntávamos com preocupação para onde os judeus alemães iriam, com Hitler tornando-os cada vez mais indesejados na Alemanha. Quem os acolheria?

CERTO DIA, WILLEM, nosso auxiliar de escritório, pedalava apressado o triciclo de entregas da empresa ao longo do Singel. Era um belo dia. Gaivotas sobrevoavam o canal; uma melodia esperançosa escapava de um realejo na rua. O jovem Willem ia aos solavancos pela rua pavimentada, perdeu a curva e caiu direto nas águas escuras do canal Singel, na frente do escritório.

O Sr. Frank e eu corremos para a rua e, incapazes de segurar o riso, pescamos Willem e o triciclo para fora do canal. O Sr. Frank mandou Willem de volta para casa em um táxi, e nós voltamos para o escritório, rindo sem parar por dias depois do acidente.

Mas qualquer alegria que sentíssemos foi drenada naquele dia de março de 1938, quando toda a empresa se juntou para ouvir ao rádio do

Sr. Frank, no qual uma voz dramática anunciava a entrada triunfal de Hitler na cidade de sua juventude, Viena. O locutor descreveu a atmosfera de flores, bandeiras, aplausos e multidões eufóricas.

Em Viena, Hitler tinha vivido como um pária. Eu tinha morado lá também. Doeu por dentro. Imaginei a alegria histérica da ralé austríaca que agora torcia por ele. Me lembrei do meu passaporte austríaco e me arrependi profundamente de não ter reservado um tempo para me livrar daquilo.

Todos nós ficamos horrorizados quando chegaram notícias de que os judeus austríacos foram obrigados a limpar banheiros públicos e a varrer as ruas em uma orgia de depravação nazista, e que os bens dos judeus foram tomados por eles.

Pouco depois, fiz minha visita anual ao Departamento de Estrangeiros da polícia, na OZ Achterburgwal, nº 181. Ano após ano, precisava ir até lá para ter meu passaporte carimbado e meu visto prorrogado. Naquele ano, 1938, para meu choque e medo, fui enviada ao consulado alemão, onde meu passaporte austríaco foi retido e, em troca, recebi um passaporte alemão com a suástica negra carimbada ao lado da minha foto. No papel, eu agora era alemã, o que não fazia o menor sentido, pois no meu coração eu era holandesa de corpo e alma.

Uma noite, várias semanas depois da minha visita ao escritório de registro de estrangeiros e ao consulado alemão, estava em casa, na Gaaspstraat, com minha família adotiva. Tínhamos acabado de jantar e eu relaxava, lendo o jornal e tomando uma segunda xícara de café. Alguém bateu na porta e logo em seguida eu fui chamada.

À entrada estava uma jovem muito loira, mais ou menos da minha idade, com um sorriso doce. Perguntou se poderia falar comigo.

Eu a convidei para entrar no apartamento e quis saber o motivo da visita. De um fôlego só, a garota explicou que deram meu nome para ela no consulado alemão. Que assim como eu, ela era uma nacionalista alemã e o propósito da visita era me convidar para me juntar à Liga das Moças Nazistas. Os ideais do grupo eram os mesmos que os do "nosso" *Fürher*, Adolf Hitler, e grupos exatamente como o "nosso" estavam pipocando por toda a Europa.

A garota continuou a explicar que *quando* eu me juntasse ao grupo – e não "se" eu me juntasse –, receberia um broche de associada e poderia começar a frequentar as reuniões. Logo, gabou-se de que "nosso" grupo ganharia uma viagem à Terra Fraterna, Alemanha, para participar de atividades com nossas irmãs arianas. E continuou nesse discurso como se eu já fosse uma camarada.

A máscara de doçura derreteu de sua face quando recusei o convite.

– Mas por quê? – ela exigiu saber, consternada.

– Como posso me juntar a um grupo desses? – respondi com frieza. – Olhe para o que os alemães estão fazendo com os judeus na Alemanha.

Seus olhos se estreitaram e sorveram meu rosto com um olhar fixo, como se tentasse memorizar cada traço meu. Fiquei feliz em presenteá-la com minha expressão insolente. Que ela desse uma boa olhada em mim e visse com os próprios olhos que algumas mulheres "arianas" não seriam varridas pelos nazistas.

Dei boa-noite e bati a porta da frente às suas costas.

O CLIMA NA HOLANDA ainda não estava frio – apenas garoa, chuva, nuvens e neblina. Naquele novembro, uma das nossas noites com os Frank foi particularmente carregada de tristeza pelas recentes notícias internacionais. Algumas noites antes, tinha acontecido a infame "Noite de Cristal", em 10 de novembro de 1938.

Naquela noite, centenas de empresas, mercados e casas de judeus foram vandalizados e queimados na Alemanha. Sinagogas foram destruídas, junto com livros sagrados do judaísmo, e centenas de judeus foram espancados ou baleados, mulheres foram estupradas e crianças indefesas foram atacadas. Em um inferno de vidraças quebradas e destruição, centenas de judeus foram reunidos e deportados para lugares desconhecidos.

Depois ficamos sabendo que esses mesmos judeus estavam sendo acusados de incitar a violência e recebiam multas de milhões de marcos como punição.

O Sr. e a Sra. Frank, Henk e eu discutíamos as notícias. A Sra. Frank, em particular, estava eloquente em suas respostas mordazes a esses eventos bárbaros que aconteciam tão perto e tão longe ao mesmo tempo.

O Sr. Frank, com seu jeito nervoso e calado de sempre, continuava balançando a cabeça, esperançoso de que talvez essa onda de antissemitismo doentio tivesse seguido seu curso, como uma febre colérica, de que esse comportamento detestável diminuiria, dando uma chance às pessoas decentes de perceber a loucura que era apoiar aqueles tiranos sádicos. Afinal de contas, os alemães se orgulhavam de ser cultos e civilizados. Será que as pessoas não lembravam que muitos daqueles judeus tinham chegado à Alemanha junto com os romanos, centenas de anos antes?

Logo que Margot e Anne foram chamadas à mesa de jantar, interrompemos esses assuntos pavorosos, suavizamos nossas vozes e conversamos apenas sobre temas alegres e prazerosos, adequados aos ouvidos de crianças inocentes, que se impressionam com facilidade.

Alguns meses tinham se passado desde nosso último jantar na casa dos Frank. Podíamos ver como as meninas estavam mudando. Aos 9 anos, a pequena Anne já tinha muita personalidade. Suas bochechas estavam coradas e brilhantes, e suas conversas saíam em um só fôlego. Sua voz era ágil e aguda. Margot estava ficando ainda mais bonita com a proximidade da adolescência. Continuava a ser a mais introspectiva das duas, sempre silenciosa, sentada com a coluna ereta, as mãos apoiadas no colo. Ambas se portavam muito bem à mesa.

Descobrimos que Anne gostava muito de participar das peças na escola. Ela também contava sobre seus muitos amigos no colégio, falando como se cada um fosse seu único e melhor amigo. Ficava óbvio que era uma criança que adorava a companhia dos colegas. Falava sobre as visitas que fazia à casa das amigas e as visitas delas à sua. Juntas, Anne e as amigas passeavam por Amsterdá e realizavam pequenas festas de pijama. Anne também era louca por cinema, assim como Henk e eu. Nós debatíamos filmes que todos víamos, comparando os artistas de que gostávamos mais.

Margot tinha notas excelentes na escola. Estava se tornando uma estudante brilhante e não se importava com as árduas horas de estudo necessárias para manter um padrão tão alto. Anne também ia bem no colégio, e, ao mesmo tempo, estava se transformando em uma garota popular.

A Sra. Frank vestia suas meninas muito bem. Sempre usavam vestidos estampados, passados e engomados, muitos com golas brancas bordadas à mão. Os cabelos estavam sempre lavados e brilhantes. *É desse jeito que vou cuidar das minhas filhas quando chegar a hora*, eu pensava.

No jantar, saboreamos as deliciosas sobremesas oferecidas pela Sra. Frank. Meu gosto por doces era tão passional quanto o das crianças, e o fato de eu nunca recusar uma segunda rodada já tinha virado piada.

O Sr. Frank devia ser o contador de histórias da família, porque antes de Margot e Anne se retirarem para fazer o dever de casa, ele prometeu se juntar a elas para uma história assim que terminassem. Anne ficou muito feliz com isso.

NAQUELA MESMA ÉPOCA, um novo refugiado se juntou à Travies & Company. Era um velho colega de trabalho do Sr. Frank. Estava ali para ser nosso consultor especialista em uma empresa que apostaria no comércio de condimentos, já que o Sr. Frank expandia os negócios com rapidez. Seu nome era Herman Van Daan e, apesar de ser um judeu natural da Holanda, vivera muitos anos na Alemanha. Sua esposa era uma judia alemã e eles também precisaram deixar o país quando Hitler chegou ao poder.

O nome da empresa de temperos era Pectacon. Não havia nada sobre condimentos que o Sr. Van Daan não soubesse: com apenas uma cheirada, ele era capaz de nomear qualquer tempero. Era um homem alto e forte, bem-vestido, que andava levemente curvado. E nunca era visto sem um cigarro pendendo dos lábios. Tinha um rosto másculo, simples, e escassos fios de cabelos, embora ainda estivesse na casa dos 40.

O Sr. Van Daan sempre encontrava uma deixa para fazer uma piada. Era do tipo agradável e não teve problemas em se adaptar à rotina da Travies & Company e da Pectacon. Não conseguia começar a trabalhar sem antes tomar um café encorpado e fumar um cigarro. Quando ele e o Sr. Frank colocavam as cabeças para trabalhar juntas, tinham ideias de sucesso para divulgar nossos produtos e encontrar novos clientes.

OS FRANK COMEÇARAM a fazer reuniões sociais em sua casa em esporádicas tardes de sábado; era algo casual, com café e bolo. Henk e eu às vezes éramos convidados para esses encontros. Normalmente, além de nós, havia sete ou oito convidados, todos alemães, a maioria judeus fugidos da Alemanha de Hitler.

Embora nem todos se conhecessem anteriormente, tinham muito em comum. O Sr. Frank gostava da ideia de apresentar os refugiados a holandeses que estivessem interessados na sorte deles, em como tinham fugido, e em seu bem-estar na Holanda. E sempre apresentava a mim e a Henk como "nossos amigos holandeses".

O Sr. Van Daan vinha com frequência e trazia sua bela e elegante esposa, Petronella. Outro casal que costumava ir sempre eram o Sr. e a Sra. Lewin. O Sr. Lewin, farmacêutico, enfrentava dificuldades para encontrar trabalho em Amsterdã. Os dois eram alemães, embora a Sra. Lewin fosse cristã. Tanto os Lewin quanto os Van Daan moravam no nosso Distrito dos Rios.

Outro homem que sempre estava entre os convidados era um cirurgião-dentista chamado Albert Dussel. Era bonito, um homem encantador que lembrava o cantor romântico francês Maurice Chevalier. Dussel trouxe a esposa, surpreendentemente bela, com quem tinha escapado da Alemanha havia pouco. Seu nome era Lotte e ela não era judia.

Eu gostava do Dr. Dussel. Ele era uma pessoa muito simpática. Quando descobri que foi contratado pelo meu dentista em Amstellaan, e que no futuro pretendia abrir seu próprio consultório, decidi me consultar com ele também. Como esperava, mostrou-se um excelente dentista.

Nas reuniões de sábado, nos sentávamos todos ao redor de uma grande mesa de carvalho na sala de estar dos Frank. Na mesa cheia, xícaras de café, cremes, a linda prataria polida da Sra. Frank e um delicioso bolo caseiro. Todo mundo falava ao mesmo tempo. Todo mundo sabia cada detalhe dos últimos acontecimentos, em especial aqueles que diziam respeito à Alemanha. Quando a Tchecoslováquia foi ocupada por Hitler, em março de 1939, nossas vozes se levantaram em um debate raivoso. Uma coisa era a Região dos Sudetas ter sido anexada em setembro de 1938 para "manter a paz", mas essa invasão era uma afronta.

Em algum momento das reuniões de sábado, as meninas Frank entravam na sala. Então, a conversa dos adultos parava de repente, enquanto as garotas eram apresentadas e cumprimentavam os convivas. Anne sorria com facilidade – um sorriso contagiante que iluminava todo o rosto. Margot se mostrava cada vez mais bonita, com uma pele de porcelana e os sinais de um corpo curvilíneo. Fatias de bolo eram oferecidas às duas, que permaneciam juntas, Anne mal atingindo o nariz de Margot, ambas devorando o bolo. A sala permanecia em silêncio até que as meninas tivessem saído e a porta estivesse fechada. Então nossas vozes logo se elevavam a um rugido.

A conversa sempre voltava à vida na Alemanha antes que os refugiados ali presentes tivessem que escapar de lá. Difíceis como as coisas estavam, nossos amigos alemães eram muito cuidadosos em suas reclamações. Quando a situação estava difícil para os adultos, as crianças nunca ficavam sabendo. Aquele também era o jeito holandês de lidar com as crianças. Todas aquelas pessoas haviam trabalhado muito para levar uma vida decente. Nenhum deles imaginava que, na meia-idade, seriam forçados a abandonar suas raízes e fugir de sua terra natal para recomeçar tudo em um país desconhecido. Felizmente, tinham vindo para a Holanda, país mais livre e tolerante do que qualquer outro.

A fumaça de cigarro subia em baforadas. As discussões nunca terminavam de verdade, apenas se estabilizavam à medida que a hora do jantar se aproximava. Henk e eu geralmente estávamos entre os primeiros a se despedir e descer os dois lances de escadas até a Merwedeplein. Algumas vezes quase esbarrávamos em Anne e Margot, chegando em suas fiéis bicicletas pretas, as bochechas coradas pelo ar fresco. Elas encostavam as bicicletas contra a grade da entrada e corriam escada acima. Henk e eu atravessávamos rapidamente o gramado da praça e seguíamos nosso caminho.

CAPÍTULO QUATRO

No comecinho de 1939, em especial depois da ocupação da Tchecoslováquia, nós todos ficamos cada vez mais preocupados por causa de Hitler. Sabíamos que ele não era confiável. O clima durante a primavera era de vigilância e apreensão. A Holanda mobilizou suas tropas para que ficassem em alerta. Algumas pessoas reagiam com total indiferença ao que acontecia no mundo e não ligavam para mais nada além de seus jogos de cartas aos domingos; outros, porém, reagiam à situação internacional como se fosse uma farpa debaixo da unha: a dor estava sempre ali, não ia embora. Levávamos nossas vidas com mais intensidade.

Mais tarde, naquele verão, a rainha Guilhermina anunciou à comunidade internacional a neutralidade absoluta dos Países Baixos.

A tensão forçou Henk e eu a analisarmos nossa situação. Um profundo e verdadeiro amor havia se desenvolvido entre nós. Não tínhamos nos comprometido formalmente porque nossos salários eram muito modestos, quase não tínhamos economias, nada para comprar mobília e começar uma vida a dois. Em geral, casais pobres como nós mantinham noivados por um longo tempo.

Mas decidimos mandar a precaução às favas. O tempo estava passando e nenhum de nós estava ficando mais jovem. Eu tinha completado 30 anos, Henk estava se aproximando dos 34. Decidimos nos casar assim que encontrássemos um apartamento. Nos lançamos então à tarefa quase impossível de encontrar um lugar para morar.

Na procura por apartamentos ou quartos para alugar – qualquer acomodação decente –, Henk e eu devemos ter cruzado Amsterdá inteira. Não encontramos nada. Henk, que tinha uma personalidade mais paciente, nunca demonstrou desgaste por conta da frustração, mas aquilo despertou minha teimosia. Quanto mais a busca falhava, mais determinada me tornava. Jurei a mim mesma que, se houvesse um lugar para nós escondido em algum canto daquela cidade, eu encontraria de qualquer jeito. Não me importava quantas viagens de bicicleta teria que fazer encarando ventos gelados e a escuridão dos dias de neve, ou as manhãs frias antes de ir para o trabalho.

Infelizmente, toda a minha determinação não estava facilitando em nada meus encontros com Henk.

Amsterdã sempre teve a tradição de acolher pessoas que estavam fugindo de um tipo ou outro de tirania. Apesar das rígidas leis de imigração, a cidade agora explodia de refugiados, tanto políticos quanto religiosos. Todo mundo espremia mais alguém dentro de um sótão ou de um porão sem uso. Famílias recebiam inquilinos, e às vezes os próprios inquilinos acolhiam outros hóspedes. A população da cidade havia superado o número de habitações. Simplesmente não havia mais espaço.

Enquanto continuávamos nossa busca infrutífera por apartamentos, aconteceu o que todos temiam: em 1º de setembro de 1939, o exército de Hitler marchou para a Polônia. No dia 3 de setembro, Inglaterra e França declararam guerra à Alemanha. A Holanda ficava exatamente no meio desses três países.

No entanto, depois que a Polônia foi rapidamente conquistada no *Blitzkrieg*, também chamado de guerra-relâmpago, não aconteceu muito mais. Começamos a chamar a guerra de "a guerra sentada", ou *Sitzkrieg*. Então, em 8 de novembro, quando a notícia de um atentado contra a vida de Hitler chegou pelo rádio, nossos corações realmente se encheram de esperança pela primeira vez em muito tempo. Sim, o atentado tinha falhado, mas era o primeiro indício de que ainda havia "bons" alemães em algum lugar. Se existiam alguns, então provavelmente havia mais. Se podia haver um atentado contra a vida de Hitler, então talvez acontecesse outro. E esse poderia ser bem-sucedido. Eu ousaria ter esperanças?

Queria que Hitler fosse derrotado, assassinado, qualquer coisa. Então, enquanto refletia sobre os pensamentos que me corroíam, percebi o quanto havia mudado. Tinha sido educada para nunca odiar. Assassinato era um crime terrível. E lá estava eu, cheia de ódio e pensamentos assassinos.

UM INVERNO GELADO tomou conta de Amsterdá. Os canais congelaram e logo se encheram de patinadores. A neve veio mais cedo. No dia 30 de novembro, o Exército Vermelho Soviético atacou a Finlândia. Mas enquanto recebíamos 1940 e a nova década, o rádio se mantinha estranhamente silencioso. De novo, nada de mais parecia acontecer. Eu me perguntava o que o ano novo traria. Mais uma vez, Henk e eu nos empenhamos em encontrar um lugar para viver e um jeito de começar uma vida juntos no ano seguinte. Quem sabe até começar nossa própria família.

OS NEGÓCIOS CONTINUAVAM prosperando na Travies & Company. Mais funcionários eram necessários no crescente comércio de temperos do Sr. Van Daan. Tínhamos ocupado todo o espaço no número 40 da Singel. Em janeiro de 1940, o Sr. Frank nos disse ter encontrado novos escritórios, com espaço suficiente para a companhia continuar a crescer. O novo prédio não era muito longe do nosso endereço, ficava na Prinsengracht, outro canal que contornava a antiga Amsterdá.

O novo prédio ficava no número 263 da Prinsengracht. Era um prédio estreito, de tijolinhos vermelhos, construído no século XVII. Era parecido com muitas outras construções daquela parte antiga de Amsterdá. Ao nos mudarmos para o oeste, passamos a fazer fronteira com um bairro da classe trabalhadora chamado Jordaan, que recebeu esse nome por causa da palavra francesa *jardin,* "jardim". Ali, todas as ruas tinham nome de flores. Nosso novo escritório ficava em uma rua cheia de pequenas fábricas, armazéns e outras pequenas empresas como a nossa.

O lugar era espaçoso, com três portas no térreo dando para o canal. A porta principal levava a uma velha e íngreme escadaria de madeira, que conduzia aos depósitos, que não precisávamos explorar ou usar de imediato. Outra porta dava acesso a uma escadinha que levava a duas portas de vidro fosco. A que ficava à direita, com a palavra ESCRITÓRIO, era a entrada da sala onde eu trabalhava com as outras secretárias. A porta à esquerda dava num corredor de acesso para o escritório de Kraler e Van Daan, à direita. No final desse corredor, havia quatro degraus e outro pequeno patamar, com uma porta de vidro fosco que levava ao escritório particular do Sr. Frank. A terceira porta da frente dava para a área de trabalho que ficava no nível da rua.

Esperando para nos dar boas-vindas estava um gato preto e branco, grande e gordo, com a cara levemente maltratada. O gato me deu uma longa olhada. Retribuí o olhar severo e logo peguei um pouco de leite. Odiava pensar nos ratos gordos de Amsterdá escondidos naquele lugar velho, úmido e espaçoso. Esse gato seria nossa mascote e, ao mesmo tempo, manteria a população de ratos sob controle.

O quadro de funcionários tinha mudado. Willem nos deixara, e em seu lugar entraram um homem mais velho e um rapaz, seu aprendiz.

Pouco depois que cheguei, o Sr. Frank me chamou em seu escritório e me apresentou uma moça a quem estava entrevistando. Tinha cabelos louro-acastanhados e era bem mais alta que eu. Usava óculos, e só de olhar para ela via-se que era tímida de doer. Seu nome era Elli Vossen e tinha 21 anos. O Sr. Frank havia acabado de contratá-la para trabalhar na empresa.

Coloquei Elli debaixo da asa e a instalei na mesa à minha frente. O Sr. Frank gostava dela, e eu também. Logo nós duas formamos um bom time e nos tornamos amigas. Começamos a almoçar e a passear juntas, e a conversar sobre diversos assuntos. Ela era a mais velha de seis irmãs e um irmão.

Pouco depois da nossa mudança, o Sr. Frank trouxe um holandês de meia-idade, Jo Koophuis, para a companhia. Ele tinha feito vários negócios com o Sr. Frank ao longo dos anos e também era seu amigo pessoal. Era um homem de aparência frágil e rosto pálido, com óculos grandes de lentes grossas, nariz aquilino e olhar afetuoso. Era uma pessoa silenciosa, cuja personalidade inspirava de imediato sentimentos de confiança e bondade. O Sr. Koophuis e eu logo estabelecemos uma conexão calorosa.

Jo Koophuis, Elli Vossen, as outras meninas do escritório e eu começamos a compartilhar a sala da frente. Kraler e Van Daan continuaram a dividir outro, nos fundos. Na verdade, os homens pareciam ter formado duas equipes: Koophuis e Frank cuidando dos produtos para o lar e da parte financeira, Van Daan e Kraler a cargo dos temperos, em especial os usados na fabricação de salsichas.

De vez em quando, outras mulheres eram contratadas para trabalhar comigo e com Elli. Em geral, eram meninas simpáticas, que faziam seu trabalho e iam embora. Eu tinha me tornado a funcionária sênior. Era minha função garantir que nossas atribuições estivessem sempre em dia, que nosso trabalho fosse feito com eficiência e ordem e que tudo estivesse sempre arrumado e limpo. E sempre estava.

MARGOT FRANK COMPLETOU 14 anos em fevereiro de 1940, um dia depois que fiz 31. Durante um jantar na casa dos Frank, naquele inverno, nos demos conta de que víamos uma moça, e não mais uma garota. Seu corpo havia ganhado formas definidas. Óculos de lentes grossas cobriam agora seus olhos escuros e sérios, e sua atenção estava sempre voltada para os estudos, nunca para futilidades. Apesar dos óculos, Margot continuava bela, com sua pele macia e suave.

Anne ainda não tinha completado 11 anos naquele inverno rigoroso de 1940. E estava claro que se inspirava na irmã mais velha. O que quer que Margot dissesse ou fizesse era logo absorvido pela mente ágil de Anne. A menina tinha desenvolvido as habilidades da mímica. Imitava a tudo e a todos, e era muito boa nisso: o miado de um gato, a voz dos amigos, o tom autoritário da professora. Não podíamos deixar de rir de suas pequenas apresentações, ela era tão talentosa! Anne amava ter um público atento, e amava nos ouvir responder positivamente às suas paródias e palhaçadas.

Ela também tinha mudado. Suas pernas finas pareciam estar se esticando mais e mais debaixo dos vestidos; seus braços também. Ainda era uma menina pequena e magra, mas parecia estar entrando no estirão pré-adolescente, braços e pernas de repente compridos demais para o corpo. Como ainda era a "bebê" da família, sempre queria atenção extra.

Anne tinha ficado mais saudável no último ano. Margot, infelizmente, não teve a mesma sorte e continuava a sofrer com pequenos problemas de saúde – como dores de estômago e males do tipo. Agora as crianças sempre falavam em holandês, e sem sotaque, e até o holandês da Sra. Frank tinha melhorado. Algumas vezes, para dar à Sra. Frank a chance de praticar a língua, mudávamos a conversa do alemão para o holandês nas nossas visitas e a guiávamos, tentando fazer com que fosse mais divertido se aprimorar. O novo idioma estava sendo mais difícil para ela, provavelmente por passar tanto tempo em casa. Foi muito mais fácil para o Sr. Frank, que andava para cima e para baixo por Amsterdá o tempo todo, e para as crianças, que se adaptaram como patinhos na lagoa.

O INVERNO DE 1940 terminou. A neve derreteu; as barracas de flores ficaram repletas de tulipas, junquilhos e narcisos cobertos de orvalho. Por mais sovinas que fôssemos com nosso dinheirinho, sempre era possível gastar um pouco com flores. O ar suave e os dias prolongados encheram a todos de esperança sobre a situação da Europa. Quem sabe? Quem sabe...? Henk e eu passávamos juntos todo o tempo livre. À medida que a primavera ficava mais bela, Henk se tornava mais bonito e mais encantador aos meus olhos. Suas piadas pareciam mais engraçadas, suas mãos ao redor dos meus ombros, mais firmes.

Em 6 de abril, chegaram até nós as notícias de outro atentado contra Hitler. Essa novidade quase me fez gritar de alegria. Essa tentativa tinha chegado mais perto. Quem sabe, desejei, os "bons" alemães não errem na terceira vez?

Mas então Hitler marchou direto sobre a pequena Dinamarca e, com a mesma facilidade, sobre a Noruega. Mal dispararam um tiro nas duas invasões. Na Holanda, tínhamos medo de que o mesmo acontecesse conosco. Esperamos para ver o que haveria em seguida. Felizmente, fomos poupados. Então, continuamos a aproveitar a primavera.

CAPÍTULO CINCO

ERA UMA QUINTA-FEIRA DE MAIO. Deslizei da cama de minha irmã, Catherina, para a minha. A noite estava estranhamente agradável. Nosso costumeiro bate-papo noturno só terminou quando nos repreendemos mutuamente, lembrando que tínhamos que estar de pé na manhã seguinte para outro dia de trabalho.

No meio da noite, interrompendo meu sono pesado, ouvi o que parecia um zumbido persistente. Pensei que não era nada e me aconcheguei mais na cama, mas então o barulho se misturou com um estrondo distante e abafado. Nenhuma das duas interrupções me impressionou muito, até que fui acordada com Catherina me sacudindo. No andar de baixo, alguém sintonizava o rádio cheio de interferências. Meu coração se apertou.

Corremos para baixo para nos juntar à família e tentar entender o que estava acontecendo. As notícias eram confusas. Seriam aviões alemães? Se fossem, por que estavam indo em direção ao oeste? As pessoas correram para as ruas para ver se alguém sabia de alguma coisa. Outras subiram nos telhados. As explosões distantes vinham da direção do aeroporto.

Amanheceu e a confusão continuou. Ninguém voltou a dormir. Todos nós estávamos muito perturbados. O boato que corria era que soldados alemães, em uniformes holandeses, estavam pulando de paraquedas. Do céu também caíam bicicletas, armas e equipamentos. Ninguém nunca tinha visto ou ouvido algo do tipo.

Todos nós vagávamos inutilmente em busca de mais informações. A primeira leva de notícias foi transmitida boca a boca, seguida de mais outra. Por fim, a rainha Guilhermina se pronunciou no rádio e contou, com a voz cheia de emoção, que os alemães tinham atacado nossa amada Holanda. Estavam nos invadindo, mas estávamos revidando.

Era sexta-feira, 10 de maio de 1940. Ninguém sabia exatamente o que fazer. A maior parte das pessoas foi trabalhar, do mesmo jeito que fazia todos os outros dias.

O clima na empresa era de choque e desamparo. O rosto do Sr. Frank estava pálido. Nos reunimos em torno do rádio em seu escritório e ficamos ouvindo, à espera do desenrolar da situação. Parecia que nosso corajoso exército holandês estava lutando, apesar de estar em menor número, e que estávamos resistindo. Não era hora para debates. Fizemos nosso trabalho em silêncio. Não havia nada a fazer além de esperar e ver o que aconteceria.

Henk veio correndo do trabalho na hora do almoço. Nos abraçamos, com medo de imaginar o que tinha acontecido. Sirenes de ataques aéreos soaram várias vezes durante o dia. Obedientes, esperamos até o fim dos alarmes, já que não havia abrigos no nosso bairro. De qualquer forma, nenhuma bomba caiu, e não vi nenhuma luta, nenhum homem uniformizado.

Mais rumores circulavam: soldados alemães estariam pulando de paraquedas vestidos como enfermeiros, fazendeiros, religiosos e pescadores holandeses. Avisos periódicos para permanecermos em casa eram transmitidos pelo rádio: devíamos esvaziar todas as garrafas de bebidas alcoólicas e manter as mulheres protegidas dos soldados alemães, pois eles certamente viriam. As pessoas correram para os mercados e compraram todo o alimento que puderam.

Às 8 horas da noite, soou o toque de recolher. Fomos instruídos a adesivar os vidros de nossas janelas, pois isso poderia nos proteger de estilhaços em caso de ataque. Devíamos comprar papel escuro para cobrir as janelas à noite. Eu fiz isso.

Meus ouvidos ficaram grudados no rádio o tempo inteiro. Será que as tropas holandesas estavam contendo o violento ataque? Era verdade, como andavam dizendo, que o governo holandês tinha enviado um navio a IJmuiden para levar judeus à Inglaterra? Era verdade que muitos judeus tinham se suicidado? E que outros tantos tinham zarpado para a Inglaterra em botes que eles mesmos compraram?

Essa confusão prosseguiu por vários dias. Qualquer fagulha de informação se espalhava como fogo no palheiro. Ouvimos que a batalha estava difícil nos arredores de Amersfoort; que os fazendeiros foram orientados a evacuar a área e a deixar as vacas no pasto; que as vacas mugiam e choravam porque não tinham sido ordenhadas e suas tetas estavam explodindo de tanto leite.

Então veio a pior notícia de todas: a rainha, sua família e membros do governo tinham fugido à noite, a bordo de um navio para a Inglaterra. E tinham levado todo o ouro do tesouro holandês. Uma onda de desânimo abateu a todos. Os monarquistas lamentaram, envergonhados e com a sensação de que tinham sido abandonados. Então circulou a notícia de que o príncipe Bernardo, marido da princesa Juliana, tinha voltado à Holanda disfarçado e se reunido às tropas na Zelândia.

Tão rápido quanto começou, acabou. Às 7 horas da noite de 14 de maio, o general Winkelman anunciou pelo rádio que os alemães tinham destruído Roterdã com bombas aéreas; que enchentes estavam se espalhando por várias regiões da Holanda através de represas abertas; que os alemães tinham ameaçado bombardear Utrecht e Amsterdã se continuássemos a resistir. Para evitar mortes e perda de propriedades, explicou o general, estávamos nos rendendo aos alemães. E pediu que continuássemos calmos e esperássemos por mais instruções.

Como os mais deploráveis ladrões noturnos, os alemães nos atacaram. Agora, de repente, nosso mundo não era mais nosso. Uma estranha sensação de incerteza e indefinição tomou conta de todos nós. Esperamos para ver o que iria acontecer. Enquanto isso, a fúria ardia por dentro. Nada pior poderia acontecer conosco; não éramos mais livres.

Algumas pessoas queimaram jornais antinazistas e livros e dicionários de inglês. Outros começaram a desconfiar de amigos e vizinhos. Subitamente, tornou-se crucial saber quem era simpático ao nazismo durante todo aquele tempo e quem poderia ser um espião. E o que teríamos dito àquelas pessoas de quem agora desconfiávamos?

Começamos a ver uniformes alemães aqui e ali nas ruas. O exército alemão desfilou por Amsterdã com ar triunfante em seus uniformes e capacetes. Nas calçadas, pessoas subiam nos ombros umas das outras, muitas se aglomeravam, enquanto os alemães faziam sua grande marcha ao sol de primavera em tanques e automóveis, cruzando a Ponte Berlage em seu caminho até a Praça Dam.

Os holandeses assistiam silenciosos, a maioria com expressões determinadas, ilegíveis. Dos buracos de esgoto surgiam os holandeses nazistas, que vibravam e acenavam, dando boas-vindas. Alguns, como Henk e eu, viravam de costas e não olhavam. Para nós, havia apenas dois lados: os que estavam "certos", aqueles holandeses leais que, não importava o que acontecesse, se oporiam aos nazistas, e os "errados", que colaboravam ou simpatizavam com o projeto nazista. Nada entre eles.

A VIDA SEGUIU, quase como antes. Os negócios da Travies & Company continuaram a prosperar. Nós trabalhávamos em silêncio o dia inteiro. Os sinos da Westerkerk (Igreja do Oeste), que ficava na nossa rua, badalavam quatro vezes, de hora em hora. Essa igreja era um prédio de tijolinhos vermelhos com frontões altos. Diziam que era o lugar onde os ossos de Rembrandt foram enterrados. Os sinos tocavam com uma ressonância opulenta, ligeiramente abafada pelos vários ulmeiros que margeavam todo o canal.

Logo que nos mudamos para Prinsengracht, notei que esses sinos soavam a cada quinze minutos. Eu interrompia meu trabalho, olhava pela janela por um instante, e geralmente admirava as gaivotas mergulhando no canal para pescar. Então retomava o trabalho que tinha diante de mim. Contudo, depois de várias semanas, era comum que eu nem notasse mais os sinos, eles tinham se tornado parte da atmosfera.

Um dia, o Sr. Frank me chamou e, com uma expressão contente, disse que tinha visto anúncios de quartos para alugar no nosso bairro, no número 25 da Hunzestraat. Henk e eu tínhamos interesse?

Na manhã seguinte, antes de irmos ao trabalho, encontrei o Sr. Frank e, juntos, fomos a um prédio de tijolos muito parecido com os outros da Hunzestraat, uma rua silenciosa a apenas dois quarteirões do apartamento dos Frank na Merwedeplein. Os quartos eram no térreo. O Sr. Frank tocou a campainha e esperamos. Uma pequena e bela dama, morena e roliça, atendeu. Era a Sra. Samson. Percebemos que era judia. O Sr. Frank fez as honras e nos cumprimentamos com um aperto de mãos. Então a Sra. Samson nos mostrou os quartos e disse que tinham vagado de repente. Ela era falante, e as palavras vinham com facilidade.

Parecia que a Sra. Samson tinha uma filha casada que vivia em Hilversum, a poucos quilômetros de Amsterdá. No dia do ataque alemão, a filha, o genro e suas crianças tinham decidido fugir para a Inglaterra e correram, como muitos outros, para a cidade portuária de IJmuiden.

Quando o marido da Sra. Samson, um fotógrafo que fazia retratos de crianças no colégio, chegou em casa aquela noite e ouviu sobre sua filha e os dois netinhos, ficou muito triste porque não os tinha visto antes de partirem. E decidiu ir a IJmuiden para tentar encontrá-los e dizer adeus.

Ele não sabia que sua filha e a família não conseguiram embarcar em um dos navios lotados naquele dia e foram forçados a voltar para Hilversum. Enquanto procurava por eles, o Sr. Samson entrou em um dos navios e não conseguiu sair. E a Sra. Samson ficou sabendo que, por acidente, seu marido tinha zarpado para a Inglaterra.

Agora, ela estava sozinha no apartamento e não tinha a menor ideia se veria seu marido outra vez. Tinha medo de ficar sozinha, e era por isso que queria alugar os quartos.

Eu disse, ali mesmo, que gostaria de alugar os quartos. Henk e eu nos mudaríamos imediatamente. Ela ficou aliviada: seria bom ter pessoas jovens e fortes ocupando o espaço em tempos como aqueles.

Henk e eu nos mudamos para os quartos da Sra. Samson. No início, dissemos que éramos casados, mas quando a conhecemos melhor, contamos que não era verdade, mas que, em breve, esperávamos, realmente nos casaríamos. Aqueles tempos incomuns estavam rapidamente abrindo espaço para arranjos atípicos.

Durante o dia, podíamos ouvir o zumbido dos aviões enquanto os alemães sobrevoavam a cidade. As notícias diziam que Luxemburgo e Bélgica tinham caído tão rápido quanto a Holanda; que a Alemanha tinha invadido a França com sucesso e que a batalha continuava; e que um homem chamado Winston Churchill tinha substituído Neville Chamberlain como primeiro-ministro da Inglaterra.

Na Bélgica, o rei Leopoldo III se rendeu aos nazistas e agora estava nas mãos deles. Pouco a pouco, começamos a nos dar conta de que era melhor a rainha Guilhermina não ter caído nas mãos dos alemães, que talvez fosse melhor que estivesse em segurança na Inglaterra. Ela falava emocionada com os holandeses pela rádio BBC, assegurando que conduziria o governo holandês no exílio diretamente da Inglaterra, até que os alemães fossem derrotados. Disse para mantermos a calma e não perdermos a esperança, para resistirmos aos nazistas de todas as formas possíveis, e que, algum dia, conseguiríamos ser uma nação livre novamente.

No final de maio, um nazista austríaco chamado Arthur Seyss-Inquart, que se tornou chanceler da Áustria depois que a Alemanha anexou o país em 1938, foi nomeado comissário imperial dos Países Baixos por Hitler. Seyss-Inquart era um homem atarracado e de aparência comum; sempre usava óculos cintilantes e mancava. Naturalmente, nós o desprezamos desde o início.

Em junho, a suástica tremulou no topo da Torre Eiffel, em Paris. O exército alemão se espalhou pela Europa como uma inundação. Parecia irrefreável. As tropas vitoriosas de Hitler ocupavam a maior parte da Europa: das terras árticas congelantes da Noruega até as regiões de vinhedos da França; do extremo leste da Polônia e Tchecoslováquia direto para as terras abaixo do nível do mar nos limites da nossa pequena Holanda, no Mar do Norte. Como a Inglaterra conseguia se manter sozinha contra tamanho poder? Churchill bradava pelo rádio que ela podia fazer isso, e que o faria. Os ingleses eram nossa única esperança.

Com a chegada do verão, Amsterdã continuou em seu estado de quase-normalidade. Muitas vezes, parecia que nada tinha mudado. As castanheiras deram frutos; a luz do sol continuou a brilhar até as 10 horas da noite. Henk e eu, com nossos escassos pertences, aos poucos organizamos um pequeno lar em dois quartos completamente mobiliados, com cozinha e banheiro compartilhados.

Pela primeira vez, passei a cozinhar refeições completas. Me dei conta de que tinha talento para a culinária. Henk estava feliz, eu também. Era quase como se nada tivesse mudado – até que meu olhar captasse um soldado alemão sentado em uma cafeteria ao ar livre, ou um policial alemão, conhecido como *Grüne Polizei*, ou "Polícia Verde", por causa da cor dos uniformes. Então a realidade de nossa dominação retornava. Eu colocava aquela expressão impenetrável no rosto e continuava a cuidar da minha vida.

Os alemães estavam tentando nos vencer pela gentileza. Não me deixei levar por sua simpatia nem por sua aura confiante. Simplesmente evitava qualquer contato, o que não era difícil, já que parecia não haver muitos soldados entre nós.

A rádio oficial agora não tocava mais nada além de música alemã, o dia inteiro. Os cinemas exibiam apenas filmes alemães, então é claro que parei de ir ao cinema. Foi decretado que era contra a lei ouvir a BBC. Isso não surtiu nenhum efeito sobre nós, já que toda esperança e encorajamento vinham da BBC.

Então, no fim de julho, a rádio Oranje, a voz do governo holandês no exílio em Londres, começou a fazer transmissões todas as noites, e ouvi-las era como água para os que tinham sede. Como os jornais tinham parado de imprimir qualquer coisa além das notícias alemãs, não sabíamos nada do que acontecia no mundo exterior e ansiávamos por qualquer informação. Então, toda noite, embora fosse ilegal, nos reuníamos para ouvir a rádio Oranje.

Apesar da apreensão constante, até então os judeus holandeses não tinham sido tratados de maneira diferente. Em agosto, refugiados judeus da Alemanha foram orientados a se reportar à secretaria de estrangeiros para registro, o que eles fizeram. Nada de mal lhes aconteceu. Foram registrados e ponto.

Os cinemas tinham começado a exibir um noticiário antissemita chamado "O eterno judeu", mas, como tínhamos parado de frequentar, nem Henk nem eu o assistimos. Livros de que os alemães não gostavam eram removidos das bibliotecas e das livrarias. Disseram que também estavam fazendo mudanças em livros didáticos para adequá-los à sua ideologia.

Em agosto, Hitler começou a enviar centenas de bombardeiros para a Inglaterra através do Canal da Mancha, uma leva atrás da outra. Diariamente, ouvíamos o zumbido interminável das aeronaves a distância. Algumas vezes, ouvíamos a RAF, força aérea real britânica, voando na direção leste, e nossos corações aceleravam. A BBC noticiava bombardeios em Berlim. A esperança surgia. Então a rádio alemã anunciava que Londres estava queimando e que os britânicos estavam prestes a se render. Nossos corações se apertavam, a raiva quase explodia.

Em setembro, a Luftwaffe, força aérea de Hitler, deu início a invasões aéreas maciças à noite. O barulho daqueles mensageiros da morte eram a trilha sonora das minhas noites. Como tinha sido ordenado, cobri nossas janelas com papel grosso, para controlar a luminosidade dos ambientes. As noites em casa eram sufocantes; nossos quartos, um breu, não entrava nem a luz da Lua.

Milhares de holandeses estavam trabalhando em fábricas alemãs do outro lado da fronteira. Outros trabalhadores holandeses tinham ido para empresas alemãs na Bélgica e na França. Por todo canto, pôsteres coloridos convidavam os holandeses a trabalhar na Alemanha. Os cartazes sempre exibiam arianos idealizados, de bochechas rosadas.

Os porcos nazistas holandeses, conhecidos como NSB'ers, se juntaram aos alemães nazistas. Receberam privilégios e tratamento especial. Nós fizemos a cama para aquelas cobras. Nem sempre sabíamos quem estava do lado "certo" e quem estava do "errado". Então nunca discutíamos a guerra com ninguém se não tivéssemos certeza. Agora, quando ia fazer compras, eu encontrava as prateleiras dos mercados quase vazias. Os alemães tinham começado a pegar nossos alimentos e enviar para sua terra natal.

O desânimo entre os judeus aumentou quando, no outono de 1940, judeus holandeses no serviço civil e em diversos cargos públicos e governamentais, como professores do ensino básico e das universidades, e até mesmo carteiros, foram impelidos a pedir demissão. A indignação se alastrou. Outros, como Henk, tiveram que assinar uma "Declaração Ariana", um documento capcioso que dizia, basicamente, "eu não sou judeu". Ficamos chocados com esses decretos: chocados, enfurecidos e envergonhados porque muitas pessoas honradas e capacitadas tinham sido demitidas de forma tão nojenta.

Nada disso mudou a rotina na Travies & Company, exceto que renomeamos nossa mascote de Moffie – o apelido que usávamos para os alemães. Moffen era um biscoito no formato de um porquinho gorducho. Como nosso gato era conhecido por roubar comida nas casas da vizinhança, assim como os alemães faziam com nossa comida, Moffie pareceu apropriado.

O Sr. Frank e o Sr. Van Daan fizeram o que puderam para disfarçar qualquer medo ou tristeza que sentissem. Todo mundo se comportava da forma mais natural possível com eles. Porém, um decreto assinado em 22 de outubro de 1940 forçou nossa companhia a se registrar, assim como todos os negócios que pertenciam a judeus ou tinham mais de um sócio dessa religião.

COMEÇOU DE FORMA INSIDIOSA, e, à medida que o longo e escuro inverno caía sobre nós, a corda ao redor do pescoço dos judeus começou a apertar. Primeiro, todos os judeus foram obrigados a se registrar no escritório do censo. A taxa era um florim. A brincadeira era que os alemães estavam fazendo isso pelo florim. Então, começaram a circular rumores de que em Haia, que ficava a apenas 56 quilômetros de Amsterdã, em bancos de praça e lugares públicos, havia placas dizendo Proibido judeus ou Judeus não são bem-vindos aqui. Seria possível que algo assim estivesse acontecendo nos Países Baixos?

A resposta veio quando surtos de antissemitismo se manifestaram em Amsterdá. Brigas violentas entre judeus e nazistas aconteceram no antigo Bairro Judeu, perto da área comercial. Os alemães usaram isso como desculpa para suspender a circulação nas pontes ao redor do bairro, posicionar soldados e selar a área com placas. Em 12 de fevereiro de 1941, o jornal nazista holandês *Dutch Nazi* noticiou que judeus com dentes afiados rasgaram o pescoço de soldados nazistas e sugaram o sangue deles, como vampiros. O nível de mentiras e depravação nazistas chocou todo mundo.

Então, em nosso próprio bairro, no sul de Amsterdá, houve vários confrontos violentos entre judeus e nazistas. Um desses conflitos aconteceu em nossa sorveteria favorita, Koco's, em Rijnstraat. Disseram que alguns judeus tinham jogado amônia na cabeça dos soldados alemães.

Em fevereiro, quatrocentos reféns judeus foram capturados no antigo Bairro Judeu. Circulavam rumores sobre tarefas humilhantes a que eles foram obrigados a se submeter, como rastejar de joelhos aos pés dos soldados nazistas. Então, foram reunidos em uma *razia* – a palavra holandesa para "batida policial" – sob a mira de revólveres e enfiados em caminhões. Eles foram mandados para um lugar distante chamado Mauthausen, um campo prisional. Logo chegaram notícias de que esses homens tiveram mortes "súbitas". As famílias receberam notificações de morte por ataque cardíaco e tuberculose. Ninguém acreditava nessas histórias sobre mortes repentinas.

Os holandeses demoram a se enfurecer, mas, quando finalmente chegam ao limite, sua raiva é incandescente. Para mostrar o tamanho da indignação que nós, holandeses, sentíamos diante do tratamento que os judeus recebiam, proclamamos uma greve geral prevista para o dia 25 de fevereiro. Queríamos que nossos judeus soubessem que nos preocupávamos com o que estava acontecendo com eles.

Em 25 de fevereiro, o mundo veio abaixo! Todos os transportes e as indústrias pararam. Na linha de frente da greve estavam os trabalhadores portuários, e todos os outros os seguiram. Antes da ocupação alemã, a Holanda tinha grandes e diferentes partidos e grupos políticos. Agora, de repente, só havia um: o partido antialemães.

A greve de fevereiro durou três incríveis dias. O ânimo dos judeus holandeses aumentou muito; todos podiam sentir a solidariedade que a greve inspirou. Perigoso, sim, mas era maravilhoso tomar uma atitude contra os nossos opressores. Depois de três dias, no entanto, os nazistas se reimpuseram com repressão brutal.

Fazia algum tempo que Henk e eu não íamos à casa dos Frank. Estávamos profundamente apreensivos por nossos amigos judeus. Eu me consumia de arrependimento. Como pudemos ser tão ingênuos a ponto de pensar que nossa neutralidade seria respeitada por um homem sem moral como Adolf Hitler? Henk e eu sentíamos um pesar especial pelos Frank, com suas duas filhas tão novas. Se ao menos nossos amigos judeus tivessem ido para os Estados Unidos ou para o Canadá! A Sra. Frank, de fato, tinha dois irmãos que foram para a América do Norte.

Quando vimos os Frank novamente, percebemos que, desde a ocupação, a saúde frágil de Margot havia piorado, por causa da ansiedade. Ela ficava doente com frequência, mas dava um jeito de não deixar nada interferir em seus estudos. Sua natureza doce e quieta encobria seus medos.

Enquanto isso, Anne estava se transformando no membro mais extrovertido da família. Falava com franqueza sobre todos os assuntos. Estava consciente do que acontecia no mundo e muito indignada com as injustiças contra o povo judeu.

Somado a todos os interesses de Anne, como estrelas de cinema e suas melhores amigas, um novo tópico estava chamando sua atenção: garotos. Suas conversas agora eram pontuadas por comentários sobre algumas pessoas, em especial do sexo oposto.

Era como se os terríveis acontecimentos no mundo exterior estivessem acelerando o desenvolvimento daquela menininha, como se Anne, de repente, estivesse em uma corrida para saber e experimentar de tudo. Por fora, Anne era uma menina delicada e cheia de vida, de quase 12 anos, mas, por dentro, uma parte dela havia amadurecido de repente.

INESPERADAMENTE, RECEBI uma convocação para me apresentar ao consulado alemão. Fiquei com medo e com a sensação de que algo ruim poderia acontecer.

Me arrumei com esmero, e Henk me acompanhou ao consulado, que ficava na Museumplein. Era um prédio em estilo aristocrático, em uma rua próxima ao Rijksmuseum. O lugar tinha uma atmosfera sinistra.

Henk e eu nos aproximamos da porta e nos mandaram parar. Perguntaram o que queríamos ali. Mostrei a convocação. Depois de uma análise cuidadosa, fomos liberados e orientados a seguir pelo corredor até uma determinada porta. Apertei o braço de Henk com força.

A porta estava entreaberta. Antes de entrar, fomos parados mais uma vez. Novamente, mostrei minha notificação. Podia ouvir vozes altas e ameaçadoras dentro da sala. Meu instinto dizia que algo muito desagradável estava prestes a acontecer. Apertei ainda mais o braço de Henk.

Enfim me disseram para entrar. Henk tentou me acompanhar, mas um guarda estendeu a mão e disse:

– Espere.

Entrei sozinha.

Do lado de dentro, o oficial não fez nenhum comentário educado quando apresentei a convocação: simplesmente pediu meu passaporte e me olhou como se eu fosse lixo. Entreguei o passaporte, com o coração batendo acelerado. Ele o pegou e saiu.

Esperei por um tempo que pareceu uma eternidade. Enquanto isso, pensamentos horríveis passaram pela minha cabeça: que eles me mandariam de volta a Viena. Que nunca mais veria meu querido Henk. Que seria obrigada a me associar ao Partido Nazista Holandês. Que algo aconteceria aos meus parentes que ainda moravam em Viena.

Em determinado momento, um oficial veio do escritório dos fundos, me avaliou dos pés à cabeça, não disse nada e foi embora. Mais tempo passou. Outro oficial entrou e deu uma olhada em mim. Me ocorreu que estavam me encarando para tentar me desvendar. A maioria das garotas alemãs da minha idade que viviam na Holanda há alguns anos eram empregadas domésticas. Sabia que estavam intrigados comigo.

Por fim, o primeiro oficial voltou com meu passaporte nas mãos. Perguntou se era verdade que eu tinha me recusado a me juntar à Liga das Moças Nazistas. Lembrei da visita da jovem loira, meses atrás.

– Sim, é verdade – respondi.

Com um olhar gélido, ele me entregou o passaporte.

– Seu passaporte foi invalidado. Você precisa voltar a Viena em três meses – disse, com frieza.

Abri meu passaporte. Na página que mostrava a data de validade do documento, ele havia marcado, em preto, um grande "X". Agora, de fato, meu passaporte não tinha validade.

Sem saber o que fazer, fui até o departamento de estrangeiros da polícia, onde ia todos os anos para me registrar. O departamento ficava na O.Z. Achterburgwal. Sempre tinha sido bem tratada lá em todos aqueles anos. Perguntei o que fazer ao policial responsável pelo escritório de estrangeiros. Contei o que aconteceu no consulado alemão e mostrei meu passaporte.

Ele ouviu com compreensão e examinou o grande "X". Depois balançou a cabeça, com tristeza.

– Estamos vivendo em um país ocupado. Não podemos mais te ajudar. Nós não temos nenhum poder. – Pensou por mais alguns segundos e coçou a cabeça. – A única coisa que eu poderia sugerir seria voltar ao consulado alemão e fazer uma cena. Comece a chorar e diga que você realmente não teve a intenção de se negar a entrar na Liga das Moças Nazistas.

Minha postura se enrijeceu.

– Nunca.

– Então a única alternativa que consigo pensar é casar com um holandês.

Contei para ele que era exatamente isso que eu planejava. Ele balançou a cabeça.

– Pensando bem, você vai precisar da sua certidão de nascimento para se casar.

Eu disse que ainda tinha muitos parentes em Viena. Talvez eles pudessem ajudar? Ele continuou a balançar a cabeça. Apontou para a data ao lado do grande "X".

– Não vai dar. Você tem apenas três meses para conseguir sua certidão de nascimento. Mesmo em épocas normais, demoraria um ano ou mais para ter um documento legal. E esse não é um período normal.

Uma expressão triste tomou conta de seu redondo rosto holandês.

Corri para casa e escrevi para meu tio Anton, em Viena.

Por favor, envie minha certidão de nascimento!, implorei, e logo postei a carta.

Então a espera começou.

Enquanto aguardava pela resposta do meu tio durante aquela primavera, os alemães continuaram a conquistar territórios. A rádio só transmitia notícias sobre as vitórias do general Rommel na África do Norte; os alemães também estavam prestes a conquistar a Grécia e a Iugoslávia; e a Romênia, mesmo com um governo pró-Alemanha, foi ocupada como nós. Eu, e outros como eu, nos agarrávamos a qualquer pedaço de boa notícia que ouvíamos na BBC e na rádio Oranje – qualquer derrota, todas as sabotagens bem-sucedidas de forças clandestinas de resistência que aos poucos surgiam na Holanda e em todos os lugares.

Os gregos se renderam em abril de 1941. Os jornais mostraram a suástica sobrevoando a Acrópole, assim como tinha acontecido na França.

Ao mesmo tempo, uma onda de novos decretos antissemitas surgiu. De repente, os judeus estavam proibidos de se hospedar em hotéis ou de ir a cafeterias, cinemas, restaurantes, bibliotecas, até mesmo parques públicos. A pior parte: os judeus foram obrigados a entregar seus rádios para a polícia. Tiveram que consertar os aparelhos às suas custas e entregá-los. Perder essa conexão com o mundo exterior era inimaginável: o rádio era a fonte de todas as notícias e esperanças.

Finalmente, tio Anton me escreveu. Mas a carta dizia apenas que ele precisava do meu passaporte para obter minha certidão de nascimento. *Mande imediatamente.*

Eu devia ter imaginado. Aquilo era impossível. Se enviasse meu passaporte a Viena, ficaria óbvio que tinha sido invalidado. Não podia deixar tio Anton saber disso. O simples fato de manter contato com alguém que tinha recusado se juntar à Liga das Moças Nazistas poderia colocá-lo em risco, assim como meus outros familiares.

Era óbvio que o Sr. Frank sabia tudo o que estava acontecendo comigo. Apesar dos seus próprios problemas, ele sempre esteve disposto a ouvir os meus. Sempre confiei no Sr. Frank, então lhe contei o último problema que veio com a carta do tio Anton. Ele ouviu em silêncio, analisou a situação; então, juntos, examinamos meu passaporte inválido, balançando nossas cabeças, desesperados.

De repente, o Sr. Frank arqueou uma sobrancelha.

– Tenho uma ideia – disse. – Por que você não faz uma cópia da primeira página do passaporte? Só essa, a que mostra sua foto e o carimbo oficial alemão com a suástica. Então envie-a ao seu tio em Viena. Diga a ele para levar à prefeitura. Mostra que você tem o passaporte. Depois é só dizer que você não pôde enviar seu passaporte completo porque, atualmente, não se pode andar pela Holanda sem ele.

Trocamos um olhar conspiratório.

– Talvez isso funcione...

Segui a sugestão do Sr. Frank. Meu tempo estava ficando escasso. Henk e eu éramos como dois ratinhos esperando em uma gaiola, cada qual fazendo o melhor possível para esconder do outro como se sentia. Ser obrigada a deixar a Holanda era, para mim, um destino pior que a morte.

Todos os dias, enquanto esperava por notícias do tio Anton, novos decretos contra os judeus eram baixados. Agora, médicos e dentistas judeus estavam proibidos de tratar pacientes não judeus. Ignorei essa ordem e continuei meu tratamento com o Dr. Dussel. Judeus eram proibidos de usar piscinas públicas. Me perguntei aonde Anne e Margot Frank iriam para se refrescar no verão.

Os judeus foram obrigados a comprar o jornal semanal *Jewish Weekly*, no qual esses novos decretos eram publicados. Talvez os alemães tenham pensado que dessa forma, nós, cristãos, não saberíamos o que estava acontecendo com os judeus. Mas as notícias sobre cada nova medida se espalhavam vertiginosamente. Além disso, pequenos folhetos e jornais clandestinos antialemães começaram a circular. Eram ilegais, mas ofereciam frescor e eram um antídoto contra as mentiras e perseguições venenosas que nos cercavam por todos os lados.

Recebi uma carta do tio Anton:

Fui até a Prefeitura com a cópia do seu passaporte. Em toda parte, há jovens fazendo saudações nazistas. Eles me mandaram de uma pessoa para outra, de um lugar para outro. Até que, por fim, me desesperei. Mas a esperança é a última que morre. Vou tentar mais uma vez e, se ainda assim não obtiver resultados, então vou pessoalmente me encontrar com o prefeito de Viena!

Essas palavras me assustaram. Se tio Anton começasse um inquérito, ficaria sabendo que eu tinha recusado me juntar à Liga das Moças Nazistas e que meu passaporte tinha sido invalidado. Tio Anton estava em perigo apenas por ajudar alguém como eu. Aquilo era horrível. E, pior ainda, restava pouco tempo.

Até que, em junho, quando parecia que tudo estava perdido, uma terceira carta do tio Anton chegou. Prendi a respiração e abri.

Fui à Prefeitura fazer uma nova tentativa. Dessa vez havia uma senhora mais velha no escritório. Disse para ela que tinha uma sobrinha em Amsterdã que queria se casar com um holandês, e se ela poderia conseguir a certidão de nascimento de Viena. Então a velha escriturária deu um sorriso e disse: "Sabe, tenho ótimas lembranças de Amsterdã, porque passei muitas férias encantadoras por lá. Espere aqui". Ela saiu e voltou logo depois com sua certidão de nascimento. Então aqui está, minha sobrinha querida. Que Deus abençoe você e seu jovem holandês. Tio Anton.

Do envelope caiu minha certidão de nascimento, cuidadosamente dobrada.

Todos na Travies & Company ficaram felizes com a notícia. O humor de todo mundo melhorou. Agradeci efusivamente ao Sr. Frank. Afinal de contas, sua ideia tinha dado certo. Ele dispensou minha gratidão.

– Estou muito feliz por você e por Henk.

Elli me abraçou e todo mundo se reuniu para ver o documento. Eu queria dançar de tanta felicidade.

Henk e eu corremos até a prefeitura de Amsterdã para marcar a data do casamento, mas logo nossa felicidade se esvaiu. Fomos informados de que, quando um holandês se casava com uma estrangeira, o passaporte tinha que ser levado ao escriturário da prefeitura. Ficamos em choque. Meu passaporte tinha um enorme "X" e estava inválido. Se o escriturário fosse simpatizante nazista, eu seria deportada.

Com o coração na boca, marcamos nosso casamento para o dia 16 de julho de 1941. Lançamos nosso destino ao vento.

O SOL BRILHAVA no dia 16 de julho em Amsterdã, um belo dia de verão que parecia saído de um livro de histórias. Vesti meu melhor casaco feito sob medida e coloquei um chapéu; Henk vestia um elegante terno cinza. Por ser nosso casamento, nos permitimos fazer de bonde o trajeto para o número 25 da Praça Dam. Por todo o caminho, só um pensamento ocupava minha mente: o grande X e o cancelamento do meu passaporte. Não conseguia relaxar, nem Henk.

À medida que o bonde se aproximava da praça lotada de pombos, ciclistas e pessoas a caminho do trabalho, eu só tinha uma certeza: não importava o que acontecesse, mesmo se eu fosse entregue aos alemães para ser deportada, ou coisa pior, não voltaria a Viena. Nunca. Era impossível. Eu me esconderia. Me tornaria uma *onderduiker* – que na Holanda significava "aquele que mergulha abaixo", que é clandestino, que se esconde. Eu nunca, jamais voltaria para a Áustria!

O Sr. Frank fechou a empresa durante o dia. Enquanto Henk e eu esperávamos nos chamarem, alguns de nossos amigos chegaram à prefeitura. Entre eles, meus pais adotivos, a Sra. Samson, nossa locatária, Elli Vossen, o Sr. e a Sra. Van Daan. A Sra. Van Daan usava um elegante chapéu fedora e um terninho curto.

Tanto Margot quanto a mãe da Sra. Frank estavam doentes, e a Sra. Frank teve de ficar em casa para cuidar delas. Anne e o Sr. Frank chegaram juntos. Ele estava muito bonito em seu terno escuro e um chapéu. Anne também parecia uma mocinha com seu casaquinho de estilo princesa e um chapéu com laço de fita. Seu cabelo havia crescido e estava brilhante e volumoso de tanto escovar.

Nossos amigos estavam ariscos como gatos enquanto esperávamos. Se era possível que um grupo inteiro de pessoas segurasse a respiração de uma só vez, foi o que fizemos. Todos sabiam do perigo da situação.

Os olhos de Anne piscavam nervosos de Henk para mim. Ela permaneceu próxima ao pai, segurando a mão dele. Talvez fôssemos o primeiro casal de noivos que Anne via em carne e osso. Eu podia perceber, quando ela olhava para Henk, que o via como uma figura bela e impetuosa. Será que me via da mesma forma? Um casamento era o ápice do romantismo para uma garota de 12 anos.

Nosso grupo era um entre vários que estavam de pé esperando. Chamaram alguns nomes; mais pessoas chegaram. Por fim, fomos chamados. Henk e eu caminhamos até a mesa. Nossos amigos se colocaram atrás de nós como um paredão.

O escriturário estendeu a mão e pediu a certidão oficial. Henk entregou. O escriturário deu uma olhada, fez uma anotação, olhou para cima e disse:

– Por favor, posso ver o passaporte da noiva?

Senti como se mãos gigantes pegassem meu coração e o esmagassem. Aquele era o momento tenebroso – eu sabia, Henk sabia, nossos amigos também sabiam. O silêncio foi absoluto.

Eu estava segurando meu passaporte com tanta força que ele até grudou em minha mão. Soltei e o entreguei. Todos os olhares estavam no oficial, tentando decifrar sua posição política no rosto impassível. Ele abriu o passaporte e virou as páginas com o polegar, mas o tempo todo, seus olhos estavam em Henk – não em mim, nem no passaporte. Sem olhar para o documento, ele disse:

– Está tudo certo.

O terrível aperto em meu coração se aliviou e senti como se uma corrente elétrica percorresse todo o meu corpo. Meus joelhos estavam bambos, minha garganta, fechada.

Minha cabeça rugia à medida que nosso pequeno grupo se dirigia à sala onde aconteceria a cerimônia oficial. Como quase não tínhamos dinheiro, pagamos pela celebração mais simples. Henk e eu ficamos ao lado de outros dois casais. O oficial estava dizendo para as três noivas "...vocês devem seguir seu marido..." – os tradicionais votos legais que uma esposa deveria fazer. Mas não ouvi nada. Nada além da batida de um maravilhoso tambor na minha mente, em um estrondo glorioso: "Sou holandesa! Sou holandesa! Sou holandesa!".

A batida do tambor foi interrompida de repente. Senti um puxão na manga: era Henk. Todos os olhos tinham se virado para mim, esperando. Um segundo se passou. Os acolhedores olhos azuis de Henk preencheram o vazio.

– Sim – improvisei rapidamente. – Eu aceito, eu aceito.

Um suspiro coletivo de alívio veio dos convidados.

Nosso pequeno grupo saiu para a rua. O doce sol de verão se derramou sobre nós. A alegria explodiu em nossos corações. Anne pulava para cima e para baixo, esquecendo sua pose de mocinha. Os olhos de nossos amigos brilhavam, úmidos. Todo mundo se abraçava; houve beijos, fortes apertos de mão, até com desconhecidos, admirados com nossa animação. Encontramos um fotógrafo de rua e o convencemos a tirar fotos da gente para um álbum de recordações.

Eu estava em um estado tão grande de euforia que quebrei a tradição holandesa, segundo a qual o noivo carrega a certidão de casamento. Estava tão feliz aquela tarde que carregava a certidão embaixo do braço como se estivesse grampeada em meu corpo. Meu sonho de ser holandesa tinha se tornado realidade por causa de Henk. Mas eu estava feliz porque Henk era meu sonho; era meu verdadeiro amor.

Anne ficou impressionada com minha aliança de ouro. Ela a admirou, sonhadora. Tive certeza de que estava pensando que algum dia se casaria com um homem alto e bonito como Henk. Como os tempos estavam difíceis, compramos apenas um anel, embora o costume fosse que o casal tivesse um par. Henk e eu mal conseguimos o suficiente para uma aliança de ouro. Ele insistiu que eu usasse. Concordamos que, mais tarde, quando as dificuldades passassem, compraríamos uma aliança para Henk. Por enquanto, uma só teria que bastar.

Nossos amigos caçoaram de mim por não responder de imediato à pergunta do celebrante, se aceitava ou não me casar com Henk. Contei que tudo o que consegui pensar foi que eu, finalmente, era holandesa.

"Uma boa vitória contra os Moffen, não acham?" – Nossos amigos riram.

O grupo se separou. Henk e eu tínhamos que ir para a casa da minha família adotiva para comemorar. O Sr. Frank disse que daria uma festa para nós no escritório, na manhã seguinte.

– Não precisa – eu falei.

Ele não aceitou meus protestos.

– Eu vou! – anunciou Anne, com um sorriso radiante.

Na manhã seguinte, o escritório tinha se transformado em um salão de festas. Um dos agentes de viagem da firma trouxe linguiça de fígado, rosbifes, salame, queijo. Tudo foi arrumado em belos pratos. Nenhum de nós via tanta carne assim há tempos.

– É muita comida – comentei.

– Que besteira – disse o Sr. Frank, sorrindo, feliz por ter algo para comemorar em tempos tão sombrios.

Anne usava um radiante vestido de verão e estava muito feliz. Ela ajudou a servir a carne nos pratos, cortar os pães e passar a manteiga. Todos nós ainda estávamos em estado de júbilo. Como havia tão pouco que podíamos fazer contra nossos opressores, cada pequena vitória tinha um doce sabor; e a minha parecia mais doce que mel.

Anne e Elli serviam um prato de comida atrás do outro. Todos comemos até nos fartarmos; bebemos até não poder mais; fizemos brindes. Fiquei muito comovida com os presentes que ganhamos. Não era fácil conseguir bons artigos naqueles tempos, mas todo mundo deu um jeito. Anne me presenteou com uma baixela de prata em nome da família e dos funcionários da empresa. O Sr. e a Sra. Van Daan nos deram copos de cristal ornamentados com cachos de uvas. Da Sra. Samson, ganhamos uma caixa de cerâmica com tampa de prata em formato de peixe. E outros mais.

Percebi como Anne encarava a mim e a Henk: estava completamente encantada por nossa romântica história de amor. Nos tratava praticamente como se fôssemos duas estrelas de cinema, em vez de dois holandeses perfeitamente comuns que tinham se casado.

CAPÍTULO SEIS

DURANTE TODO O VERÃO, uma avalanche de decretos antissemitas foi publicada, um atrás do outro. Primeiro, em 3 de junho de 1941, ordenaram que um grande "J" na cor preta fosse acrescentado às carteiras de identidade de todas as pessoas que, durante o censo, registraram que tinham dois ou mais avós judeus. Todos na Holanda, tanto judeus quanto cristãos, foram forçados a carregar suas carteiras de identidade o tempo todo.

As pessoas sussurravam que talvez nós, holandeses, mas em especial os judeus, tivéssemos sido burros por responder a todas as perguntas do censo com honestidade. Agora, como se tivessem nos enganado, os alemães sabiam exatamente quem eram e onde estavam os judeus da Holanda. Quando criaram a lei do "J", uma pena foi estabelecida: os judeus que não se registrassem seriam presos por cinco anos e teriam todas as suas propriedades confiscadas. A lição dada por aqueles que foram enviados a Mauthausen e tinham ou desaparecido ou morrido estava bem clara na memória de todos.

Algumas das ordens antissemitas eram risíveis: judeus não tinham mais permissão para possuir pombos. Outras eram devastadoras: depósitos bancários e bens de judeus foram interditados para transferência ou uso. Os judeus não podiam fazer o que queriam com suas próprias economias e seus bens. Um estrangulamento lento e doloroso estava em curso, começamos a nos dar conta: primeiro, isolamento; agora, empobrecimento.

Ao longo disso tudo, as crianças judias quase não haviam sido incomodadas. Agora, no entanto, tinham sido proibidas de se misturar com seus colegas de classe não judeus. Agora, as crianças judias tinham que frequentar escolas exclusivas para judeus, onde eram ensinadas por professores também judeus. Anne e Margot Frank adoravam seu colégio, e eu sabia que as duas ficariam com o coração partido.

Escolas apenas para judeus começaram a surgir em Amsterdá para cumprir o novo decreto. Em setembro de 1941, Anne e Margot começaram a frequentar a Escola Secundária Judia. Açoitar adultos com o chicote brutal do ódio era uma coisa, e sabíamos que os porcos alemães eram plenamente capazes disso. Mas machucar crianças indefesas era ainda pior.

Henk e eu éramos consumidos pela frustração diante da situação difícil dos nossos amigos judeus. Na frente deles, agíamos com a maior naturalidade possível, como eles também agiam conosco. Mas em casa, à noite, a frustração e a raiva acumuladas ao longo do dia me esgotavam. Embora não conseguíssemos explicar o sentimento amargo de vergonha, ele se revolvia em nosso íntimo e nos corroía.

O OUTONO CHEGOU e os dias ficaram mais curtos. Os alemães invadiram a Rússia naquele mês de junho, e continuaram a varrer aquele vasto país como se nada fosse capaz de detê-los. Chovia com frequência, e o céu estava sempre coberto por nuvens e névoa. Era cada vez mais difícil conseguir o necessário nos mercados. Na Pectacon, começamos a armazenar o que eram conhecidos como *Ersätze*, ou produtos substitutos, já que nem sempre conseguíamos os temperos verdadeiros ou os produtos que estávamos acostumados a vender. Os *Ersätze* eram, em geral, substitutos bastante inferiores.

Nossos vendedores continuaram cruzando a Holanda e trazendo pedidos para a Prinsengracht. Alguns desses pedidos vinham de soldados alemães alocados em vários postos ao redor da Holanda. Uma ou duas vezes por semana, esses vendedores retornavam ao escritório em Amsterdá com seus pedidos, que empacotávamos e enviávamos.

Mas, além dos pedidos, esses vendedores também traziam histórias de suas viagens. Traziam notícias sobre a situação em outros pontos da Holanda. Contaram que a vida seguia em todo canto do país, apesar da ocupação, mas que, por todo lado, os recursos holandeses – nosso carvão, nossa carne, nossos queijos – estavam sendo saqueados e transportados através da fronteira com a Alemanha.

Às vezes, encontrava o Sr. Lewin, um refugiado alemão, amigo do Sr. Frank, que tinha ido várias vezes aos encontros na casa dele.

O Sr. Lewin não podia mais trabalhar como farmacêutico por causa dos nazistas. Então o Sr. Frank tinha disponibilizado para ele algumas das salas de estoque vazias para usar como laboratório. Eu não tinha oportunidade de ir até às salas sem uso, mas volta e meia o Sr. Lewin passava por nossas salas, na entrada ou na saída, e falava sobre seus experimentos. Algumas vezes mostrava cremes para a pele, que tinha feito para vender.

Até então, os decretos que estavam pressionando judeus de várias profissões e negócios ainda não tinham atingido o Sr. Frank, o Sr. Van Daan, a Travies & Company ou a Pectacon. O que o Sr. Frank tinha feito com suas economias e bens, quando os decretos bancários foram proclamados, não foi discutido conosco, é claro. Ele continuava o mesmo, nunca faltava ao trabalho, nunca reclamava, e mantinha sua vida pessoal em casa.

Todos estávamos preocupados com o que aconteceria em seguida, e como esses decretos poderiam criar problemas para o Sr. Frank e o Sr. Van Daan, ou para qualquer um dos nossos clientes. Como ondas que se espalham quando se atira uma pedra em uma lagoa, os efeitos da perseguição alemã aos judeus pareciam crescer indefinidamente e ficavam cada vez piores. Nenhum de nós sabia o que viria pela frente. Ser judeu naqueles dias devia ser como ficar de pé em um terreno instável – e, para alguns, em areia movediça.

O Sr. Frank era um homem sagaz. Quaisquer que fossem seus pensamentos e suas percepções sobre sua posição como judeu, eu sabia que seriam inteligentes. Então, um dia, ele disse a Henk que tinha alguns assuntos particulares para tratar com ele. Os dois foram para sua sala.

Sozinhos no escritório e de portas fechadas, o Sr. Frank explicou a Henk que a posição dele na empresa estava colocando todos em perigo. Disse que havia pensado com muito cuidado e decidiu abrir mão do cargo de diretor administrativo da Travies & Company. Os documentos da empresa seriam modificados legalmente. Em seu lugar, seu velho amigo, o Sr. Koophuis, o substituiria.

O Sr. Frank assumiria o cargo de conselheiro, mas na verdade continuaria a tocar os negócios como sempre. A única mudança real seria do ponto de vista legal.

Explicou em seguida que outro cristão de confiança à frente da companhia Pectacon reforçaria, ele acreditava, a aparência cristã da empresa.

Será que Henk consideraria tornar-se diretor da Pectacon, a empresa de condimentos, com o Sr. Kraler como diretor administrativo?

Henk ficou contente porque seu velho nome cristão e holandês poderia garantir uma proteção de fachada à empresa do Sr. Frank. Estava feliz em ajudar um homem decente, a quem admirava. Henk era capaz de rastrear seus ancestrais cristãos holandeses por mais de cinco gerações. Se isso não era uma linhagem ariana boa o bastante para os nazistas, disse ele ao Sr. Frank, nada seria.

Os documentos foram providenciados junto às autoridades responsáveis. Em 18 de dezembro de 1941, o Sr. Otto Frank desapareceu da direção da Travies & Company. Para a equipe, ele tinha se transformado em um conselheiro. Novos artigos de papelaria e cartões foram impressos. A Pectacon se transformou em Kohlen & Company.

A vida na Prinsengracht continuou, é claro, sem pausas. O Sr. Frank vinha trabalhar todos os dias. Sentava-se à sua mesa, tomava todas as decisões e dava todas as ordens. Nada tinha mudado, exceto que, quando um cheque era preenchido ou uma carta datilografada, o espaço para a assinatura continuava em branco. O Sr. Frank então passava o documento para o Sr. Koophuis ou para o Sr. Kraler, cujas assinaturas eram totalmente cristãs.

EM DEZEMBRO DE 1941, nosso ânimo melhorou. Depois de serem atacados em Pearl Harbor pelos japoneses, os norte-americanos declararam guerra contra o Japão; e os aliados deste, Alemanha e Itália, declararam guerra contra os Estados Unidos. Era quase inacreditável: os Estados Unidos, com toda a sua mão de obra e suas fábricas de aviões, havia se aliado à Inglaterra contra nossos opressores. Aquele grande país, os Estados Unidos da América, estava ao nosso lado na guerra contra Hitler.

Logo ficamos ainda mais animados com as notícias da Rússia. Embora Hitler tivesse ocupado o país como uma enchente desenfreada durante o verão e o outono, finalmente ouvimos pelas rádios Oranje e BBC que o impiedoso e lamacento inverno russo havia chegado, deixando os alemães atolados, incapazes de avançar. A BBC tinha previsto que as tropas de Hitler seriam esmagadas pelo inverno russo, assim como tinha acontecido com as tropas de Napoleão. Os noticiários alemães, por outro lado, sempre contradizendo a BBC, alegavam que Leningrado e Moscou estavam prestes a cair. Aconteceria a qualquer momento. Claro que nós torcíamos para que a BBC estivesse mais próxima da verdade.

Em janeiro de 1942, judeus de vilarejos próximos a Amsterdá foram forçados a se mudar de imediato para a cidade. Foram instruídos a entregar à polícia uma relação dos bens que estavam levando para Amsterdá. Então tiveram o gás, a eletricidade e a água cortados, e foram obrigados a dar à polícia a chave de suas casas.

Soubemos que essas pessoas mal tiveram tempo de procurar outro lugar para morar, nenhum tempo para dispor adequadamente de seus pertences, para cuidar das casas em que viveram a vida inteira. Elas simplesmente vieram para Amsterdá com trouxas, carrinhos de mão, às vezes todas as posses de uma família em um velho carrinho de bebê. Amsterdá já estava lotada de gente. Para onde aquelas pessoas esperavam ir?

A filha da Sra. Samson veio de Hilversum com o marido e os dois filhos, de 5 e 3 anos. De repente, lá estavam eles à porta, desorientados e assustados. A Sra. Samson ficou tão chateada quanto eles. O que fazer? Onde colocaria todo mundo? Só havia quatro quartos, incluindo o nosso, no apartamento.

Henk e eu conversamos e dissemos à Sra. Samson que partiríamos sem problemas, e ela poderia ter os quartos de volta. Não contamos que não tínhamos a menor ideia de para onde ir.

– Não, não e não – ela repetiu sem parar.

Então, todos refletimos e chegamos à conclusão de que, onde vivem três, vivem sete.

A filha, o genro e as crianças dividiam um quarto. A Sra. Samson ficou com o outro. Henk e eu tínhamos nosso próprio quarto. E todos dividíamos a sala de estar, como uma grande família. Era apertado, mas teria que servir. Durante os jantares, o genro se esforçava para contar piadas e descontrair o ambiente. Ele era violinista, mas estava impossibilitado de trabalhar. E sempre dava um jeito de contagiar a todos nós com seu humor e suas gargalhadas; mas, debaixo da superfície, aquela família era consumida por medo e tensão.

Henk e eu tentamos não nos envolver demais. Não havia nada que pudéssemos fazer para melhorar a situação. Fingimos não ver o medo e a ansiedade deles. Em muitas noites, íamos até a esquina visitar nossos amigos na Rijnstraat. Esses amigos tinham alugado um quarto para Henk por muitos anos antes de ele vir morar comigo. Com frequência nos reuníamos na Rijnstraat à noitinha, sentados em volta do rádio, ouvindo as notícias da BBC e da rádio Oranje. Éramos como crianças sedentas, bebendo cada palavra daquelas transmissões vindas de tão longe.

Algumas vezes, Winston Churchill nos animava com seus discursos passionais, nos enchia com a acidez e a força necessárias para suportarmos a invasão por mais um dia, mais uma semana, mais um ano, o quanto fosse preciso até que o "bem" triunfasse. A rádio anunciava que novos tipos de bombardeiros estavam sendo fabricados nos Estados Unidos, informando que as aeronaves estariam no ar em dois anos.

– Agora! – exclamávamos. – Agora, precisamos deles *agora*! Não podemos esperar dois anos!

E, na verdade, a situação estava piorando bem rápido. Os alemães começaram a racionar nossa comida. Cadernetas especiais de controle foram expedidas para cada um de nós e deviam ser apresentadas com nossos cartões de racionamento. A cada período de quatro ou oito semanas, recebíamos um novo cupom de racionamento, e nossas cadernetas eram assinadas pelo oficial no comando. Os jornais traziam as listas do que podia ser comprado com cada cupom. Não apenas comida, mas também tabaco, cigarros e charutos. Quando fazia compras, eu geralmente encontrava o que precisava, mas às vezes tinha que ir a dois ou três mercados diferentes em vez do habitual, na minha vizinhança.

Éramos obrigados a usar café e chá *Ersätze*, ambos com o cheiro original, mas sem sabor algum. Henk nem sempre conseguia cigarros suficientes. Ele sentia falta de ter sempre um cigarro no bolso. Agora precisava pensar duas vezes antes de fumar. Estávamos com raiva dessa escassez, principalmente porque sabíamos que os alemães estavam enviando alimentos e bens dos holandeses para a Alemanha.

À medida que mais e mais judeus eram banidos dos seus empregos, os alemães começaram a organizar campos de trabalho para os homens judeus desempregados. Só que as tarefas designadas para eles geralmente exigiam que fossem enviados "para o leste". Ninguém sabia para onde. Polônia? Tchecoslováquia? Os rumores davam conta de que os que recusavam a convocação para trabalhar eram enviados para Mauthausen, onde eram severamente punidos. Aqueles que obedeciam e partiam, ouviam que decerto teriam de trabalhar muito e receberiam salários muito baixos, mas havia a promessa de um tratamento "decente".

Ouvimos dizer que muitos dos judeus intimados a trabalhar nos campos tomavam atitudes desesperadas para serem dispensados. Ficamos sabendo que alguns espalhavam clara de ovo nas mãos antes da avaliação física e, então, no exame de urina, deixavam a urina escorrer pelas mãos, na esperança que ele ficasse parecido com o de quem tinha alguma doença renal. Outros levavam um frasco de urina de diabético para a avaliação. Outros engoliam pedaços enormes de chiclete que, se fossem pegos no raio X, pareceriam uma úlcera. Outros bebiam grandes quantidades de café e tomavam banhos escaldantes antes do exame físico para aparentarem estar doentes demais para serem bons trabalhadores, e, então, serem desqualificados.

Judeus não tinham mais permissão para se casar com não judeus. Judeus não podiam mais andar de bonde. Judeus só podiam fazer compras em determinados horários e em certos mercados. Judeus não podiam se sentar no próprio jardim ou em cafeterias, nem em parques para respirar ar fresco.

Nossos encontros de sábado na casa dos Frank foram interrompidos, assim como os jantares ocasionais a que Henk e eu íamos com os Frank e as meninas. Aquelas leis estavam sendo bem-sucedidas ao segregar nossos amigos judeus do restante de nós. Agora, por todos os lados da nossa vizinhança, víamos rostos ansiosos de judeus que ficavam mais e mais pobres a cada dia. Vários se arrastavam pelas ruas à procura de alternativas para alimentar os filhos. Sussurravam entre si e paravam quando alguém se aproximava. Estavam sempre com ar desconfiado e, agora, também com o olhar abatido. Eu sentia dor por essas pessoas desmoralizadas sempre que as via na rua.

Na primavera de 1942, mais um decreto foi promulgado. Esse inclusive foi publicado no jornal holandês, não apenas no *Jewish Weekly*. Dentro de uma semana, os judeus teriam que costurar em suas roupas, acima do coração, uma estrela amarela de seis pontas do tamanho da palma da mão de um adulto. Isso valia para *todos* os homens, mulheres e crianças judeus. Cada estrela custava um cupom de roupas do livro de racionamento mais quatro centavos. Na estrela amarela lia-se Jood ("judeu").

No dia em que essa ordem começou a valer, muitos holandeses cristãos, profundamente irritados com mais essa humilhação imposta a nossos judeus, também pregaram estrelas amarelas em seus casacos. Várias pessoas usaram flores amarelas, como emblemas de solidariedade, nas lapelas ou nos cabelos. Cartazes foram afixados em alguns mercados pedindo a cristãos que demonstrassem respeito em especial pelos nossos vizinhos judeus, sugerindo, por exemplo, que tirássemos nossos chapéus para eles em um cumprimento alegre – qualquer gesto que mostrasse que não estavam sozinhos.

Muitos holandeses fizeram o que podiam para demonstrar solidariedade. O decreto, de certa forma muito mais revoltante do que os outros, fazia nosso sangue ferver de raiva. As estrelas e as flores amarelas, naqueles primeiros dias, eram tão comuns que o Distrito dos Rios ficou conhecido como Via Láctea. O Bairro Judeu foi ridiculamente apelidado de Hollywood. Uma onda de orgulho e solidariedade floresceu por um curto período, até que os alemães começaram a estourar cabeças e prender pessoas. Uma ameaça foi feita à população: quem ajudasse judeus de qualquer maneira seria mandado para a prisão e possivelmente seria executado.

O Sr. Frank foi ao escritório, como de costume. Nenhuma menção foi feita à estrela amarela costurada em seu paletó com pontos perfeitos. Ninguém prestou atenção. Olhamos através dela como se não estivesse ali. Para mim, não estava.

Embora passasse a impressão de que tudo permanecia normal, o Sr. Frank estava esgotado. Agora, porque não podia usar o bonde, ele tinha que fazer longas caminhadas até a empresa todos os dias, e à noite voltar a pé para casa. Para mim, era impossível imaginar a tensão em que ele, a Sra. Frank, Margot e Anne estavam vivendo. A situação deles nunca era discutida e eu não perguntava.

Certa manhã, depois que as xícaras de café foram recolhidas e lavadas, o Sr. Frank me chamou em seu escritório. Fechou a porta e me olhou no fundo dos olhos, seus suaves olhos castanhos encarando diretamente os meus com uma franqueza quase cortante.

– Miep – ele começou–, preciso confessar um segredo.

Eu ouvia em silêncio.

– Miep, Edith, Margot, Anne e eu estamos planejando nos refugiar... nos esconder. – Ele me deixou processar a informação. – Nós vamos junto com Van Daan, a esposa e o filho dele. – O Sr. Frank fez uma pausa. – Você conhece as salas onde meu amigo farmacêutico, Lewin, vem fazendo experimentos?

Disse a ele que sabia sobre essas salas, mas nunca tinha entrado.

– É lá que vamos nos esconder. – Fez uma pausa. – Como você vai estar trabalhando, como sempre, bem ao nosso lado, preciso saber se você tem alguma objeção.

Falei que não tinha.

– Miep, você estaria disposta a aceitar a responsabilidade de cuidar de nós enquanto estivermos escondidos?

– É claro – respondi.

Uma ou duas vezes na vida, há uma troca de olhares entre duas pessoas que não pode ser descrita em palavras. Nós compartilhamos esse olhar.

– Miep, a punição para quem ajuda os judeus é grave: prisão ou até... Eu o interrompi.

– Eu disse "é claro". Dei a minha palavra.

– Que bom. Só Koophuis sabe. Nem Margot e Anne sabem ainda. Vou perguntar aos outros, um por um. Mas poucos vão saber.

Não fiz mais perguntas. Quanto menos eu soubesse, menos poderia dizer em um interrogatório. Sabia que quando fosse a hora, ele me diria quem eram os outros e tudo o mais que eu precisasse saber. Não estava curiosa. Dei a minha palavra.

CAPÍTULO SETE

NA PRIMAVERA DE 1942, com a proximidade do segundo ano de ocupação alemã, nada parecia abalar o grande poder de Hitler. Toda a nossa esperança estava nas mãos dos Aliados – nossos aliados. Além de subjugados, também éramos assombrados pela memória de que, quando os espanhóis invadiram a pequena Holanda, no século XVI, permaneceram por oitenta anos.

Nossas vidas mudaram radicalmente. Crianças podiam ser vistas brincando de paraquedistas, saltando das calhas segurando um guarda-chuva velho. Nas vilas, havia um acordo tácito segundo o qual, se um avião aparecesse, todas as casas abririam suas portas para que as crianças pudessem correr para dentro.

Ao último raio de luz do dia, como se tivéssemos feito isso a vida toda, protegíamos nossas janelas. Estávamos nos acostumando a fazer fila em quase todos os mercados e sempre comprar algo extra que estivesse disponível, só por precaução. E agora, nossas cadeiras estavam sempre o mais perto possível do rádio.

Os judeus, todavia, eram os mais castigados pela ansiedade. Suas liberdades tinham sido roubadas, uma a uma; seu trabalho, sua mobilidade. Muito tempo livre e muita indolência forçada eram um fardo enorme para carregar. Tempo demais para refletir, tempo demais para pensamentos e medos angustiantes.

Por causa da estrela amarela, os judeus, que antes não se diferenciavam de outros holandeses, de repente eram facilmente identificados. Quando uma criança desacostumada com judeus entrava em contato com um deles, ficava surpresa ao notar que judeus não tinham chifres nem dentes de vampiro, que se pareciam conosco e não com o demônio, como diziam os alemães. Nossa herança holandesa, que proíbe a discriminação de pessoas, tinha sido violada. E o pior de tudo: a cabeça das nossas crianças estava sendo envenenada.

À noite, o zumbido dos bombardeiros atrapalhava nosso sono. Algumas vezes, eram os alarmes de ataques aéreos, sirenes dando o sinal de alerta e, então, a espera pelo som contínuo, que indicava que tinha acabado. Não havia abrigo na nossa vizinhança, então Henk e eu nos acostumamos aos alertas e não prestávamos mais atenção neles. Apenas puxávamos os cobertores um pouco mais para cima e nos aconchegávamos um ao outro, afundando na cama macia.

A Sra. Holländer, mãe da Sra. Frank, faleceu durante o inverno. Sua morte foi tratada como um silencioso assunto de família. No estado em que as coisas estavam, as pessoas mantinham seus problemas para si mesmas. O Sr. Frank se esforçava para não sobrecarregar os outros com suas dificuldades. Sua privacidade sempre era tratada com máximo respeito.

Um dia, o Sr. Van Daan apareceu de repente na minha sala e disse:

– Miep, pegue o casaco e venha comigo.

Deixei meu trabalho de lado e fiz o que ele pediu, me perguntando o que tinha em mente.

Van Daan me guiou Prinsengracht abaixo, atravessou a ponte para Rozengracht e entrou em uma rua lateral estreita. Lá, me levou até um açougue. Eu parei enquanto ele estava prestes a entrar na loja, pensando se devia esperar do lado de fora, mas ele fez um gesto para que o acompanhasse.

Estranhei aquele comportamento de Herman Van Daan. Pensei que talvez ele tivesse em mente algo relacionado aos seus temperos para a fabricação de salsichas que queria que eu conhecesse. Fui atrás dele.

Fiquei quieta enquanto Van Daan conversava com o açougueiro. Podia ver que eram amigos. O Sr. Van Daan mastigou o cigarro que nunca tirava da boca e tagarelou sem se importar comigo. Por fim, comprou uma pequena quantidade de carne e embrulhou em papel pardo para levar para casa.

Me perguntei: *Por que ele está indo a um açougueiro perto da firma, quando mora em outra vizinhança – no sul de Amsterdã – que tem vários açougues?* Não disse nada, ele não disse nada e voltamos para a empresa.

Várias vezes, nos meses seguintes, o Sr. Van Daan me chamou para ir com ele ao mesmo açougue. Fiz como pediu, mas sempre me perguntei por que ele simplesmente não comprava perto de casa. Toda vez ele se engajava em uma conversa animada e amigável com o açougueiro e comprava um pequeno pedaço de carne, e eu esperava ao lado, em silêncio, até que ele se virasse para mim e indicasse que estava pronto para voltar ao escritório. Esperava que o Sr. Van Daan se explicasse algum dia.

NO FIM DE MAIO, a BBC anunciou que a força aérea britânica tinha completado seu primeiro bombardeio em massa na Alemanha. A cidade escolhida foi Colônia, perto da fronteira da Holanda ao longo do rio Reno. Até perdemos o fôlego quando a BBC noticiou que mil bombardeiros participaram do ataque.

Agora, meus ouvidos ficavam atentos à noite, quando eu escutava o zumbido dos bombardeiros acima do barulho da artilharia antiaérea alemã. Pelas janelas vedadas, eu via o clarão momentâneo de holofotes brilhando no céu. Os bombardeiros se dirigiam para a área industrial alemã, onde havia fábricas e outras instalações importantes. *Guardem uma bomba para Hitler*, pensei.

Enquanto isso, a opressão aos judeus continuava incessante. Agora eles tinham que ficar em casa entre 8 da noite e 6 da manhã. E em nenhuma circunstância podiam visitar casas ou jardins ou quaisquer outras acomodações que pertencessem a cristãos. A convivência entre judeus e cristãos tinha se tornado crime.

Então veio o golpe mais baixo de todos. As bicicletas que pertenciam aos judeus deveriam ser entregues aos alemães até determinado dia de junho. E o proprietário não só deveria entregar a bicicleta como também se certificar de que ela estava em perfeito estado. Pneus sobressalentes, tubos e *kits* de reparo também deveriam ser entregues. Não havia nada pior para um holandês do que perder a bicicleta.

Agora como um judeu poderia se deslocar de um ponto a outro? Como poderia trabalhar, se ainda tivesse um emprego? Como jovens como Margot e Anne Frank se virariam sem suas fiéis bicicletas pretas?

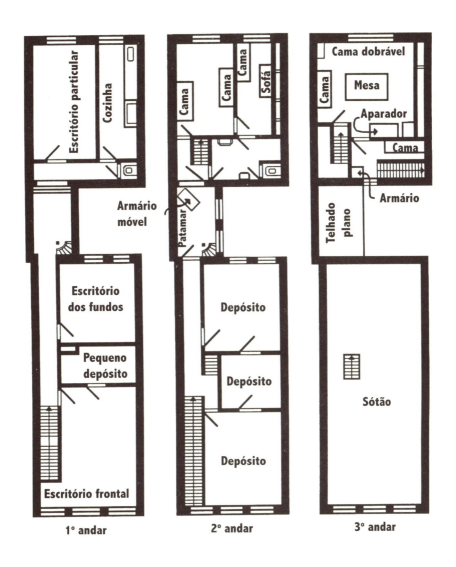

Planta baixa do Anexo
De *O diário de Anne Frank*, por Anne Frank
Copyright 1952 por Otto H. Frank
Reimpresso com permissão da Doubleday & Company, Inc.

FOI NO PRIMEIRO domingo de julho, uma noite quente de verão. Henk e eu, a Sra. Samson e os demais tínhamos terminado nosso jantar e estávamos cada qual envolvidos em seus afazeres. Para mim, as noites de domingo eram o momento de organizar pequenas tarefas para me preparar para uma nova semana de trabalho.

Naqueles dias, qualquer coisa fora do comum me perturbava imediatamente, e quando ouvi tocarem nossa campainha com insistência, a tensão cresceu no apartamento. Nós nos entreolhamos. Rápido, Henk foi até a porta e eu o segui. Herman Van Daan estava do lado de fora, bastante agitado. Henk e eu conversamos baixinho com ele, tentando não incomodar a Sra. Samson.

– Venham agora mesmo! – suplicou Van Daan em um sussurro urgente. – Margot Frank recebeu um cartão-postal convocando-a para se apresentar ao embarque para trabalho forçado na Alemanha. Mandaram que ela levasse uma mala com roupas de inverno. Os Frank decidiram se esconder agora mesmo. Você pode vir para pegar algumas coisas de que eles vão precisar no esconderijo? Eles ainda não estavam preparados, sabe?

– Nós vamos – Henk respondeu.

Vestimos nossas capas de chuva. Sermos vistos carregando bolsas e pacotes seria muito perigoso, e poderíamos esconder muitas coisas debaixo das nossas capas folgadas. Podia parecer estranho vestir capas de chuva em uma noite quente e seca de verão, mas era melhor do que levar um monte de sacolas cheias nos braços.

Henk deu uma explicação à Sra. Samson, para que nem ela nem os outros ficassem alarmados, e partimos com o Sr. Van Daan. Quando o Sr. Frank me falou sobre o plano de se esconder, na mesma noite contei a Henk sobre a nossa conversa. Sem discutir, ele reforçou seu apoio incondicional aos Frank e concordou que o plano parecia bom. Mas nenhum de nós esperava que os Frank precisassem se esconder tão cedo. Andando rápido, mas sem correr para não chamar a atenção, fomos até a Merwedeplein. No caminho, Van Daan nos disse que o Sr. Frank tinha contado às meninas o plano de se esconder, mas não onde ficava o esconderijo.

– Você pode imaginar – explicou – que elas estão em estado de choque. Há muito a fazer e tão pouco tempo! E o maldito inquilino se pendurou neles, tornando tudo mais difícil.

Caminhando até os Frank, fui subitamente invadida por uma forte apreensão pelos meus amigos. Recrutar uma menina de 16 anos para trabalho forçado era uma nova abominação que os alemães estavam infligindo aos judeus. E quantas outras jovens como Margot tinham sido recrutadas? Meninas sem pais como o Sr. Frank e sem um plano para se esconder? Garotas que, decerto, estavam terrivelmente assustadas naquela noite. Com isso em mente, precisei me obrigar a não correr pelo resto do caminho até a Merwedeplein.

Quando chegamos ao apartamento dos Frank, trocamos poucas palavras. Eles estavam aterrorizados, mas a urgência da situação ultrapassava o pânico. Era nítido que havia muito a ser organizado e preparado. A situação era pavorosa. A Sra. Frank nos deu pilhas de coisas que pareciam roupas e sapatos de crianças.

Eu mesma estava em tal estado que nem olhei. Só peguei o máximo que consegui e escondi o melhor que pude dentro do meu casaco, nos bolsos, dentro do casaco de Henk e nos bolsos dele. O plano era que eu levasse aquelas coisas até o esconderijo em algum outro dia, quando nossos amigos já estivessem escondidos e em segurança.

Com nossos casacos estufados, Henk e eu voltamos ao nosso quarto e descarregamos o que tínhamos levado. Enfiamos tudo debaixo da nossa cama. Então, com as capas novamente vazias, corremos para Merwedeplein para pegar mais uma leva.

Por causa do inquilino dos Frank, a atmosfera no apartamento estava silenciosa e dissimulada. Todo mundo estava se esforçando para parecer normal, não correr, não levantar a voz. Mais roupas e objetos nos foram entregues. A Sra. Frank empacotava e escolhia rápido, e nos entregava enquanto pegávamos de novo e de novo. Fios de cabelo estavam escapando do coque apertado e caindo em seus olhos. Anne chegou, trazendo coisas demais; a Sra. Frank lhe disse para levá-las de volta. Os olhos da menina estavam arregalados, numa mistura de excitação e um medo terrível.

Henk e eu pegamos o máximo que conseguimos e partimos rapidamente.

Na manhã do dia seguinte, segunda-feira, acordei com o som da chuva. Antes das 7h30, como combinado na noite anterior, pedalei até Merwedeplein. Antes mesmo de chegar à varanda, a porta dos Frank se abriu e Margot apareceu. Sua bicicleta estava do lado de fora. Margot não a entregou, como ordenaram. O Sr. e a Sra. Frank estavam na soleira da porta, e Anne, de camisola, com os olhos arregalados, se espichava atrás deles no corredor. Eu podia jurar que Margot estava vestindo várias camadas de roupa. O Sr. e a Sra. Frank me olharam. Seus olhos cravaram nos meus.

Fiz um esforço para encorajá-los.

– Não se preocupem, a chuva está bem forte. Nem a Polícia Verde vai querer sair nesse tempo. A chuva nos dará abrigo.

– Vão – o Sr. Frank nos instruiu, dando uma olhada na praça. – Anne, Edith e eu vamos mais tarde, ainda nesta manhã. Agora vão.

Sem olhar para trás, Margot e eu empurramos nossas bicicletas pela rua. Rapidamente, pedalamos para longe da Merwedeplein, virando para o norte na primeira esquina. Pedalávamos no mesmo ritmo, não muito rápido, para parecermos duas jovens a caminho do trabalho em uma manhã de segunda-feira.

Nenhum policial estava na rua, naquele aguaceiro. Peguei as vias mais movimentadas, da Merwedeplein até a Waalstraat, à esquerda para a Noorder Amstellaan até Ferdinand Bolstraat, Vijzelstraat para Rokin, Praça Dam, Raadhuisstraat, virando finalmente em Prinsengracht, mais feliz do que nunca por ver a rua de paralelepípedos e o canal escuro.

Durante todo o caminho, não trocamos uma palavra. Nós duas sabíamos que a partir do momento em que subíssemos nas bicicletas, nos tornaríamos criminosas. Lá estávamos nós, uma cristã e uma judia sem a estrela amarela, pedalando em uma bicicleta ilegal. Em um momento no qual a judia deveria estar se apresentando para uma brigada de trabalho forçado em locais desconhecidos da Alemanha de Hitler. Margot não parecia intimidada. Não demonstrava nenhum dos sentimentos que guardava dentro de si. De repente, nós nos tornamos duas aliadas contra a ira do monstro alemão acima de nós.

Não havia uma alma viva em Prinsengracht. Assim que destranquei a porta, levamos as bicicletas até o depósito, saímos e fechamos a porta. Abri a outra porta que dava acesso ao escritório, entramos e fechei logo em seguida, por causa da chuva. Estávamos encharcadas até os ossos. Percebi que Margot estava prestes a desmoronar.

Segurei o braço dela e a guiei através do escritório do Sr. Frank e pela escada até o patamar que levava ao esconderijo. Estava quase na hora dos outros chegarem para o trabalho. Temia que alguém aparecesse, mas fiquei quieta.

Margot parecia atordoada, em choque. Agora que estávamos lá dentro, podia sentir seu pavor. Enquanto ela abria a porta, apertei de leve seu braço para transmitir coragem. Ainda assim, não dissemos nada. Margot desapareceu atrás da porta e eu tomei meu lugar na sala da frente.

Meu coração batia acelerado. Sentei à mesa me perguntando como seria capaz de me concentrar no trabalho. A chuva de verão tinha sido nosso refúgio. Agora, uma pessoa estava segura dentro do esconderijo. Outras três tinham que ser protegidas pela chuva.

O Sr. Koophuis chegou ao escritório, pegou a bicicleta de Margot e não sei que fim deu nela. Pouco depois que ele saiu, ouvi o responsável do armazém chegando, batendo os pés para tirar a água.

Mais tarde, naquela manhã, ouvi o Sr. e a Sra. Frank entrando pela porta da frente com Anne. Estava esperando por aquele momento e logo me juntei a eles e os apressei pelo escritório do Sr. Kraler, escada acima, até o esconderijo. Os três estavam bem molhados. Traziam poucos pertences, e todos tinham a estrela amarela costurada na roupa. Abri a porta para eles e fechei quando desapareceram do lado de dentro.

À tardinha, quando não havia ninguém por perto e tudo estava silencioso, subi as escadas e foi minha vez de desaparecer esconderijo adentro, certificando-me de que a porta estava bem fechada atrás de mim.

Ao entrar no cômodo pela primeira vez, fiquei surpresa com o que vi. Era uma bagunça de sacos, caixas e mobiliários, pilhas de objetos. Não conseguia imaginar como tudo aquilo tinha sido trazido até o esconderijo. Nunca notei nada sendo levado para lá. Talvez tenham trazido à noite, ou aos domingos, quando a firma estava fechada.

Nesse andar havia dois quartos bem pequenos. Um era retangular e tinha uma janela, e o outro, comprido e estreito, também com uma janela. Os quartos eram revestidos por painéis de madeira, pintados de verde-escuro, o papel de parede, amarelado e velho, descascava em alguns pontos. As janelas estavam cobertas por cortinas pesadas, brancas, improvisadas. Havia um banheiro em um cômodo amplo, com espaço para se vestir ao lado.

Subindo um lance de degraus íngremes de madeira velha, havia outro cômodo amplo com uma pia, um fogão e armários. Ali as janelas também estavam cobertas por cortinas. Do lado desse cômodo, em uma saleta cheia de pilhas de objetos e sacos, uma escada frágil levava a um sótão que servia de depósito.

A Sra. Frank e Margot pareciam perdidas, apáticas, em estado de completa letargia. Parecia que não conseguiam se mover. Anne e o pai estavam se esforçando para botar alguma ordem naquele mar de objetos, arrastando, carregando e limpando.

– O que posso fazer? – perguntei à Sra. Frank. Ela balançou a cabeça em negativa. – Posso trazer um pouco de comida? – sugeri.

Ela assentiu.

– Só algumas coisinhas, Miep... Talvez pão, um pouco de manteiga; talvez leite?

A situação era muito perturbadora. Queria deixar a família a sós. Não conseguia nem imaginar o que estariam sentindo por abandonar tudo o que tinham no mundo – sua casa, bens adquiridos ao longo de uma vida, a gatinha de Anne, Moortje. Lembranças do passado. Amigos...

Os Frank tinham simplesmente fechado as portas de suas vidas e desaparecido de Amsterdá. A expressão da Sra. Frank dizia tudo. Rapidamente, eu os deixei.

PARTE DOIS

NO ESCONDERIJO

CAPÍTULO OITO

ALGUNS DIAS APÓS A CHEGADA dos Frank ao esconderijo, o Sr. Frank pediu que Henk e eu fôssemos ao apartamento dele na Merwedeplein para assuntar com o inquilino e tentar descobrir o que tinha acontecido depois que tinham desaparecido, se a família estava sendo procurada.

À noitinha, logo depois de escurecer, Henk e eu fizemos nossa visita. Quando tocamos a campainha, o inquilino dos Frank, um judeu de meia-idade, nos deixou entrar. Usando nossas melhores máscaras de inocência, perguntamos pelo Sr. Frank:

— O Sr. Frank não tem aparecido no escritório nos últimos dias. Queríamos saber se está tudo bem.

— Os Frank desapareceram — respondeu o inquilino.

Então se levantou, deixou a sala e voltou com um pedaço de papel na mão.

— Eu encontrei isso — explicou, mostrando a Henk um endereço escrito na folha. — Acho que é um endereço em Maastricht.

Nós analisamos o papel. Maastricht, a cidade holandesa na fronteira entre Alemanha e Bélgica, estaria na rota de fuga se alguém estivesse tentando escapar.

— O Sr. Frank tem família na Suíça — arriscou o inquilino. — Será que fugiram para lá? — Sacudiu a cabeça. — As pessoas na vizinhança estão dizendo que o Sr. Frank escapou para a Suíça com a ajuda de um velho amigo do exército. Na verdade, um vizinho disse que viu a família inteira saindo em um carro grande. Ninguém sabe de verdade.

Ele deu de ombros. Não parecia aborrecido. As pessoas não ficavam surpresas quando os amigos simplesmente desapareciam.

— Vou continuar aqui — contou, os olhos passeando pelo apartamento. — Se eu puder — completou. — Também sou judeu, sabe?

Sem demonstrar curiosidade, olhei ao redor do apartamento, observando a mobília. Tentei avistar a gata de Anne, Moortje, sabendo que seria a primeira coisa que a menina perguntaria quando contássemos sobre a visita à sua casa. Não vi sinal dela.

Demos boa-noite ao inquilino.

– Por favor, o senhor poderia nos avisar se tiver qualquer notícia sobre o paradeiro do Sr. Frank? – perguntou Henk.

O inquilino prometeu que o faria.

– E MOORTJE? Você viu minha gata, Moortje? O inquilino está tomando conta dela? Ou a doou? – perguntou Anne de primeira, quando fui ao esconderijo pegar a lista de compras daquela manhã. – E as roupas, minhas coisas... você trouxe alguma das minhas coisas, Miep? Trouxe, Miep?

– Miep não trouxe nada do apartamento, Anne... não está vendo? – explicou o Sr. Frank, com gentileza.

Enquanto ele continuava a explicar os motivos para a filha, notei uma nova atitude, uma nova tranquilidade no Sr. Frank. Antes sempre nervoso, agora aparentava controle total; uma aura de segurança e calma emanava dele. Percebi que estava dando aos outros um exemplo de serenidade.

Anne não terminou as perguntas.

– E os meus amigos... quem está lá? Algum deles também se escondeu, como a gente? Eles foram levados em uma *razia*? – As *razias*, ou batidas policiais, ainda estavam acontecendo.

Anne estava emotiva, desesperada por notícias. À medida que todos se reuniram à minha volta, relatei nossa visita à Merwedeplein. Eles queriam cada detalhe.

– E Jopie, que mora do outro lado da sua rua? – perguntou Anne quando, por fim, terminei minha história. – Ela está bem?

Jopie, amiga de Anne, era uma menina que morava perto de nós em Hunzestraat. Anne sabia que de vez em quando eu conversava com a mãe de Jopie, que era francesa. Costureira, ela não era judia, embora o marido fosse. O marido era um revendedor de antiguidades. Eles moravam acima da leiteria, e algumas vezes eu encontrava a senhora nas ruas quando ia comprar leite. Estava sempre sozinha.

– Sim, Anne, eu vi a mãe da Jopie. Continua a mesma. A família ainda está lá.

A expressão de Anne se tornou sombria. Queria mais notícias dos amigos, sentia tanta falta deles. Deixei claro que não sabia dizer nada sobre seus outros amigos. E que seria muito perigoso tentar descobrir essas informações.

– E o que mais está acontecendo do lado de fora? – perguntou o Sr. Frank, ávido por notícias do mundo que ele não habitava mais.

Testemunhando sua ânsia, contei o que sabia. Contei sobre as *razias* em diferentes partes da cidade. Falei sobre o novo decreto que cortava as linhas telefônicas dos judeus. Que os preços das identidades falsas tinham ido às alturas.

– E Henk? Ele vem nos visitar depois do almoço? – perguntou Anne.

– Sim – confirmei. – Quando seus colegas de trabalho forem almoçar. Ele sabe muito mais do que está acontecendo pela cidade. Muito mais.

Os rostos se iluminaram com a notícia de que sim, Henk iria.

– E Elli vai passar por aqui na hora do almoço.

Todos estavam felizes porque mais visitas estavam a caminho. Queriam que cada um de nós os visitasse o máximo que pudesse.

Jo Koophuis vinha com frequência, sempre trazendo algum mimo. Havia algo de especialmente caloroso no jeito dele. O Sr. Kraler também aparecia, algumas vezes com perguntas para o Sr. Frank sobre os negócios, outras com a revista *Cinema e Teatro* para Anne, que gostava de notícias e fotos das estrelas do cinema.

Aos poucos, a ordem se estabelecia no esconderijo. Móveis e objetos foram empilhados fora do caminho ou guardados no sótão, junto com os antigos arquivos do escritório. Uma sensação de lar começava a surgir: a velha e fiel cafeteira, livros didáticos das crianças, uma escova de cabelo jogada.

Anne tinha colado seus pôsteres das estrelas de cinema na parede do seu quarto: Ray Milland, Greta Garbo, Norma Shearer, Ginger Rogers, a atriz holandesa Lily Bouwmeester, o ator alemão Heinz Rühmann. Outras imagens de que gostava: um grande anúncio do processo de fabricação de geleias da nossa empresa, *Pietà* de Michelangelo, uma grande rosa cor-de-rosa, chimpanzés tomando chá, Princesa Elizabeth de York, vários, vários recortes de bebês fofinhos. Anne amava recortes de bebês quase tanto quanto amava estrelas de cinema.

Anne e Margot dividiam o quarto comprido e estreito do esconderijo. Na porta ao lado, no cômodo maior, o Sr. e a Sra. Frank tinham montado seu quarto. No andar de cima ficavam a cozinha e a sala de estar, o lugar para passar o dia, já que era um andar acima da copa da empresa e qualquer barulho que fizessem seria mais difícil de escutar. Mas eles não faziam barulho durante o dia, enquanto os funcionários iam e vinham lá embaixo. Nenhuma descarga era puxada; nada de sapatos rangendo na escada de madeira. Todo mundo ficava parado e quieto, esperando, até que um de nós aparecesse dizendo que os funcionários tinham ido embora.

Percebi que, naqueles primeiros dias, a Sra. Frank continuava muito, muito abatida. Margot também estava abatida, muito quieta e retraída. Sempre bondosa e solícita, Margot sabia como se tornar invisível. Ela nunca estava no caminho; não fazia nenhum pedido.

Todos os dias, eu trazia um pouco das coisas que Henk e eu pegamos na Merwedeplein, na noite anterior à fuga. Em pouco tempo, trouxe tudo que tinha para o esconderijo.

A primeira coisa que fazia todas as manhãs, quando tinha um intervalo no escritório, era subir na ponta dos pés e pegar a lista de compras da Sra. Frank. Ela me dava dinheiro ou eu pegava do caixa lá embaixo, para repor depois. Antes que Anne pudesse me encher de perguntas, eu prometia voltar logo com as compras e, então, sentaria com ela para termos uma conversa de verdade.

COM AS *RAZIAS* INCESSANTES, os judeus começaram uma busca frenética por lugares para se esconder. Alguns fizeram tentativas desesperadas, por vezes imprudentes, de cruzar a fronteira com a Bélgica. Todos procuravam um "endereço seguro". Um endereço seguro, um esconderijo, de repente se tornou a conquista mais abençoada. Era melhor que um trabalho no comércio de diamantes, mais valioso que um pote de ouro. As pessoas vasculhavam de todos os modos possíveis para obter informações que as levassem a um lugar seguro.

O Sr. e a Sra. Coenen, o genro e a filha da Sra. Samson, estavam desesperados atrás de um esconderijo. À medida que as *razias* do início de julho tiveram continuidade e se espalharam por várias partes de Amsterdã, o pânico deles só aumentava. Por fim, eles conseguiram encontrar um lugar seguro.

Quando isso aconteceu, quiseram nos contar onde era, mas Henk e eu tínhamos aprendido que, quanto menos soubéssemos sobre alguém, melhor.

Nenhum de nós sabia o que os alemães fariam com alguém que capturassem, exceto que todo tipo de tortura era aceitável para aqueles bárbaros.

Notando os preparativos do casal pelo apartamento, percebemos que a partida da família era iminente. Sabendo que eles estavam aflitos para partir, Henk os alertou para manter distância da Estação Ferroviária Central.

– A Polícia Verde patrulha a Estação Central dia e noite. É loucura se aproximar de lá.

Não dissemos nada além disso para aquele casal assustado, cujos filhos não entendiam o que estava acontecendo. Não fizemos perguntas, e eles não nos contaram nada.

Um dia, voltamos do trabalho e eles tinham desaparecido.

Aquele dia em particular teve uma explosão de *razias* pela cidade. Quando Henk e eu voltamos do trabalho, a Sra. Samson nos contou que o genro, a filha e as crianças estavam tão nervosos e assustados que decidiram ir embora de imediato para o lugar seguro. A Sra. Samson ainda estava muito abalada com a partida deles. Henk e eu pensamos que talvez ela ficasse melhor em algum lugar protegido até as *razias* terminarem, então sugerimos que ficasse com meus pais adotivos. Ela concordou, e logo fizemos os preparativos.

Naquela noite, a campainha tocou logo depois da meia-noite. Henk e eu estávamos na cama e congelamos ao ouvir o barulho. Pedindo que eu ficasse, Henk foi atender. Eu estava muito apreensiva para ficar sozinha, então o segui. Havia uma mulher à porta. Com ela – um ao seu lado e a outra em seus braços – estavam os pequenos e sonolentos netos da Sra. Samson.

A mulher explicou que os pais das crianças tinham sido capturados pela Polícia Verde na Estação Central.

Ela estendeu a garotinha. Dei um passo à frente e a peguei. Ela também empurrou o garotinho em nossa direção e Henk o pegou no colo.

– Tinha ordens de trazer as crianças para este endereço – foi tudo o que ela disse; então se virou e partiu, andando rápido e desaparecendo na escuridão. Estávamos sem palavras. Pensamos a mesma coisa: quem era ela? Era judia ou cristã? Por que a Polícia Verde permitiu que levasse as crianças judias?

Levamos as crianças para a cozinha, esquentamos leite e preparamos pão com manteiga, então as colocamos para dormir.

No dia seguinte, a Sra. Samson voltou e encontrou os netos. Tentou descobrir com eles o que tinha acontecido, mas nenhuma das crianças tinha idade suficiente para contar o que quer que fosse sobre os pais. Não dava para saber nada. Os pais deles simplesmente tinham desaparecido nas mãos dos alemães.

Agora, mais do que nunca, nos demos conta do quanto era importante encontrar um lugar para esconder as crianças. Fizemos perguntas discretas aqui e ali. Descobrimos uma organização de estudantes em Amsterdá que tinha abrigos para onde as crianças podiam ir. Muito rápido, em menos de uma semana, a netinha foi levada, por intermédio dessa organização, para um esconderijo em Utrecht. O neto foi para Eemnes.

Agora começava a busca para encontrar um "endereço seguro" para a Sra. Samson. A cada dia que passava, a vida se tornava mais e mais difícil para os judeus em Amsterdá. Quanto mais cedo ela pudesse ir para evitar uma *razia*, melhor.

FICAMOS ENCORAJADOS ao descobrir que dez igrejas cristãs na Holanda tinham se juntado e promovido um protesto público em forma de um telegrama às autoridades alemãs de alto escalão. Juntas, essas igrejas cristãs expressaram "asco" profundo às deportações alemãs de judeus. Eles deixaram claro que essas medidas eram "ilegais" e acusaram os alemães de ir descaradamente contra a moral holandesa e contra os "mandamentos divinos de justiça e caridade".

Esses telegramas foram ignorados por completo pelos alemães.

Uma semana depois da fuga dos Frank, subi ao esconderijo para pegar a lista de compras, como de costume, e descobri que Herman Van Daan, sua esposa, Petronella, e seu filho de 16 anos tinham se mudado para o esconderijo. O nome do menino era Peter. Era um garoto bonito e robusto, com espessos cabelos negros, olhos sonhadores e uma personalidade doce.

Eu sabia que os Van Daan planejavam se esconder em breve, mas eles tiveram que se mudar antes do esperado por causa da nova onda de *razias* que varria Amsterdá. Em contraste com a chegada triste dos Frank, os Van Daan estavam radiantes por estarem abrigados em segurança no esconderijo. Tinham muito a contar aos Frank sobre o pesadelo que Amsterdá havia se tornado; tanta coisa havia acontecido em apenas uma semana! Peter trouxe seu gato para o esconderijo, Mouschi. Era um gato vira-lata animado, preto, magrelo e muito, muito amigável. Anne gostou de Mouschi imediatamente, embora ainda sentisse falta de Moortje e sempre falasse dela com saudade. Mouschi logo se sentiu em casa no esconderijo.

Novas acomodações foram estabelecidas no esconderijo. O Sr. e a Sra. Frank continuaram no quarto deles, Margot e Anne continuaram a compartilhar o quarto comprido e estreito perto do banheiro e do vestiário. O Sr. e a Sra. Van Daan dormiriam no quarto grande um andar acima dos Frank, e o jovem Peter pegou o quartinho ao lado, no meio do caminho até a escada que levava ao sótão, uma área lotada de pilhas de arquivos que não tinham sido jogados fora.

Durante o dia, a cama dos Van Daan era dobrada conta a parede. O quarto deles também servia de cozinha e sala de estar, e era o local onde todo mundo passava o dia, assim permaneciam longe do andar de baixo, que ficava logo acima dos escritórios particulares e da copa da empresa. Os Frank e os Van Daan estavam colocando tudo em ordem rapidamente, criando uma casa bem aconchegante, apesar das circunstâncias.

Os Van Daan contaram histórias angustiantes sobre como a linha 8 do bonde estava sendo usada para transportar judeus até a Estação Central. Anne, Margot e a Sra. Frank empalideceram enquanto escutavam. Alguns dos judeus sentados lado a lado nesses comboios tinham sido seus amigos e vizinhos. Bondes inteiros eram lotados de judeus com as estrelas amarelas no peito e carregando a pouca bagagem que haviam dividido entre si.

Judeus estavam sendo levados como gado para trens especiais na Estação Central, cujo destino era um lugar chamado Westerbork, uma espécie de campo de concentração. Ficava em Drenthe, bem distante de Amsterdá e não muito longe da Alemanha. Ouvi dizer que alguns judeus jogaram cartões-postais e cartas pelas janelas dos trens, na esperança de que algum desconhecido as colocasse no correio. Algumas foram enviadas e recebidas por familiares e amigos, contando para onde tinham ido aqueles que tiveram de sair de suas casas.

Depois da chegada dos Van Daan, passei a perguntar tanto para a Sra. Frank quanto para a Sra. Van Daan o que queriam dos mercados. Quando fiz isso, o Sr. Van Daan me deu uma lista de cortes de carne. Li a lista e neguei com a cabeça: nossos cartões de racionamento não dariam conta de tanta carne.

O Sr. Van Daan riu, o cigarro, como sempre, pendurado entre os lábios.

– Lembra do açougue em Rozengracht, onde você ia fazer compras comigo?

– Sim, eu lembro – respondi.

– Vá até aquele homem – explicou. – Dê a lista a ele. Não diga nada e ele vai te dar o que precisamos.

Olhei para ele, cética.

– Não se preocupe – o Sr. Van Daan riu, piscando os olhos –, aquele homem olhou bem para você quando foi até lá comigo. Ele conhece seu rosto. É um bom amigo. Você vai ver, ele vai te dar o que você quiser, se puder.

Por fim, entendi o motivo de todas aquelas estranhas visitas ao açougueiro. Não pude deixar de balançar a cabeça e rir também.

Como previsto, sem dizer uma palavra, o açougueiro olhou para o meu rosto e me deu o que podia entre os itens que o Sr. Van Daan tinha anotado na lista.

NA MAIOR PARTE dos dias, Henk vinha a Prinsengracht perto do meio-dia para almoçar comigo no escritório. O trabalho dele ficava em Marnixstraat, a sete minutos de caminhada de Prinsengracht. Uma ou duas vezes na semana, ele precisava ir para um escritório diferente da Secretaria de Saúde de Amsterdã, que ficava longe demais para que viesse almoçar.

Após o almoço, Henk subia até o esconderijo para visitar nossos amigos. Algumas vezes ele ficava por dez minutos, outras, por trinta ou quarenta, enquanto os funcionários lá embaixo almoçavam. Henk sempre se sentava na beira da cômoda, as longas pernas esticadas. O gato de Peter, Mouschi, vinha correndo de qualquer lugar que estivesse e pulava nos braços de Henk. Mouschi era louco por ele.

Antes que qualquer um pudesse falar, o Sr. Van Daan pedia cigarros. Henk entregava o que tinha conseguido comprar no mercado negro, no velho setor Jordaan, bem perto do escritório. Algumas vezes, ele trazia uns cigarros egípcios chamados Mercedes; outras, só conseguia encontrar cigarros holandeses, que não eram tão ruins assim.

Van Daan acendia um cigarro e então perguntava "O que está acontecendo na cidade?" e "Que notícias você tem da guerra?". Então Henk contava qualquer novidade que soubesse e começava a conversar com os homens, do mesmo jeito que eu papeava com as mulheres. Exceto pela eterna curiosa Anne: ela sempre estava na linha de frente de qualquer conversa, entre os homens ou as mulheres. Era a mais curiosa de todos no esconderijo, e a mais espontânea. Sempre brindava os visitantes com uma enxurrada de perguntas e inquéritos.

Agora que estavam escondidos, os Frank e os Van Daan não podiam mais pegar cartões de racionamento. E, com sete pessoas para alimentar, precisávamos desesperadamente de cartões. Para resolver esse problema, Henk tinha feito alguns contatos clandestinos muito úteis. Ele pediu aos moradores do esconderijo que lhe entregassem seus documentos de identidade. Confiando plenamente em Henk, não fizeram pergunta alguma e lhe deram os sete documentos.

Henk levou as identidades até suas fontes no mercado negro, comprovando que tinha sete pessoas escondidas para alimentar. Esses grupos ilegais então lhe conseguiam cartões roubados ou perdidos, que ele me entregava. Guardava esses cartões comigo, no escritório, e os usava quando saía para as compras diárias.

Henk tinha um amigo que era dono de uma livraria e de uma locadora de livros na Rijnstraat, no nosso Distrito dos Rios. A loja se chamava Como's. Toda semana, Henk perguntava aos nossos amigos no esconderijo o que gostariam de ler. Então ia até a Como's procurar pelos pedidos. Costumava conseguir o que eles queriam e, com alguns trocados, pegava uma pilha de livros emprestados.

Normalmente, eu levava os novos livros para o esconderijo aos sábados, a tempo de que fossem lidos no fim de semana, quando não havia visitas porque o escritório estava fechado. Ao mesmo tempo, recolhia os livros que já tinham sido lidos. As leituras eram vorazes no esconderijo: geralmente, mais de um par de olhos devorava cada livro.

Henk, Koophuis, Kraler, Elli e eu tentamos organizar uma espécie de escala, para que nossos amigos sempre tivessem um visitante. Eles estavam sempre ansiosos por visitas. Os dias eram intermináveis para quem estava trancafiado em quatro pequenos cômodos. O único sopro de ar fresco podia ser tomado no sótão, onde havia uma claraboia que se abria e revelava um pedaço de céu e da torre de Westerkerk. No sótão, a roupa era colocada para secar; sacos de comida ficavam guardados, junto com velhas caixas de arquivos da empresa. Peter gostava de trabalhar ali com suas ferramentas, e tinha montado uma pequena oficina. Anne e Margot gostavam de ir até lá para ler.

Nossas visitas tinham adquirido um quê de rotina. Eu era a primeira a aparecer, logo cedo, o primeiro rosto que eles viam depois de uma longa noite trancados juntos. Mas esta era uma visita prática, para checar o que precisavam para o dia. Elli subia na hora do almoço e geralmente compartilhava um pouco da comida que a Sra. Frank e a Sra. Van Daan tinham preparado. Henk vinha logo depois, para discutir as notícias do dia com os homens.

À tardinha, no intervalo, eu trazia as compras e fazia uma visita de verdade. Como Frank e Van Daan eram os especialistas do nosso negócio, Koophuis e Kraler precisavam ir muitas vezes ao andar de cima para fazer perguntas e resolver problemas da empresa. No fim do dia, quando o último funcionário ia embora, um de nós subia e avisava que podiam andar pela casa normalmente, falar em um volume normal, sem se preocupar com cada barulho que faziam.

Naquelas primeiras semanas, nenhum de nós conseguia se acostumar com a escada íngreme que levava ao esconderijo. Várias vezes bati a cabeça no teto baixo acima da escada e chegava lá em cima com os olhos cheios de água e a cabeça latejando. Todos nós batíamos a cabeça no teto – todos menos Henk, o mais alto, que nunca se esquecia de se abaixar para evitar uma topada –, e nossas batidas de cabeça se tornaram uma piada. Até que, enfim, alguém forrou o lugar com uma toalha velha, e paramos de bater.

– MIEP, POR QUE VOCÊ e o Henk não vêm passar a noite com a gente? Por favor, seria tão legal! – pedia Anne praticamente todos os dias desde que se mudou para o esconderijo.

– Claro, qualquer dia eu venho – prometi.

Todo mundo queria que Henk e eu passássemos uma noite no esconderijo. Garanti que iríamos. Mas antes que pudéssemos cumprir nossa promessa, recebemos o convite para um evento especial, uma superfesta, em que Henk e eu éramos convidados de honra. A festa era para celebrar nosso primeiro aniversário de casamento. A data marcada foi sábado, 18 de julho. Claro que aceitamos.

Ao cair da noite, permaneci no escritório depois que toda a equipe foi embora. Henk se juntou a mim. Nós dois procuramos nos arrumar bem para a ocasião especial.

Ao entrarmos no esconderijo, fomos recebidos com deliciosos aromas de comida. Quando subimos os degraus e entramos no quarto dos Van Daan, todos se agitaram como abelhas em uma colmeia. A mesa estava posta, e nossos amigos, maravilhados em nos dar as boas-vindas.

Anne me entregou um cardápio especial, datilografado especialmente para a ocasião. Ela deve ter descido até o escritório, na noite anterior, para usar a máquina de escrever. O cardápio dizia: "Jantar oferecido por HET ACHTERHUIS na ocasião do aniversário de um ano de casamento do Sr. e da Sra. Gies, Ilustríssimos". Anne tinha começado a chamar o esconderijo de *Het Achterhuis*, ou "O Anexo". Em seguida, ela listou os pratos que seriam servidos, acrescentando comentários. A sopa ela chamou de "Caldo à Hunzestraat", por causa da rua em que Henk e eu morávamos. Lemos o cardápio com prazer.

O próximo prato era "Rosbife Scholte", assim nomeado por causa do nosso açougueiro. Depois, "Salada Richelieu, salada Holandaise, uma Batata". Em seguida, ela falou sobre o "molho de Boeuf (Jus)": deveríamos servir "porções muito pequenas, por causa da diminuição da manteiga no cartão de racionamento". Na sequência, "Arroz à Trautmansdorf" – isto é, arroz como era feito em uma pequena vila na Alemanha – e "Suco de canela e framboesa com açúcar", para ser servido com "Café, açúcar, creme e muitas surpresas".

Prometi a Anne que guardaria o cardápio dela como uma lembrança preciosa, e a Sra. Van Daan anunciou que era hora de servir o jantar. Henk e eu recebemos lugares de honra. Nossos amigos se sentaram à nossa volta – nove pessoas apertadas ao redor da mesa, nove cadeiras que não combinavam dispostas em conjunto.

O jantar começou. Estava uma delícia. Descobri que a Sra. Van Daan tinha talento para a culinária.

– Não sabia que sua esposa era tão boa cozinheira. A comida está suntuosa – disse para o Sr. Van Daan.

Ele sorriu, orgulhoso.

– Não sabiam que minha esposa é uma cozinheira *gourmet*?

– Agora sabemos – respondeu Henk.

QUANDO O CALOR do verão ficou intenso demais, o esconderijo deixou de ser um espaço agradável. Por causa da necessidade de cortinas durante o dia e à noite, não entrava muito ar fresco no ambiente. Durante o expediente, apenas uma frestinha da janela da esquerda ficava aberta, para dar a impressão de que alguém da empresa trabalhava por ali. Por isso, até nas melhores circunstâncias, o lugar estava sempre abafado. Quando a temperatura subia, era quase sufocante. Felizmente, por causa da grande e bela castanheira atrás do esconderijo, os raios de sol eram bloqueados e o lugar ficava menos quente.

À medida que a desordem foi se transformando em ordem no esconderijo, nossos amigos encontravam mais e mais formas de se ocupar durante o dia. Ninguém estava ocioso quando eu silenciosamente subia até lá. Fosse lendo, estudando, jogando, ralando cenouras ou fazendo contas, a mente dos nossos amigos estava ocupada o tempo inteiro. Durante o dia, para não fazer barulho, todos tiravam os sapatos e ficavam apenas de meias.

Quando eu ia até lá, todos me mostravam seu lado mais amistoso e agradável. Mesmo que estivessem vivendo praticamente em cima uns dos outros, meus amigos eram sempre educados comigo – e entre si, na minha presença. O trabalho em equipe se implantou rapidamente, e qualquer tarefa era executada com rapidez. Estavam aprendendo a combinar suas diferentes personalidades, estabelecendo uma espécie de equilíbrio.

Margot e Peter, bastante retraídos, eram mais parte do cenário. A Sra. Van Daan era temperamental, charmosa e tagarela. A Sra. Frank, gentil e organizada, muito calada, mas atenta a tudo o que acontecia à sua volta. O Sr. Van Daan era um contador de piadas, um pouco pessimista, sempre fumando, e um tanto inquieto. O Sr. Frank era a serenidade em pessoa, o professor das crianças, o mais lógico, o ponto de equilíbrio. Era o líder; era quem estava no comando. Quando uma decisão precisava ser tomada, todos os olhares se voltavam para o Sr. Frank.

O VERÃO NÃO dava trégua, agosto chegou e a Sra. Samson ainda não tinha um "endereço". Pelos alto-falantes, ouvíamos a voz de Hitler guinchando que a vitória absoluta era só uma questão de tempo. Por mais odioso que fosse aquilo, não podíamos contestar. Sim, Hitler tinha a Europa nas mãos e a esmagava como a um inseto. Tudo estaria perdido se ele vencesse antes de os norte-americanos e os ingleses conseguirem se preparar para um ataque pelo Canal da Mancha. Quando era assaltada por pensamentos assim, que afligiam minha mente como agulhas afiadas, eu os enxotava o mais rápido que podia. Pensando desse jeito, eu não teria forças para continuar.

Nós mal podíamos acreditar que as *razias* ficariam ainda piores, mas elas pioraram em agosto. Os judeus se agarravam a qualquer coisa que pudesse lhes dar um pouco mais de tempo, ou quem sabe até isentá-los da deportação. Talvez um cargo no Conselho Judeu, o grupo local de líderes judeus que atuavam como mediadores entre o seu povo e os e nazistas; um trabalho na indústria de diamantes ou num ferro-velho; ou em algum mercado especial, que existisse apenas para atender às necessidades dos judeus – uma padaria ou mercearia judias. Judeus não tinham mais permissão para comprar em lojas comuns, ou então só podiam fazer isso em horários específicos.

Eles tentavam atrasar a deportação usando falsos atestados, alegando que eram deficientes físicos ou que tinham sido diagnosticados com alguma deficiência mental. A ansiedade e a incerteza assombravam a população judia, dia após dia. Mais e mais deles estavam sendo deportados. Escapar de uma *razia* estava se tornando cada vez mais difícil. Quando alguma informação sobre a região que seria alvo da *razia* vazava e se alastrava, as pessoas davam um jeito de não ficar em casa. Então, no dia seguinte, depois que a batida tinha acabado, saíam para procurar familiares e amigos, para ver quem ainda estava livre.

Casais eram separados com frequência por uma *razia*. Um deles era levado, o outro escapava porque teve a "sorte" de estar em algum outro lugar. Quando uma casa judia ficava desocupada por mais de uma semana, uma empresa de mudanças chamada Puls, contratada para recolher as posses judias, enviava uma van e rapidamente retirava tudo deixando o lugar completamente vazio. Então, na maioria das vezes, os nazistas holandeses – os NSB'ers –, que tinham alta prioridade na aquisição de novos apartamentos, se mudavam em questão de dias para a casa vazia.

O dia 6 de agosto de 1942 ficou conhecido como Quinta-Feira Negra. Uma *razia* durou o dia inteiro e seguiu noite adentro. Soubemos que judeus foram capturados na rua e arrastados. Foram tirados das próprias casas sob a mira de armas, obrigados a trancar a porta, entregar as chaves e dar as costas para tudo o que tinham. Foram espancados. Boatos davam conta de que muitos judeus se suicidaram por causa dessa *razia*. À noite, quando voltei para casa após o trabalho, ouvi dos meus familiares e amigos histórias detalhadas sobre essas perseguições.

Pouco tempo atrás, Elli tinha perguntado ao Sr. Kraler se o pai dela, que estava sem emprego e tentando sustentar seis filhos, podia vir trabalhar conosco em Prinsengracht. Precisávamos de mais um ajudante.

Kraler conversou com o Sr. Frank, que precisava concordar. Ele ainda era a pessoa que oficialmente tomava as decisões. Então o pai de Elli, Hans Vossen, veio trabalhar conosco. O chefe dele era o Sr. Kraler, e sua função era misturar diferentes combinações de tempero nos moedores. Então ele embalava os produtos e os despachava.

O Sr. Vossen era um homem magro, quase tão alto quanto Henk, entre 45 e 50 anos. Um dia, logo depois que começou a trabalhar conosco, cheguei ao escritório e descobri que o Sr. Frank o tinha colocado a par do segredo sobre o esconderijo. Para aumentar a segurança, o Sr. Kraler pediu que o Sr. Vossen instalasse uma estante na parede em que ficava a entrada para o Anexo Secreto. Essa estante, na qual mantínhamos livros de contabilidade vazios em encadernação preto-e-branca, escondia totalmente a porta. Ninguém jamais desconfiaria que havia uma passagem ali atrás. Na parede acima dela pendia um mapa do grande ducado de Luxemburgo, colado ali havia muitos anos.

O Sr. Vossen instalou, na parte traseira da estante, um gancho que podia ser puxado pelos nossos amigos. Assim, quando acionado por eles, toda a estante era arrastada e, como uma grande porta, era possível entrar ou sair do esconderijo.

Era uma ideia maravilhosa. Depois, Elli me contou que era de autoria do Sr. Frank. De repente, com tanto pavor dominando as ruas de Amsterdá, entrar no esconderijo era quase como adentrar a segurança do santuário de uma igreja. Era seguro, e nossos amigos estavam a salvo.

Toda vez que eu arrastava a estante, tinha que colocar um sorriso no rosto e afastar o sentimento amargo que ardia em meu peito. Eu respirava fundo, recolocava a estante no lugar e assumia um ar de tranquilidade e ânimo que era impossível sentir em qualquer outro lugar de Amsterdá. Meus amigos do andar de cima não precisavam ser incomodados, não precisavam ficar a par das minhas angústias.

CAPÍTULO NOVE

JUDEUS QUE ATÉ ENTÃO tinham conseguido evitar as prisões agora estavam com medo de sair de casa. Cada dia era preenchido por uma angústia insuportável. Cada som ouvido podia ser a Polícia Verde à caça; cada soar de campainha, batida na porta, passos, barulho de carro podia ser uma *razia*. Vários permaneciam sentados em casa. Esperando.

A Sra. Samson anunciou que ia se esconder, que tinha encontrado um "endereço seguro". Ficamos muito felizes. Ela queria nos contar mais, porém lembramos que quanto menos soubéssemos, mais seguro seria para ela, e também para nós. Henk fez um pedido:

– A senhora podia esperar alguns dias até Miep e eu entrarmos em férias? Espere até setembro, assim a gente não tem como saber qualquer coisa sobre seu desaparecimento; então, se eles nos pegarem e nos espancarem, podemos dizer que não sabemos para onde a senhora foi, porque estávamos em férias.

Ela disse que esperaria. Sabíamos que aquilo era pedir muito, mesmo que fosse esperar apenas alguns dias, mas agora tínhamos que pensar em sete pessoas escondidas na Prinsengracht – e também em nós mesmos. Se algo acontecesse conosco, nossos amigos estariam em sérios apuros.

Era difícil saber o que estava acontecendo. No jornal oficial, não havia nada além de mentiras. Os detalhes da guerra eram grandiosos. Em agosto, os alemães afirmaram ter tomado posse dos campos petrolíferos de Mozdok, na Rússia, alardeando uma vitória suprema. No entanto, a BBC nos informou que sim, eles tinham capturado os campos de petróleo, mas isso não tinha nenhum valor, porque os russos haviam deixado tudo completamente destruído e inutilizado.

Pouco depois, os nazistas anunciaram que o 6º Exército Alemão tinha chegado ao Rio Volga, ao norte de Stalingrado, e que a cidade já estava em seu poder. Então, a rádio Oranje reportou as baixas que os alemães tinham sofrido e anunciou que a Rússia jurou lutar até o último homem, e que os russos estavam conseguindo resistir.

Os alemães se referiam às deportações de judeus como "rearranjos" e alegavam que os que tinham sido levados estavam sendo tratados decentemente, recebendo comida e abrigo adequados, que as famílias foram mantidas juntas. Ao mesmo tempo, a BBC dizia que, nos campos de concentração alemães, judeus poloneses eram mortos em câmaras de gás, e que os judeus holandeses eram escravizados e levados para a Alemanha e Polônia, em campos muito longe da Holanda.

Embora não soubéssemos o que era verdade, sabíamos que os alemães faziam os judeus holandeses enviarem cartões-postais para suas famílias. Os cartões sempre relatavam coisas positivas sobre a vida nos campos de trabalho: que a comida era boa, que havia chuveiros, e daí por diante. Era o que os captores nazistas obrigavam os prisioneiros a escrever.

Mas os judeus encontraram um jeito de passar outras informações. Por exemplo, no fim de um cartão enviado de um dos campos, um holandês escreveu: "Envie meus cumprimentos a Ellen de Groot". Esse era um nome holandês muito comum e os alemães não censuravam. O que eles não sabiam era que em holandês *ellende* significa "desgraça" e *groot* queria dizer "terrível". Então eles conseguiam enviar uma mensagem falando da "desgraça terrível".

Minha cabeça quase explodia com tantas informações contraditórias. Temia acreditar nos rumores desagradáveis que circulavam, rumores de um tratamento rigoroso oferecido pelos alemães a prisioneiros desamparados naqueles campos remotos. Pelo bem do meu estado de espírito, passei a acreditar apenas nas notícias positivas. Eu transmitia todas as boas novidades para o esconderijo e deixava as ruins entrar por um ouvido e sair pelo outro. Para continuar firme, precisava acreditar que a guerra teria um bom desfecho para todos nós.

Como aqueles não eram tempos normais, Henk e eu não pudemos tirar férias muito longas. No entanto, precisávamos desesperadamente de uma folga, e arrumamos um jeito de passar dez dias no campo, em uma cidadezinha fora de Amsterdá. Lá, passeamos e descansamos, mas eu não conseguia parar de pensar nos meus amigos no esconderijo.

Quando voltamos a Hunzestraat, a Sra. Samson tinha sumido sem deixar rastros.

OS FRANK E OS VAN DAAN conseguiram se manter saudáveis durante o verão. Isso era de extrema importância, já que o maior medo de todos era de que alguém adoecesse e não conseguisse ir ao médico. A ansiedade tomava conta de todos nós, em especial da Sra. Frank. Ela ficava particularmente preocupada com a saúde das filhas, sempre atenta ao que elas comiam e vestiam, se estavam resfriadas ou se demonstravam algum sinal de doença.

O açougueiro amigo do Sr. Van Daan não era o único comerciante que nos ajudava a fornecer o necessário para os nossos amigos. O Sr. Koophuis tinha um amigo que era dono de uma cadeia de padarias em Amsterdá. Quando nossos amigos se esconderam, o Sr. Koophuis fez um acordo com ele para entregar na firma, duas ou três vezes na semana, certa quantidade de pão. Pagávamos por tantos pães quanto pudéssemos, de acordo com os cupons que tínhamos. Os pães que excedessem esse valor seriam pagos em dinheiro quando a guerra terminasse. A empresa tinha quase o mesmo número de pessoas que o esconderijo, então não havia motivo para suspeitas.

Comecei a frequentar o mesmo verdureiro no mercadinho da Leliegracht. Havia algo de muito gentil nele. Eu comprava tudo o que pudesse, dependendo do que tinha no dia. Depois de várias semanas, o homem reparou que eu sempre comprava grandes quantidades de legumes. Sem trocarmos palavra alguma, ele passou a separar legumes para mim. Quando eu chegava, ele os trazia dos fundos da loja.

Eu colocava tudo na bolsa, levava bem rápido para o escritório, em Prinsengracht, e guardava entre a minha mesa e a janela, para que ninguém que não fizesse parte do nosso grupo pudesse ver.

Mais tarde, quando era seguro, eu levava as compras para o andar de cima, exceto o pesado saco de batatas. O simpático verdureiro as trazia na hora do almoço. Eu sempre esperava por ele na cozinha, então tudo acontecia sem problemas, enquanto ninguém estava por perto. Ele colocava o pesado saco dentro de um armário que eu tinha indicado e, à noite, Peter descia, pegava as batatas e as levava para o esconderijo. Jamais trocamos uma palavra sobre isso, o verdureiro e eu. Não era necessário.

Eu estava fazendo compras para sete pessoas escondidas, e também para mim e para Henk. Normalmente, precisava ir a vários mercados para conseguir as quantidades necessárias, mas eu não era particularmente notada. Aqueles não eram tempos comuns. Todo mundo tentava conseguir o máximo que pudesse. Não havia nada de incomum em comprar muitos itens de uma só vez. Vários comerciantes também não eram muito rigorosos com os cupons. Se eu tivesse cupom para, vamos dizer, 1 kg de batatas mas precisasse de 1,5 kg, eu entregava os cupons e um pouco de dinheiro e eles me davam o meio quilo extra de bom grado.

Elli era responsável pelo leite. Na Holanda, era bem comum que o leite fosse entregue em casas e em empresas. O nosso era entregue diariamente. Era óbvio que os funcionários da firma precisavam de muito leite, então não tínhamos medo de que o leiteiro suspeitasse de algo. Todos os dias, fizesse chuva ou sol, o leite vinha. Elli levava as garrafas para cima quando subia para almoçar.

O Sr. Frank me contou que o Sr. Koophuis teve a ideia do esconderijo, e que os dois foram os primeiros a desenvolver o plano. Então conversaram com o Sr. Van Daan e perguntaram se ele e sua família também queriam se esconder. Junto com os móveis, muita comida seca e enlatada foi levada para o esconderijo. Sacos e sacos de feijões, conservas, sabonetes, roupas de cama e utensílios de cozinha foram levados até o Anexo em horários atípicos, durante a noite. Eu não sabia exatamente como tudo tinha acontecido, mas acreditava que o Sr. Koophuis dera instruções para que seu irmão, que tinha uma pequena empresa de limpeza, trouxesse os itens maiores com um carro. O Sr. Kraler estaria a par dessas entregas.

O Sr. Frank supervisionava o aprendizado das crianças no esconderijo. Esperava-se rigor nos estudos; o Sr. Frank corrigia os exercícios. Por Peter Van Daan não ser muito estudioso, o Sr. Frank passou a tomar mais cuidado e dedicar mais tempo a ele. Otto Frank teria sido um excelente professor. Era bondoso e seguro, e sempre acrescentava um pouquinho de bom-humor às suas aulas.

Os estudos das crianças tomavam boa parte do dia. Para Margot, era fácil. Para Anne, embora não se concentrasse tanto quanto Margot, também era fácil. Anne estava sempre escrevendo em um diário encapado de tecido xadrez laranja-avermelhado, que o pai tinha lhe dado de presente em seu aniversário de 13 anos, no dia 12 de junho, muitas semanas antes dos Frank se esconderem. Ela escrevia em dois lugares: no próprio quarto e no quarto dos pais. Embora todo mundo soubesse, Anne jamais escrevia perto de outras pessoas. Obviamente, o Sr. Frank tinha conversado sobre esse assunto e instruído para que não a incomodassem.

Como ouvi do Sr. Frank, o diário era uma companhia constante para Anne, e também uma provocação para os outros. Como encontrava tanta coisa para escrever? As bochechas da menina ficavam vermelhas quando implicavam com ela. Rebatia logo, sempre com uma resposta na ponta da língua, mas, por garantia, guardava o diário na velha maleta de couro do pai.

Anne achava que o que tinha de mais bonito eram os pesados cabelos castanho-escuros e brilhantes. Gostava de penteá-los várias vezes ao dia para mantê-los saudáveis e realçar o brilho. Quando penteava os cabelos, sempre cobria os ombros com um xale de algodão bege com rosas azuis, verde-claras e cor-de-rosa. Esse xale de pentear, amarrado abaixo do queixo, servia para pegar os fios de cabelo que caíam durante a vigorosa escovação. À noite, ela enrolava o cabelo em cachinhos e os prendia com grampos para que as pontas ficassem viradinhas para fora. Margot também cacheava os cabelos.

As duas ajudavam a cozinhar, limpar o banheiro, a descascar batatas e na arrumação em geral. Estavam sempre lendo ou aprendendo algo. Às vezes, Anne espalhava sua coleção de pôsteres de estrelas de cinema, para admirar os rostos glamourosos. Ela falava sobre filmes e atores com qualquer um que estivesse disposto a escutar.

Toda vez que entrava em silêncio no esconderijo, eu via cada um deles envolvido em algum tipo de atividade. Eles pareciam pinturas vivas: uma cabeça curvada atentamente em cima de um livro; mãos ocupadas com uma pilha de cascas de batata; uma expressão sonhadora em alguém que tricotava distraído; dedos carinhosos deslizando nos pelos macios de Mouschi; uma caneta riscando um papel em branco, parando sempre que seu dono meditava a respeito de uma ideia, voltando a correr em seguida. Todos em silêncio.

E quando meu rosto aparecia acima do patamar, todos os olhares se voltavam para mim. Um brilho de entusiasmo iluminava seus olhares, e eu era absorvida por aqueles olhos famintos. Então Anne, sempre Anne, vinha até mim e me metralhava de perguntas.

– O que está acontecendo?

– O que você tem na bolsa?

– Você ouviu as últimas notícias?

LOGO QUE A SRA. SAMSON se escondeu, Henk passou rapidamente o apartamento para o nosso nome cristão. Estávamos com medo de deixar a casa no nome da Sra. Samson, um nome judeu, pois isso podia fazer a Puls aparecer e levar os móveis embora. Claro que devolveríamos tudo à Sra. Samson e ao marido, assim que retornassem.

A Sra. Samson tinha desaparecido em setembro. Não muito depois, talvez em questão de um mês ou um mês e meio, recebemos um envelope com selos de Hilversum, uma cidade nos arredores de Amsterdã. Dentro havia uma carta de uma Sra. Van der Hart – um nome que não significava nada para nós. Aparentemente, a Sra. Samson estava escondida em um cômodo na casa da Sra. Van der Hart em Hilversum. Estava se sentindo sozinha e pediu que a Sra. Van der Hart escrevesse para nós, convidando-nos a visitá-la.

Não podíamos recusar. Fizemos de trem o pequeno trajeto de Amsterdã até Hilversum. Levou cerca de 45 minutos, incluindo uma caminhada de 15 minutos. Descobrimos o endereço pela carta. Era uma grande casa de campo, do tipo que só pessoas ricas possuíam.

Tocamos a campainha e nos apresentamos para a mulher que atendeu a porta. Era a Sra. Van der Hart. Ela nos guiou para dentro. Logo explicou que no momento vivia naquela casa com o único filho, um estudante universitário de 22 anos chamado Karel. O marido ficou preso nos Estados Unidos quando a guerra explodiu na Holanda. Ele não conseguiu voltar, e ela não tinha notícias havia dois anos. A Sra. Van der Hart se desculpou pelo estado da casa. Explicou que antes da guerra tinha empregados, mas agora tinha que fazer tudo sozinha.

Ela nos conduziu para o andar de cima, até um belo quarto, onde encontramos a Sra. Samson. Embora estivesse sozinha, assustada e cansada do enclausuramento, ela estava sendo bem alimentada e tratada com bondade. Descobrimos que aquele era para ser o esconderijo dos Coenen, a família da filha da Sra. Samson – que, se não tivessem entrado em pânico e ido até a Estação Central, talvez estivessem seguros naquele mesmo quarto. Infelizmente, a filha e o genro da Sra. Samson tinham desaparecido nas mãos dos alemães; seus filhos estavam escondidos.

Fizemos nossa visita, contamos à Sra. Samson todas as notícias de Amsterdá e prometemos voltar. Pegamos o primeiro trem da noite de volta a Amsterdá.

Na mesma época, um velho judeu, amigo do Sr. Frank que havíamos conhecido em uma das reuniões de sábado, nos escreveu pedindo que, por favor, fôssemos à casa dele. Disse que era urgente.

Henk foi sozinho visitar o homem. Voltou para casa pálido e esgotado. Carregava dois grandes livros com folhas de bordas douradas, uma luxuosa e elegante edição em inglês, lindamente impressa, das obras completas de William Shakespeare. Henk me contou que o homem, que tinha 60 anos ou mais, estava vivendo em um apartamento com a irmã, uma solteirona mais velha do que ele, e a mãe, uma senhora bem idosa. Assim que o homem o viu, perguntou se ele sabia de algum "endereço seguro" para os três. Henk negou com tristeza.

– Quando ele me perguntou, pensei na mesma hora "é impossível gente da idade deles conseguir um esconderijo", mas não tive coragem de dizer, por isso disse apenas "vou procurar".

Então o homem tirou os exemplares da estante, repleta de belos livros encadernados em couro.

– Sr. Gies, você me daria a honra de levar algo meu para a sua casa e guardar para mim até depois da guerra? – perguntou.

– Sim, claro que sim – respondeu Henk.

Então, lá estavam os dois lindos livros encadernados de Shakespeare. Henk e eu ficamos em silêncio. O que mais poderíamos dizer? Nós dois sabíamos que era impossível encontrar um "endereço seguro" para pessoas tão idosas. Henk prometeu que ia tentar, e tentou, mas não teve sorte.

Eu sabia como Henk se sentia mal por causa daquele senhor. Tinha sentido uma tristeza parecida quando passei por uma velha senhora judia sentada na mureta de pedra do lado de fora do nosso prédio. A Polícia Verde vinha prendê-la. Seus olhos imploravam ajuda a cada pedestre. Ela era uma entre vários judeus que vagavam pelas ruas, ou ficavam sentados nas muretas, já que estavam proibidos de sentar em bancos de parque ou cafés.

Recentemente, a Polícia Verde e a SS estavam fazendo *razias*-surpresa durante o dia. Era a melhor hora para pegar os judeus mais indefesos em casa: os mais velhos, os doentes, as crianças. Muitos foram para a rua para não estar em casa se os alemães viessem atrás deles. Era comum que perguntassem a pedestres se tinham visto sinal de alguma batida ou de soldados, e, se tivessem, onde era.

Por mais que eu quisesse ajudar aquela senhora ou pessoas como ela, sabia que precisava ser prudente. Tinha outras pessoas além de mim com quem me preocupar. Então, como muitos outros, desviei o olhar. Entrei e fechei a porta. Com o coração despedaçado.

ANNE E OS OUTROS insistiam conosco para visitá-los e dormir lá em cima, no esconderijo. Havia sempre um tom de súplica no jeito como eles pediam, então, certo dia, levei para o trabalho algumas roupas de dormir para Henk e para mim.

Quando avisei à Sra. Frank e a Anne que finalmente iria passar a noite lá, a animação delas foi incrível. Parecia que a própria rainha Guilhermina estava prestes a fazer uma visita. Esfregando as mãos, Anne parecia muito empolgada.

– Miep e Henk vão dormir aqui hoje! – Ela correu para contar aos outros.

Esperando acalmar os ânimos, eu disse à Sra. Frank:

– Não queremos nenhuma barulheira.

A Sra. Frank sorriu, colocou a mão no meu ombro e apertou. Na saída, repeti meu pedido ao Sr. Frank, que estava descendo as escadas.

– Nenhum barulho, por favor.

Com um sorriso no rosto, ele assentiu.

– Não, não, claro que não.

Durante o dia, contei meu plano a Jo Koophuis. Henk veio depois do trabalho e, quando o último funcionário foi embora, às 17h30, fim do expediente, o Sr. Koophuis nos desejou boa-noite, e trancou a porta do prédio atrás de si quando saiu. O escritório estava bem silencioso. Nos certificamos de que as luzes estavam apagadas, então subimos as escadas, puxamos a estante e entramos. Fechei a passagem assim que adentramos o Anexo.

Cada um dos nossos amigos nos cumprimentou com alegria enquanto subíamos.

– O último funcionário já foi – avisei.

Logo havia vozes, passos, o barulho da descarga, uma porta se fechando. Já tinha barulho lá em cima; o lugar tinha ganhado vida.

Anne nos levou até o quarto que dividia com Margot. Por insistência dela, Henk e eu ficamos no quarto das meninas. Anne e Margot iam dormir com os pais naquela noite. Anne me levou à cama dela, arrumada com esmero, e me disse que fazia questão que eu colocasse minhas coisas ali. Enternecida, respondi que seria uma honra e coloquei meus pertences para a noite na cama dela, e Henk, na cama de Margot.

Pouco depois, era hora das transmissões de rádio, e o grupo todo marchou até o escritório do Sr. Frank, lá embaixo, pegou cadeiras e se reuniu ao redor do rádio Phillips em cima da mesa. O cômodo todo ficou tomado de emoção quando a voz próxima-porém-distante da rádio Oranje ecoou pelo aparelho de rádio.

– "Aqui é a rádio Oranje. Tudo deu certo no dia de hoje. Os ingleses..." – e continuou, nos enchendo de esperança e de informações, nossa única conexão real com o mundo exterior ainda livre.

Quando chegou a hora da refeição, Henk e eu recebemos lugares de honra, como tinha acontecido no nosso jantar de aniversário. Todos nós, nove pessoas, nos espremermos ao redor da mesa.

Dessa vez, a Sra. Frank e Margot tinham ficado responsáveis por cozinhar. A comida estava deliciosa e nos saciou.

Com as janelas tapadas, as luzes acesas e o calor do fogão, o cômodo ficou quentinho e aconchegante. Ficamos sentados por muito tempo, conversando, depois do café e da sobremesa, nossos amigos se fartando da novidade da nossa presença. Eles pareciam nunca se fartar da nossa companhia.

Ao me sentar, entendi um pouco melhor o que significava estar aprisionada naqueles cômodos pequenos. Ao me dar conta desse sentimento, experimentei um gostinho do medo impotente que dominava aquelas pessoas, dia e noite. Sim, todos nós vivíamos a guerra, mas Henk e eu tínhamos liberdade de ir e vir quando quiséssemos, de ficar dentro de casa ou sair. Aquelas pessoas estavam em uma prisão, uma prisão com cadeados nas portas.

Relutantes, dissemos boa-noite, lembrando que o Sr. e a Sra. Van Daan não podiam se deitar até sairmos da sala. Henk, eu e a família Frank tropeçamos pelas escadas para o andar de baixo. Ali, demos mais uma rodada de boas-noites, e Henk e eu nos preparamos para deitar no quartinho preparado para nós, cercados pelos pôsteres de celebridades de Anne.

Deitei na cama pequenina e dura de Anne, que estava bem quentinha com vários cobertores, tantos que eu não conseguia imaginar como Anne poderia pegar um resfriado. O quarto, ao contrário, era frio, e enquanto eu me acomodava o mais confortavelmente que podia, conseguia ouvir os ruídos que vinham de todos os outros cômodos: o Sr. Van Daan tossindo, o rangido das molas, o som de um chinelo caindo ao lado da cama, a descarga do vaso sanitário, Mouschi aterrissando com suas patinhas em algum lugar acima de mim.

O relógio do Westertoren soava a cada de quinze minutos. Nunca tinha ouvido aquilo tão alto; o sino ecoava e reverberava através dos quartos. A igreja ficava logo atrás dos jardins, nos fundos do Anexo. No escritório, o prédio bloqueava o barulho. Durante o dia, quando ouvia o som do relógio, ele chegava abafado. Era tranquilizador e distante.

Durante toda a noite, ouvi cada badalada do relógio de Westertoren. Não dormi; não conseguia fechar os olhos. Ouvi o som de uma tempestade se formando, o vento soprando. O silêncio do lugar era opressivo. O medo daquelas pessoas trancafiadas ali era tão pesado que eu podia senti-lo me esmagando. O terror era palpável, tenso como um fio bem esticado. Era tão horrível que em nenhum momento eu consegui fechar os olhos.

Agora eu sabia como os judeus se sentiam.

CAPÍTULO DEZ

Ao raiar do dia, eu ainda estava acordada. Comecei a ouvir nossos anfitriões se levantarem bem cedo, e, um de cada vez, ir ao banheiro, que precisava ser usado antes que os funcionários começassem a chegar ao trabalho, lá embaixo. A chuva caía forte do lado de fora.

Henk e eu nos vestimos rapidamente. Subimos juntos para o café da manhã, outra vez reunidos ao redor da mesa. Henk foi o primeiro a partir, já que precisava sair do prédio antes que os funcionários chegassem. Podia ver o olhar dos nossos amigos, relutantes em deixá-lo ir.

Fiquei o máximo que podia, sendo servida com mais café, mais uma vez tratada como uma rainha. Anne me interrogou sobre a noite:

– Você dormiu bem? O barulho do relógio de Westertoren te acordou? Você conseguiu ouvir o som dos aviões indo bombardear a Alemanha? Conseguiu dormir com tudo isso acontecendo?

Não era fácil me esquivar das perguntas, mas fiz o meu melhor, não querendo revelar a experiência que vivi durante aquela noite repleta de medo.

Anne tinha uma expressão de satisfação, e me encarou com firmeza. Nada dissemos, mas nós duas sabíamos que eu tinha cruzado brevemente uma linha: de alguém "de fora" para alguém "de dentro"; agora eu também sabia como era longa a noite no esconderijo.

– Você vai dormir aqui de novo? – perguntou.

– Sim, por favor, passe a noite aqui outra vez – imploraram os demais.

– Sim, vamos voltar e dormir aqui de novo – respondi.

– Você pode ficar na minha cama outra vez – Anne ofereceu. – A gente se sente segura por ter nossos protetores tão perto.

Garanti que sempre estaríamos por perto.

— Se nossa presença não for física, estaremos aqui em espírito.

— À noite também? — perguntou Anne.

— À noite também — respondi.

Ela me encarou com firmeza por um minuto; então sua expressão mudou.

— E você nem vai precisar se molhar nessa chuvarada para chegar ao trabalho.

O INÍCIO DE OUTUBRO de 1942 foi marcado por enormes *razias*. O dia 2 de outubro ficou conhecido como a Sexta-Feira Negra. Naquele dia, a notícia de que uma grande batida policial estava para acontecer se espalhou como fogo pelo bairro judeu. As pessoas aguardaram, apavoradas, pelo som das botas nas escadas e pelo badalar agudo da campainha. Os rumores eram tão horríveis que houve um quase pânico nos bairros judeus por toda Amsterdã.

A explosão de *razias* foi perversa e generalizada. Então, de repente, elas pararam. Semanas e semanas se passaram. Novos rumores surgiram de que talvez a deportação de judeus tivesse terminado. Talvez os campos estivessem superlotados e os alemães tivessem conseguido toda a mão de obra escrava de que precisavam.

Era um outono frio e chuvoso na Holanda, e sempre sombrio. A BBC e a rádio Oranje nos diziam que as chuvas na Rússia estavam retardando o avanço do 6º Exército Alemão. Os ingleses e os norte-americanos, liderados pelo general Eisenhower, desembarcaram em 8 de novembro na costa do Marrocos e da Argélia, e o grande general Montgomery estava fazendo as tropas do general Rommel recuarem. Devagar, sim, mas avançávamos. Naturalmente, os jornais controlados pelos alemães berravam que a guerra estava quase vencida. Logo a Alemanha dominaria toda a Europa, a Inglaterra, o norte da África, o Egito, e assim por diante.

Toda vez que ia às compras, eu não sabia o que encontraria. A cada dia, os mercados pareciam mais vazios e as filas mais longas. As pessoas pareciam um pouco maltrapilhas também. Mas, ainda assim, com um pouco mais de tempo e alguma procura, não era tão difícil comprar tudo o que precisava para alimentar sete amigos, além de Henk e eu.

Toda vez que entrava no esconderijo, cada detalhe da vida do outro lado da estante era extraído de mim por Anne, pela Sra. Frank e pela

Sra. Van Daan. Os homens interrogavam Henk do mesmo jeito. Anne me perguntava com frequência se o apartamento deles na Merwedeplein tinha sido esvaziado pela Puls. Várias vezes, passei por lá de bicicleta e espiei, mas não consegui ver nada, só as mesmas cortinas que cobriam as janelas quando os Frank ainda moravam lá. Disse a ela que não sabia.

Por acaso, um dia vi a casa dos Van Daan vazia. A Sra. Van Daan não reagiu bem às notícias, ficou perturbada. Prometi a mim mesma não trazer mais nenhuma notícia que os chateasse. Só que não era fácil. Anne daria uma ótima detetive. Parece que ela sentia quando havia algo escondido e então insistia e pressionava, sondava e me encarava, até que eu me via contando o que tinha decidido não revelar.

Quem ficava mais afetada com as notícias ruins era a Sra. Frank. Aos poucos, conforme o inverno se aproximava, sua expressão ficava mais e mais triste. O resto de nós estava encorajado pelo rumor de que talvez as *razias* tivessem terminado. Acreditávamos em todas as notícias esperançosas trazidas pela BBC e pela rádio Oranje sobre as novas ofensivas anglo-americanas. Mas nada disso parecia acalentar a Sra. Frank. Não havia notícia encorajadora o bastante para penetrar o véu sombrio através do qual ela via o mundo. Embora todos nós contestássemos essa visão, ela não avistava nenhuma luz no fim do túnel.

APESAR DA PAUSA na perseguição, os judeus não se sentiam seguros. Embora muitos já tivessem partido, outros ainda viviam apavorados, normalmente sem nenhuma fonte de sobrevivência, a menos que trabalhassem em um dos cada vez mais raros comércios protegidos. Havia um bom tempo que era ilegal que um cristão se tratasse com médicos ou dentistas judeus, mas me neguei a interromper meu tratamento com Albert Dussel. Ele era um dentista excelente – na verdade, um cirurgião-dentista –, e eu gostava dele.

Durante uma visita ao seu consultório, naquele outono, ele me perguntou em voz baixa e cautelosa:

– Miep, será que você conhece algum lugar onde eu possa me esconder?

– Não conheço – falei, balançando a cabeça.

Prometi que se soubesse de qualquer lugar, avisaria.

No dia seguinte, contando as novidades no esconderijo, falei ao Sr. Frank sobre minha visita ao Dr. Dussel, e que ele estava procurando um esconderijo. O Sr. Frank ouviu minhas novidades com interesse; Dussel e a esposa costumavam estar entre os refugiados da Alemanha que frequentavam os encontros de sábado na casa dos Frank. Sabia que o Sr. Frank era tão afeiçoado a ele quanto eu.

Não pensei mais naquela conversa até que, muitos dias depois, em uma das minhas visitas noturnas, o Sr. Frank disse que queria conversar comigo.

– Miep, onde sete pessoas podem comer, oito também podem. Conversamos sobre o assunto e decidimos que Dussel pode vir se esconder com a gente. Mas ele precisa vir amanhã bem cedo.

O Sr. Frank explicou por que Dussel precisava ir na manhã seguinte: ele não queria que o dentista tivesse tempo de contar a ninguém. Também não queria que ele tivesse tempo de fazer muitos preparativos, o que poderia levantar suspeitas e pôr em perigo aqueles que já estavam escondidos. Entendi plenamente e disse que transmitiria o convite de imediato.

Depois do trabalho, fui direto para o apartamento de Albert Dussel e disse que tinha um esconderijo para ele. Não dei detalhes, só disse que tinha um lugar "seguro" para ele se esconder.

– Mas você precisa ir amanhã de manhã. Essa é a condição.

A expressão de Dussel murchou e ele negou com a cabeça, triste.

– Não posso. Estou tratando de uma senhora com um sério problema no osso. Amanhã é o último dia do tratamento. Não posso deixá-la na mão. Não posso deixá-la sofrendo. – Ele deu um longo suspiro. – É impossível, impossível... no dia seguinte, sim, mas amanhã... impossível.

Não disse mais nada e parti.

No dia seguinte, com o coração apertado, subi até o esconderijo e contei sobre minha visita a Albert Dussel. O Sr. Frank ouviu o que aconteceu. Podia notar que o assunto estava causando ansiedade desnecessária a eles, por considerar trazer alguém de fora. Ele disse que conversaria com os outros e contaria sobre a situação de Dussel.

Antes de sair do trabalho aquela tarde, passei no esconderijo e perguntei:

– Bem, vocês chegaram a uma decisão sobre o Dr. Dussel?

– Nós discutimos o assunto e chegamos à conclusão de que um dentista responsável não pode abandonar um paciente no meio do tratamento – anunciou o Sr. Frank, solenemente. – Nós respeitamos isso. Diga a Dussel que, se ele estiver disposto a vir na segunda-feira de manhã, teremos um lugar para ele. – O Sr. Frank prosseguiu. – Nós temos um plano. Miep, você estaria disposta a ajudar, apesar do perigo envolvido?

Disse que estava. Com cuidado, ele me contou o plano.

Depois do trabalho, voltei ao Dr. Dussel e disse que tinha um lugar para ele, e que poderia ir na segunda de manhã. Pude ver a esperança renovada em seus olhos.

– Na manhã de segunda está excelente. Minha paciente está tratada, estou pronto.

– Ótimo; então o plano é o seguinte: às 11 horas da manhã de segunda, você deve ir até a sede dos Correios na NZ Voorburgwal. Aproxime-se como se estivesse de passagem. Assim que você estiver pronto para o contato, um homem vai se aproximar e dizer: "Por favor, venha comigo". Então você não vai falar nada e vai seguir esse homem aonde quer que ele vá. E – lembrei – leve a menor quantidade possível de coisas, nada que faça você levantar suspeitas. Talvez haja um jeito de pegar seus pertences depois, quando estiver seguro no esconderijo. Veremos.

O Dr. Dussel me agradeceu profundamente. Pelo jeito, ele pensava que meu papel naquela história era apenas de mensageira: despediu-se de mim dizendo "Até o fim da guerra". Ele me cumprimentou, e eu lhe desejei uma jornada segura. Não podíamos mais conversar. Nós dois sabíamos que, para um judeu a caminho de um esconderijo, o perigo estava à espreita, especialmente nas últimas horas antes da partida.

Também percebi que ele imaginava que o esconderijo ficava na zona rural, como muitos outros.

O contato de Dussel era Jo Koophuis. Eles nunca tinham se encontrado, então não havia nenhuma possibilidade de fazer a ligação entre Koophuis e o Sr. Frank. Dussel também nunca tinha ido ao escritório em Prinsengracht. Como a maioria dos judeus desesperados estava disposta a fazer, Albert Dussel estava colocando sua segurança, e talvez a própria vida, nas mãos de um estranho.

Na manhã de segunda-feira, estava trabalhando em minha mesa quando, às 11h30, o Sr. Koophuis se aproximou e disse:

– Deu tudo certo. Eu o conduzi pelo corredor até o escritório do Sr. Frank. Está esperando lá, surpreso porque foi trazido para o centro de Amsterdã e não levado para fora da cidade. Miep, agora o trabalho é seu.

Corri até o escritório particular do Sr. Frank.

– Miep! – exclamou Dussel, com uma expressão de choque.

Fiz tudo o que podia para não cair na risada com a surpresa de Dussel.

– Me dê seu casaco – disse.

Ele tirou o casaco, ainda perplexo.

Com o casaco nos braços, convidei:

– Agora venha, vamos lá para cima. – E empurrei Dussel escada acima, até o patamar onde a estante protegia a entrada do esconderijo. Abri a porta atrás da estante, subimos direto para o quarto dos Van Daan e entramos. Todos estavam à mesa, esperando e sorrindo para ele. O café estava pronto. Uma garrafa de conhaque. Dussel parecia prestes a desmaiar. Ver o Sr. Frank era quase como ver um fantasma, porque ele pensava que os Frank tinham fugido para a Suíça. Quem poderia imaginar que estavam bem no centro de Amsterdã?

Meu coração estava pleno, quase transbordando.

– Senhoras e senhores – falei –, está feito.

Virei de costas e os deixei.

DE IMEDIATO, passei a encontrar, uma vez por semana, a esposa do Dr. Dussel, uma loira charmosa, um ano mais velha que eu. Entregava as cartas volumosas que ele escrevia, e ela me entregava cartas, livros, pacotes e alguns equipamentos dentários que ele tinha solicitado. Ela era cristã e, por não ter mais um judeu ao seu lado, não corria perigo.

Expliquei à Sra. Dussel que entregava tudo o que ela me dava a outra pessoa, que as entregava ao marido dela. Eu fingia não saber nada sobre o lugar onde Albert Dussel estava escondido. De qualquer forma, a Sra. Dussel era uma pessoa discreta e sensível, esperta o bastante para não tentar obter informações. Nunca me fez uma única pergunta sequer: trocávamos cartas e pacotes e nos víamos novamente na semana seguinte, quando repetíamos o processo.

Como o Dr. Dussel tinha se mudado para o esconderijo, não havia mais lugar para Henk e eu dormirmos lá novamente. Então, para desapontamento de Anne, ela teve que parar de nos convidar. Quando Dussel chegou, Margot se mudou para o quarto dos pais. Anne continuou onde estava, agora dividindo o quarto estreito com o dentista. Todo mundo parecia muito acostumado ao novo arranjo, mas o lugar ficou mais apertado com oito pessoas.

Logo soubemos que Albert Dussel tinha medo de gatos, então todos se empenharam em manter Mouschi longe dele. Aquilo não foi muito fácil, porque, embora Dussel tivesse medo de Mouschi, o gato não entendia e fazia as tentativas de sempre para se tornar amigo do novo morador.

Mouschi costumava observar a todos, incluindo Dussel, de um lugar quentinho perto do fogão a carvão. O fogão normalmente ficava aceso no grande quarto dos Van Daan. O carvão era trazido da área de trabalho, lá embaixo. Havia áreas frias e úmidas no esconderijo; então, com frequência os moradores vestiam várias camadas de roupa, às vezes usavam até xales. Apesar do frio e da umidade, o ambiente ficava aquecido com a ajuda do calor do fogão e das brasas. A menos que o racionamento de energia estivesse muito rígido, as luzes traziam vida aos cômodos.

COM O ANO DE 1942 chegando ao fim, Henk e eu percebemos que nenhum de nós poderia ficar doente, então nos policiamos para permanecermos sempre agasalhados e secos. Felizmente, nossa saúde era estável, assim como a dos nossos amigos no esconderijo. Com a chegada do inverno, no entanto, percebi que o desânimo drenava as energias no Anexo. Não era fácil apontar um culpado, mas era como se um pouco da alma das pessoas lá em cima tivesse se esvaído, e uma espécie de abatimento as tivesse possuído. Podia ver que o jeito inflexível de Dussel estava dando nos nervos de Anne, e que os caprichos de Anne estavam irritando Dussel. A amizade entre a Sra. Frank e a Sra. Van Daan tinha se tornado algo superficial. Peter ficava cada vez mais isolado no sótão, e Margot podia ficar sentada no mesmo lugar por horas a fio.

Pequenos incidentes irritantes e doenças começaram a surgir. Nada perigoso: conjuntivite em Dussel, um músculo distendido nas costas da Sra. Van Daan. Pequenas dores, sofrimentos e reclamações. Era de se esperar. Os cômodos eram pequenos para tantas pessoas enclausuradas dia e noite, músculos sem exercícios ficando tensos, vozes sempre silenciadas, bexigas cheias por longos períodos, nenhum lugar para Anne descarregar sua abundante energia.

Apesar disso tudo, parecia que esses incômodos eram um preço pequeno a ser pago por um oásis seguro na vida sombria da Amsterdá ocupada pelos alemães. Estimávamos que uma grande parte da população judaica não estava mais em Amsterdá e tinha sido deportada para o leste. E também mais e mais cristãos holandeses estavam indo trabalhar na Alemanha na produção de novas armas.

TODOS OS DIAS daquele inverno, Henk e eu saíamos para o trabalho em nossas bicicletas enquanto ainda estava escuro, já que não clareava até as 9 horas da manhã. Às 16h30 escurecia de novo, então pedalávamos de volta no escuro. Entre o trabalho, a busca diária – mais longa a cada dia – da quantidade de comida de que eu precisava, visitas ao esconderijo e o esforço de manter uma postura corajosa diante dos nossos amigos, no fim do dia eu voltava para casa exausta.

Henk e eu nos tornamos amigos de um casal holandês que morava do outro lado da rua. A mulher estava grávida, prestes a dar à luz. Algumas vezes, apesar do toque de recolher, nós os visitávamos à noite e ouvíamos na casa deles, juntos e ilegalmente, a BBC. Bebíamos um pouco do café *Ersatz* e deixávamos as notícias bombearem um pouco de esperança em nós.

Uma noite, Henk e eu nos sentíamos particularmente exauridos. Tinha sido um dia cansativo e difícil para nós dois. Eu tinha escondido um pouco de café de verdade para uma ocasião especial, e naquela noite eu o peguei por impulso e disse a Henk:

– Venha.

Com o café em uma das mãos e segurando a grande mão de Henk com a outra, corri com ele pela rua para ver nossos amigos depois do toque de recolher. A expressão deles se iluminou com a visão do café de verdade. Nos aconchegamos em torno do rádio deles, fazendo cada gota de café durar o máximo possível; saboreamos, de todos os jeitos, o cheiro, o sabor e o efeito.

Funcionou como mágica. Logo estávamos animados de novo e cheios de azedume contra os alemães opressores. Mais uma vez, não estávamos derrotados, apenas resistindo até que os Aliados pudessem nos resgatar.

Reanimados, porém sonolentos, finalmente demos boa-noite e fomos para casa. No dia seguinte, o marido veio nos dizer que, logo depois que partimos, a esposa entrou em trabalho de parto, foi levada ao hospital de táxi e deu à luz.

– Sim, o bebê está bem. Minha esposa está bem. Que café bom você fez, Miep! – acrescentou, rindo.

Eu ri também. Tínhamos feito bom uso do nosso último café de verdade.

A OCUPAÇÃO HAVIA atiçado lentamente minha sede de vingança, então a notícia de que milhares de alemães estavam congelando até a morte nas tempestades da Rússia e de que centenas também estavam morrendo nos desertos escaldantes e desolados do norte da África apressava meus batimentos e me enchia com um sentimento forte de emoção.

Os alemães se vangloriavam de estar a cerca de 130 quilômetros de Stalingrado, depois diziam que estavam a 50 quilômetros. Garantiam que faltava pouco para a grande cidade de Stalingrado cair e que a grande Rússia estaria nas mãos de Hitler. A BBC e a rádio Oranje nos informavam que os soldados do Exército Vermelho tinham jurado lutar até o último homem. Era óbvio que as baixas russas tinham sido enormes. Assim como as alemãs.

Henk tinha desmontado nosso rádio e o levava, pedacinho por pedacinho, até o sótão do esconderijo. Isso queria dizer que agora, sem rádio em casa, tínhamos que visitar nossos vizinhos para ouvir as notícias à noite ou ouvi-las mais tarde, de outras pessoas.

Elli e eu começamos a planejar uma festa no esconderijo para o dia de São Nicolau. Embora os Frank fossem judeus, sabíamos que eram liberais sobre as práticas religiosas. Em todos os Países Baixos, o dia de São Nicolau, 5 de dezembro, era mais um dia para as crianças do que um dia de tradições religiosas. Nossa intenção era proporcionar um dia de comemorações para Margot, Anne e Peter.

Elli e eu trabalhamos arduamente na composição de poeminhas rimados, um pouco zombeteiros, tradicionais do dia de São Nicolau. Juntas, usamos nossa criatividade para confeccionar lembrancinhas que combinassem com cada membro do grupo no esconderijo. Já que era impossível fazer compras nas lojas, fomos obrigadas a usar muitas de nossas habilidades e ideias de trabalhos manuais. Em segredo, costuramos, martelamos, colamos. Então reunimos todos os presentes e os poemas e os escondemos em uma cesta, que decoramos com enfeites que Elli trouxe de casa, sobras de comemorações anteriores de São Nicolau.

Escondemos a cesta colorida até a hora marcada, quando o Sr. Frank poderia levar todo o grupo até o andar de baixo para ver a surpresa.

Elli foi para casa, assim como eu. Pensava no jantar que prepararia para Henk, e me divertia imaginando a felicidade que tomaria conta dos nossos amigos do esconderijo quando vissem o grande cesto colorido e abrissem os presentinhos e os poemas com rimas engraçadas. Que festa eles fariam! Em especial, as crianças; ainda mais Anne, a moça de 13 anos mais sofisticada do mundo até que anunciassem uma festa: então ela virava uma garotinha empolgada e feliz, como se tivesse 6 anos.

Pensando em Anne, relembrei que tinha reparado o quanto sua pele estava ficando pálida e macilenta. A dos outros também. Nenhum raio de sol ou brisa de ar fresco tocava a pele deles havia mais de seis meses. Me perguntei quantas vezes um nazista tinha passado em frente ao número 263 da Prinsengracht sem saber, sem suspeitar. Então expulsei esses pensamentos. Era melhor pensar em coisas boas, no quanto as crianças ficariam felizes ao descer as escadas e encontrar a cesta de presentes e versinhos. No dia seguinte, Anne me contaria cada detalhe da comemoração. Juntas, poderíamos rir e reviver o momento.

CAPÍTULO ONZE

ESTÁVAMOS CERTOS DE que a guerra acabaria em 1943. O clima estava abismal, sombrio, úmido. As pessoas estavam vivendo sob tanta pressão que algumas começavam a enlouquecer.

Henk e eu, e todos os outros, acompanhamos a batalha de Stalingrado. Nenhum de nós ouvira antes relatos de uma luta tão mordaz e sangrenta quanto aquela. Pouco a pouco, os alemães estavam sendo abatidos e abandonados congelando na neve. *Que bom*, pensei, *deixem todos congelarem, inclusive Hitler.*

A palavra "rendição" era usada pela primeira vez na BBC. Os alemães pareciam estar prestes a se entregar. Nós nos permitimos ter esperança, mas ninguém conseguia imaginar a palavra "rendição" saindo da boca de Hitler.

Entretanto, em 2 de fevereiro, eles se renderam na Rússia. No dia seguinte, nos reunimos em volta dos rádios, vibrando dos pés à cabeça com a notícia, e apertando as mãos uns dos outros quando o anúncio oficial da rendição alemã foi transmitido, acompanhado por um rufar dramático de tambores e o segundo movimento da "quinta sinfonia" de Beethoven. Como ficamos felizes! Tínhamos esperança de que fosse o princípio do fim.

A boa notícia, todavia, foi logo seguida de uma surpresa perturbadora. O Sr. Kraler me comunicou em tom solene que o homem que apareceu na empresa em uma certa manhã de fevereiro sem ser anunciado era o novo dono do número 263 da Prinsengracht. O Sr. Koophuis estava mostrando o lugar para ele. Junto deles havia outro homem, um arquiteto trazido para avaliar o local.

Minha sensação de segurança ruiu de imediato. Esse novo dono poderia fazer o que bem entendesse com o prédio. Era natural que ele quisesse ver todos os cômodos da sua nova aquisição. Como esse homem poderia deixar de subir as escadas e conferir o que agora lhe pertencia?

Eu me retraí, esperando o pior. Meu coração estava quase saindo pela boca. Se nossos amigos fossem descobertos, o que aquele homem faria? Será que ele era *goed* ou *slecht* – "bom" ou "mau"? Me obriguei a permanecer em minha mesa e esperar.

Koophuis, enfim, voltou para a sala, sozinho e parecendo enjoado. Fiz a pergunta com o olhar. Ele balançou a cabeça.

– Não, ele não entrou. – Koophuis afundou na própria cadeira, próxima da minha. – Quando me perguntaram sobre os depósitos nos fundos, eu disse que não sabia onde estavam as chaves. Não tenho certeza, mas ele não pareceu muito preocupado. Seja como for, ele pode voltar outro dia e não querer adiar.

Nosso olhar carregava a mesma pergunta inconcebível. O que fazer agora? Estávamos quebrando a cabeça para pensar em qualquer outro lugar onde oito pessoas pudessem se esconder com um mínimo de conforto, onde duas famílias mais uma pessoa sozinha poderiam viver juntas. Olhamos um para o outro, frustrados. Não havia nada a fazer agora além de contar ao Sr. Frank o que tinha acontecido. Aquela decisão cabia a ele. O Sr. Frank estava no comando.

– Como o proprietário não nos disse que o prédio tinha sido vendido? Como pôde ser tão imprudente? – Koophuis pensou em voz alta. – Agora estamos com a corda no pescoço.

O SR. FRANK não tinha nenhuma ideia. Não havia nada a fazer além de esperar o que viria a seguir, esperar para saber se o proprietário voltaria e, se sim, o que ele iria querer ver. Essa ansiedade a mais nos sufocava. Esperamos, mas o proprietário não voltou. Passamos o inverno à espera.

Elli se matriculou em um curso de taquigrafia por correspondência, mas a verdadeira aluna era Margot Frank. Sempre que uma lição endereçada a Elli Vossen chegava, ela levava até em cima e Margot começava a estudar. Anne também estava aprendendo taquigrafia com essas lições. Com o tempo que Margot e Anne tinham para praticar, as duas estavam se tornando peritas em taquigrafia. Elas passavam longas tardes, depois de terminarem as tarefas, escrevendo e reescrevendo na linguagem de taquigrafia. Quando terminavam a lição, Elli as postava de volta, e então a próxima era enviada. Elli estava obtendo notas bem altas.

Conforme o inverno avançava, todos procuravam se manter perto das lareiras. Fazíamos de tudo para nos aquecer e não deixar o calor escapar. O tamanho reduzido dos cômodos no esconderijo ajudava. Tudo que podia ser queimado era jogado dentro do pequeno forno no quarto dos Van Daan. Os Frank tinham outro pequeno fogão a lenha no quarto deles. Todo o lixo e as sobras eram queimados à noite, depois do horário de trabalho. As cinzas e os outros resíduos que não podiam ser queimados eram levados para baixo por Peter, e então colocávamos na lata de lixo, junto com o entulho da firma. Havia tão pouco lixo que quase não dava para notar.

Comecei a guardar livros de contabilidade em branco para Anne, para que ela pudesse fazer exercícios e também escrever. Anne continuava a fazer muito mistério sobre o que escrevia, e sempre escondia os papéis na velha maleta de couro do pai, que era guardada na segurança do quarto dele. Como os Frank prezavam o respeito pela privacidade alheia, inclusive das crianças, e havia tão pouca privacidade no esconderijo, Anne era sempre levada a sério e respeitada. Ninguém ousava tocar nos papéis dela ou ler suas palavras sem permissão.

CERTA MANHÃ, chegamos ao escritório e encontramos os nossos amigos em convulsão. Eles ouviram barulhos na noite anterior e suspeitavam que ladrões tivessem invadido o armazém. Todos estavam muito aflitos, com medo de que quem quer que tivesse invadido o armazém pudesse ter percebido o som dos passos deles.

Estavam particularmente preocupados que o rádio no antigo escritório do Sr. Frank pudesse ter ficado, por descuido, sintonizado na BBC, o que constituiria um crime. As cadeiras no escritório também estavam viradas para o rádio, criando a imagem de um grupo que esteve ali com o propósito de ouvir as notícias. Eles estavam apavorados que o ladrão denunciasse a situação à polícia, e a polícia somasse um mais um e decidisse fazer uma batida no esconderijo.

Ficaram tão apreensivos que, mesmo depois de vasculharmos o armazém e não encontrarmos nenhum sinal de invasão ou algo incomum, ainda assim eles continuaram agitados e nervosos por causa do rádio e dos barulhos que escutaram. Entendi que meus amigos estavam em uma espécie de histeria coletiva.

Na tentativa de acalmá-los, fizemos pouco caso da situação. Qualquer coisa que pudesse afastar tanto nervosismo. Brincamos e provocamos, e logo eles estavam brincando também, rindo da própria hipersensibilidade ao barulho, fazendo piadas com sua imaginação fértil.

EM MARÇO, mais um decreto foi promulgado, dessa vez estabelecendo uma alternativa para os judeus remanescentes: agora eles podiam escolher entre deportação e esterilização. Alguns optaram pela esterilização, com a promessa de que estariam em segurança assim que o procedimento fosse concluído. Estes tiveram a carteira de identidade marcada com um J vermelho, ao invés do agourento J preto. Os judeus que possuíssem o J vermelho também foram liberados de usar a estrela amarela nas roupas.

Na mesma época, os alemães publicaram um apelo para aqueles que estavam escondidos, prometendo que todos que se entregassem seriam perdoados. *Perdoados de quê?*, nos perguntamos. Naturalmente, nenhum de nós acreditou naquela ou em qualquer outra promessa feita pelos alemães.

No esconderijo, nossos amigos receberam com descrença essa informação, sentindo-se cada vez mais gratos, conforme o tempo passava, pela sorte que tiveram de ter um esconderijo tão seguro. Não podiam pensar em um lugar melhor em toda Amsterdã.

No fim de março, houve outra onda de *razias*. Dessa vez, abrigos judaicos para cegos, dementes e doentes terminais foram esvaziados. Fiz o melhor que pude para esconder dos meus amigos no Anexo tudo que sabia e via. Jamais contava para eles os episódios terríveis que via, se pudesse evitar. Até mesmo Anne, sempre com suas intermináveis perguntas, parou de me sondar. Ninguém parecia querer saber mais do que já sabia.

Então, inesperadamente, algo dramático e maravilhoso aconteceu para os judeus que ainda restavam em Amsterdã. O escritório oficial de registros, que arquivava todos os documentos que apontavam quem era judeu, quem era meio judeu, quem era um-quarto-judeu e daí por diante, pegou fogo. Circulavam rumores de que o incêndio foi enorme, que houve grandes estragos, mas ninguém parecia saber exatamente as proporções, nem quantos registros foram destruídos por essa incrível manobra de sabotagem.

Se todos os arquivos tivessem sido destruídos, então os alemães não teriam como saber quem havia sobrado para prender. Esperamos por mais notícias. Infelizmente, acabamos descobrindo que pouquíssimos documentos se perderam no incêndio.

BEM NO FIM do inverno, quando abril finalmente chegou, nós adoecemos. Felizmente, a doença atingiu apenas nós, que estávamos do lado de fora, e não aos nossos amigos escondidos. Num dia estava todo mundo firme e forte e, no outro, parecia que ninguém estava bem. Tanto Elli quanto o pai dela adoeceram e não foram trabalhar por várias semanas seguidas. Elli teve uma gripe forte, e o pai dela precisou ir ao hospital para fazer exames.

Nosso querido Sr. Koophuis nunca foi lá muito saudável. Sempre sofreu com o estômago sensível, e estava ficando cada vez pior. Ele teve um sangramento interno e seu médico o mandou repousar, alegando que um bom descanso e menos estresse seriam benéficos. Todos em Amsterdã estavam vivendo sob pressão e ansiedade, consumidos por uma raiva ardente; o médico nem imaginava que o Sr. Koophuis, profundamente preocupado com a segurança dos nossos amigos no esconderijo, carregava um fardo extra de tensão e responsabilidade.

Henk, o Sr. Kraler e eu redobramos os esforços para visitar nossos amigos no esconderijo, porque, subitamente, as visitas daqueles que estavam doentes foram interrompidas. Para nossos amigos, foi como se o sol tivesse se escondido atrás de uma nuvem, pois sentiam muita falta de toda e qualquer visita. Eles sentiam falta das fofocas de Elli e das histórias sobre o rapaz com quem ela estava saindo. E sentiam falta, em especial, de Jo Koophuis. Ele era o contador de piadas, além de ser afetuoso, levar presentinhos e lembranças que levantavam o moral de todo mundo. Koophuis era quem mais conseguia revitalizar os ânimos. Quando ele empurrava a estante de livros, deixava os problemas para trás e trazia consigo apenas força, encorajamento e o dom de fazer todos os nossos amigos se sentir muito melhor e revigorados quando os encontrava. Agora, porém, seu estômago frágil tinha piorado e o forçou a ficar em repouso.

Henk e eu fizemos o possível para preencher as horas vagas durante o dia. Era estranho, mas, às vezes, quando sentia que tinha esgotado minhas forças, eu persistia um pouco mais e, usando uma reserva de energia que eu nem sabia que tinha, eu conseguia arranjar mais força e resistência de acordo com o que a situação exigia.

Jo Koophuis voltou para nós mais rápido do que o médico permitiu, alegando que estava bem, embora estivesse magro e pálido. O Sr. Vossen, porém, permaneceu no hospital por mais tempo. O prognóstico não era bom. Então o Sr. Kraler decidiu que era necessário contratar outro homem para o armazém. O Sr. Frank concordou e disse que ele poderia seguir em frente.

Kraler contratou um homem chamado Frits Van Matto para trabalhar no armazém e assumir as tarefas do Sr. Vossen. Como eu não estava envolvida, não prestei muita atenção no homem. Só fui reparar em Van Matto quando ele começou a subir até o escritório para receber ordens de Elli. Era só uma impressão, mas havia um quê de antipatia naquele homem; a presença dele me causava uma sensação desagradável. Van Matto se esforçava para se comunicar mais comigo. Eu, todavia, me mantive fria e distante.

Van Matto tentou ser ainda mais amigável quando percebeu que o Sr. Koophuis parecia ter muita consideração por mim. Dava para ver que Van Matto pensava que, ao me bajular, poderia cair nas graças do Sr. Koophuis. Não funcionou. Eu não conseguia ser amistosa com ele. Não sabia dizer o quê, mas algo nele me aborrecia profundamente. Era só uma impressão, mas eu confiava nos meus instintos.

SEMPRE QUE POSSÍVEL, Henk e eu viajávamos até Hilversum para visitar a Sra. Samson no seu esconderijo. Aproveitávamos para levar alguns presentinhos – nada muito refinado, já que estava ficando cada vez mais difícil conseguir o que quer que fosse. A Sra. Samson praticamente nos devorava quando nos via. Ela nunca tinha sido uma pessoa quieta, agora, então, despejava todos os assuntos de uma só vez.

Em uma dessas visitas a Hilversum, na primavera de 1943, a Sra. Van der Hart, proprietária da casa de campo onde a Sra. Samson estava se escondendo, disse que gostaria de dar uma palavrinha conosco, e nós a acompanhamos até a sala de estar.

Percebemos que a Sra. Van der Hart estava um tanto agastada enquanto falava, e chateada. Ela nos perguntou se sabíamos do juramento de lealdade que os universitários holandeses foram obrigados a assinar pelos alemães. O juramento declarava que os estudantes se absteriam de qualquer ato contra o Reich ou o Exército Alemão.

Dissemos que estávamos a par do ocorrido e do fato de que muitos estudantes tinham se recusado a assinar; pequenas rebeliões estudantis estavam estourando em várias universidades da Holanda. Os alemães lidaram com a oposição do mesmo jeito de sempre: capturas, aprisionamento e ordens que determinavam que qualquer aluno que resistisse deveria interromper os estudos imediatamente.

A Sra. Van der Hart chegou ao ponto principal daquela conversa:

– Meu filho, Karel, se recusou a assinar o juramento. Ele precisa se esconder. Precisa de um lugar para...

Eu a interrompi.

– Não precisa dizer mais nada. Diga a ele para vir conosco para Amsterdã agora mesmo. Ele pode se esconder com a gente.

A Sra. Van der Hart estava ajudando a Sra. Samson, nós nos sentimos na obrigação de retribuir e ajudar o filho dela.

Em maio, Karel veio se esconder conosco na Hunzestraat.

Karel Van der Hart era um rapaz encantador; bonito, magro, loiro e de estatura mediana. Nós o acomodamos no antigo quarto da Sra. Samson. Logo, ele estava muito feliz conosco. Karel adorava minha comida, mesmo com as limitações causadas pelo racionamento.

Ele nos confessou que a mãe não gostava muito de cozinhar. Antes da guerra, a Sra. Van der Hart tinha empregados em casa, e estava fazendo seu melhor desde o início da guerra, mas, em geral, os resultados eram sofríveis. Henk e eu nos entreolhamos. Karel riu. Ele sabia o que estávamos pensando: quando visitávamos a Sra. Samson, a comida era sempre boa.

– É verdade – explicou. – Para os outros, ela cozinha bem, mas quando a visita vai embora, a comida que ela faz... não é a mesma.

Fiz nossas porções de racionamento durar ainda mais. Henk e eu nos divertíamos com a velocidade com que Karel limpava um prato de comida. Não contamos ao Sr. Frank nem aos outros que Karel Van der Hart estava se escondendo em nossa casa, porque ajudá-lo nos expunha a mais um perigo. E eles ficariam tristes e preocupados em dobro se soubessem de qualquer ameaça pairando sobre nós.

Logo estabelecemos uma rotina com Karel. Henk e eu saíamos para trabalhar de manhã e Karel ficava em casa, sozinho o dia todo. Era uma vida muito solitária, ainda mais para um jovem da idade dele, mas o que poderíamos fazer?

Não sabíamos o que Karel fazia durante o dia além de ler e jogar xadrez. Suspeitávamos que às vezes ele saísse para dar uma volta, mas não perguntamos. O seu pequeno tabuleiro de xadrez estava sempre aberto em algum cômodo da casa, no meio de alguma partida que estava disputando consigo mesmo. Karel podia levar todo o tempo que quisesse para pensar em uma jogada. O que não lhe faltava era tempo.

ERA A TEMPORADA da faxina de primavera, quando deixávamos o período frio e retraído para trás e preparávamos a casa para a época mais esperada do ano, mas até isso a guerra nos tirou. O sabão estava cada vez mais escasso. Linha e tecido cada vez mais caros. Eu pensava duas ou três vezes antes de remendar os buracos nas meias de Henk. Será que aquele pedaço de linha podia ser usado para algo mais importante? Nossos amigos precisavam mais dela do que nós?

Agora, todos viviam com alguma camada suja, sem reparos e desgastada. Um aspecto permanente de decadência tinha se apoderado daqueles que eram um pouco mais abastados. Um aspecto terrível de pobreza tinha dominado aqueles que tinham ainda menos que nós.

Algumas vezes, levava o dobro do tempo para que eu conseguisse mercadorias suficientes para todos. No mercado, não era incomum esperar em uma longa fila para finalmente chegar ao balcão e descobrir que não havia quase nada para comprar: poucos feijões, alface murcha, batatas quase podres – comida que, quando eu levava para casa, era ruim e nos fazia passar mal. Ampliei meu perímetro e, às vezes, tentava ir a mercados em bairros mais distantes, sempre na esperança de encontrar uma nova fonte de alimentos.

Comer não era mais prazeroso. Era monótono e tedioso. Éramos obrigados a nos virar com o que tínhamos, o que significava comer a mesma coisa por dias e dias seguidos. Também significava problemas digestivos, ou ficar malnutrido e ainda faminto depois da refeição.

Mas nunca ouvi nenhuma reclamação no esconderijo. Nenhum sinal de aborrecimento ou desapontamento quando os alimentos eram desempacotados e guardados. Mesmo depois de duas semanas comendo couve, ou qualquer outra coisa, nunca me disseram que não aguentavam mais comer aquilo. Nunca reclamaram comigo sobre as porções cada vez mais escassas de manteiga e banha.

Em contrapartida, eu nunca mencionei a palidez dos meus amigos. As roupas das crianças estavam começando a cair aos pedaços também; puídas e desgastadas. Sempre discreta, a esposa do Sr. Koophuis ocasionalmente conseguia algumas roupas de segunda mão para as crianças, e as mandava para o esconderijo através do Sr. Koophuis.

Quem mais precisava era a pequena Anne, que, a olhos vistos, estava se tornando não-tão-pequena-assim. Ela estava ficando cada vez maior que as roupas, e seu corpo também estava mudando de forma.

Seus pés já não cabiam nos sapatos que ela trouxe para o esconderijo. Eu ria quando ela tentava calçar os sapatos, mas por dentro eu queria chorar com a visão daqueles pés delicados crescendo, pés que deveriam estar correndo, dançando e nadando.

O estirão veio na hora certa; Anne completaria 14 anos no dia 12 de junho. A natureza estava fazendo seu trabalho, desenvolvendo-a, apesar das condições impostas a ela. Tentamos fazer o aniversário de Anne o mais festivo possível, com docinhos e lembrancinhas, livros, folhas em branco, itens de segunda mão.

Anne sempre era quem mais demonstrava felicidade e contentamento ao dar ou receber presentes e em praticamente qualquer celebração. Nesse ano, ela estava particularmente contente com tudo o que reunimos para ela. Anne demonstrou muita alegria ao abrir os presentes e ler seus poemas de aniversário.

Estávamos nos esforçando para nos manter animados e lutarmos contra a melancolia. O empenho extra era necessário porque tínhamos acabado de receber a notícia de que o pai de Elli, Hans Vossen, tinha sido diagnosticado com um câncer terminal. Os médicos não tinham esperanças e lhe deram pouco tempo de vida.

Tentamos animar e apoiar Elli e também uns aos outros, na esperança de nos erguermos acima do fantasma assustador da morte, que perseguia essa amiga tão querida, tão preciosa para nós, parte do nosso pequeno círculo.

CAPÍTULO DOZE

O SR. FRANK ME CONTOU que, recentemente, ele e a Sra. Frank perceberam que Anne estava com um problema de vista. Sem querer expor a
filha desnecessariamente, eles permaneceram atentos, com medo do que
poderia acontecer se houvesse algo realmente sério com aqueles olhinhos
rajados de verde e sempre alertas.

Quando ele me confidenciou, fiquei temerosa. Os olhos eram especialmente preciosos nessa vida às escondidas; havia muitas horas de silêncio
todos os dias, e o tempo era preenchido com leitura, escrita e estudos.
Agora que eu sabia, percebia que toda vez que Anne lia ou escrevia, seus
olhos se apertavam, estrábicos, se esforçando para enxergar. O Sr. Frank
me disse também que ela vinha sentindo dores de cabeça.

O que fazer?

Por fim, o assunto foi exposto e debatido entre todos. Chegamos ao
consenso de que Anne precisava de óculos. Mas ninguém tinha certeza.
Nossa primeira crise médica grave havia surgido.

Refleti sobre a questão da visão de Anne e fiz uma breve pesquisa.
Eu tinha visto a placa de um oculista perto da empresa, não mais que dez
minutos de caminhada. Se eu levasse Anne, e fôssemos rápidas – entrar,
sair, voltar para o esconderijo –, poderia trazê-la de volta em segurança em
mais ou menos uma hora. Então, quando o oculista entregasse a receita
dos óculos, eu poderia voltar para buscá-los e inventaria uma desculpa
para explicar por que a garotinha não teria ido pegar os próprios óculos;
então os levaria para o esconderijo.

Era uma aposta perigosa levar uma judia não registrada para as ruas,
mas eu não queria pensar no perigo. Estava confiante de que podia guiar
Anne em segurança para fora e depois de volta ao esconderijo.

Em uma das visitas no fim da tarde, apresentei minha sugestão ao Sr. e à Sra. Frank. Não tentei influenciá-los; só contei meu plano e esperei a resposta.

A reação de Anne foi bastante emotiva. Seus lábios perderam a cor por causa do medo.

– Posso levá-la agora mesmo – eu disse, pensando que, talvez, sem tempo para pensar no medo, poderíamos estar de volta antes do perigo da situação ser digerido.

Podia ver o Sr. e a Sra. Frank trocando olhares, conversando em silêncio de um jeito que só marido e mulher conseguem fazer. O Sr. Frank coçou o queixo. O Sr. e a Sra. Van Daan e o Dr. Dussel entraram na discussão. O tom era sério. Afinal, estávamos discutindo uma ideia muito perigosa. Anne olhou de um responsável para o outro. Ela admitiu estar morrendo de medo, disse que poderia até mesmo desmaiar de pavor só com a possibilidade de colocar os pés na rua.

– Mas eu vou, se vocês mandarem – acrescentou, olhando para o pai. – Vou fazer o que o senhor mandar.

O Sr. Frank disse que iriam conversar e depois me diria o que decidiram.

– Ótimo – respondi.

No dia seguinte, o Sr. Frank me disse que tinham pensado no assunto e, apesar da preocupação com a visão de Anne, negou a oferta com pesar.

– É perigoso demais ir lá fora. É melhor ficarmos aqui, juntos. – Então acrescentou decepcionado: – Essas coisas vão ter que esperar até o fim da guerra. Mas... vamos ver... – completou, deixando o assunto no ar.

De qualquer forma, a possibilidade de Anne ser exposta ao perigo da rua não foi levantada de novo. Especialmente depois que um avião foi atingido e caiu perto de Muntplein, bem próximo ao esconderijo, durante outro grande ataque à Alemanha, com artilharia antiaérea pesada. Houve uma explosão terrível e grandes focos de incêndio.

No Anexo, o pânico por causa da queda do avião quase tomou conta do grupo. Embora nossos amigos tentassem manter a expressão tranquila quando eu os visitava, viviam com o sentimento constante de que estavam prestes a ser bombardeados, incendiados ou derrubados. Esse terror implacável deixou todos debilitados. Não havia para onde ir; para eles, não havia escapatória. O barulho terrível das explosões, que pareciam mais próximas do que realmente estavam, elevava a tensão a níveis tão insuportáveis que depois eles passavam vários dias abatidos e esgotados. E não havia nada que eu pudesse fazer para aliviar o terror deles.

Não apenas os bombardeios lembravam-nos da completa vulnerabilidade em que se encontravam, mas, depois de muitos roubos imaginários ao escritório, um roubo de fato aconteceu. Não havia muito a dizer: os ladrões levaram, principalmente, cartões de racionamento para açúcar, que estavam escassos naqueles dias, mas ainda assim disponíveis para a empresa para a fabricação de geleias.

Os ladrões levaram nossa caixinha de trocados e vários pequenos objetos que não tinham nenhum valor de verdade; mas o pior de tudo, que abalou o bem-estar dos nossos amigos, era o fato de que os canalhas tinham invadido a fortaleza pela porta da frente. Procurando por pilhagem, os ladrões entraram nos escritórios, e talvez até no cômodo onde estava a estante de livros que guardava a entrada do esconderijo.

Novamente, o rádio estava sintonizado na BBC, a estação ilícita, e dessa vez ninguém no esconderijo tinha a menor suspeita de que havia intrusos vagando logo abaixo deles. No esconderijo, ninguém estava se preocupando em fazer silêncio. A água talvez estivesse caindo, pés correndo pela escada que rangia. Vozes no andar de cima podiam ter sido ouvidas. Nossos amigos perceberam que a fortaleza deles talvez não fosse tão segura assim.

Durante essa época terrível, os ladrões podiam ter ido até a polícia tranquilamente e denunciado a presença de pessoas se escondendo. Os alemães estavam pagando muito dinheiro por informações como essa. Dava-se uma recompensa por cada judeu encontrado em um esconderijo.

Os tempos eram assim: um ladrão estava seguro, um judeu, não.

DE REPENTE, BOAS notícias nos trouxeram uma grande esperança: a queda de Mussolini. Nossos aliados britânicos e norte-americanos finalmente haviam pousado em solo europeu e tinham começado a abrir caminho até nós, lutando, a partir da Sicília.

No esconderijo, nossos amigos estavam eufóricos.

O Sr. Frank e Anne eram os mais otimistas, acreditando que a guerra acabaria em breve. O Dr. Dussel e a Sra. Van Daan estavam cautelosos, mas também otimistas. A Sra. Frank, o Sr. Van Daan, Margot e Peter eram os mais prudentes em suas estimativas sobre quanto tempo demoraria até que os Aliados nos liberassem.

Quando o grande rádio que ficava escritório do Sr. Frank teve que ser entregue aos alemães, o Sr. Koophuis deu um jeito de encontrar um radinho para o esconderijo. Nossos amigos não tinham mais que descer para ouvir a BBC e a rádio Oranje. Nosso próprio rádio, que Henk vinha trazendo peça por peça para o esconderijo, ainda estava desmontado no sótão.

Os Frank e os Van Daan conseguiram armazenar muito sabão antes de se mudar para o esconderijo. Durou mais de um ano. Agora, estava acabando e criando um problema para os nossos amigos, que eram extremamente asseados e ordeiros.

Nos mercados, mesmo com os cartões de racionamento, era difícil conseguir sabão, inclusive o sintético, que parecia não ter efeito algum além de deixar uma camada acinzentada na água. A cada dia ficava mais difícil conseguir de tudo, era como uma caça ao tesouro. Os mercados quase sempre estavam vazios e, quando havia mercadorias, os clientes se amontoavam.

Em uma manhã particularmente torturante, eu já tinha alguns pacotes em minha bicicleta e estava tentando terminar as compras; estava prestes a fazer uma curva quando um motociclista imprudente, com um *sidecar* carregando dois soldados alemães, colidiu contra minha bicicleta. Eu pulei antes de cair, mas a raiva ferveu dentro de mim.

Eu raramente perdia a calma, mas logo me vi cuspindo as palavras com ódio:

– Seus porcos desprezíveis e imundos... imundos.

Eu perdi as estribeiras, e me dei conta de que outros holandeses tinham levado um tiro por muito menos, mas na hora nem me preocupei com as consequências, simplesmente tinha chegado ao meu limite com aqueles opressores.

Montei de novo na minha bicicleta, gritando com os soldados. O piloto parou a motocicleta um pouco à frente, se virou e olhou para mim. O motor estava fazendo tanto barulho enquanto eu gritava que, mais tarde, quando me acalmei, me dei conta de que eles provavelmente não tinham me entendido. Os dois soldados alemáes se viraram e deram uma risada, e então foram embora.

O bonde estava passando bem no momento da colisão, e o maquinista e os passageiros assistiram a todo o incidente. Ainda ardendo de raiva, comecei a pedalei devagar, esperando o bonde passar, mas o maquinista sinalizou para mim, tirando o chapéu, e acenou para que eu fosse primeiro. Ele tinha entendido o perigo da situação, ao passo que eu, tomada pela emoção, não consegui percebê-lo, e me saudou por isso.

Meu coração bateu acelerado quando vi o que tinha feito.

Mais tarde naquela noite, levei um pequeno pacote e um livro para o Dr. Dussel e contei a história da motocicleta alemã para os meus amigos no esconderijo. Todos ficaram agitados pelo perigo do meu encontro. Depois, o Sr. Frank me contou que o pacote que eu tinha trazido era um livro antinazista extremamente ilegal, e que ele e os outros ficaram muito preocupados ao saber que eu tinha andado por aí carregando esse livro. As punições só por carregá-lo eram prisão ou morte.

– Como você pôde colocar Miep em tamanho perigo? – Anne disparou contra Dussel.

– Ninguém ousaria se meter em confusão com a nossa Miep – replicou Dr. Dussel, ríspido.

Anne estava muito indignada.

– Quando Miep está em perigo, todos nós estamos – ela o repreendeu.

QUANDO EU SUBIA até o esconderijo, Anne começava a experimentar as roupas que ainda tinha, imaginando o que poderia vestir quando voltasse às aulas. Ela falava a mil por hora, e todos sorríamos com a visão dos suéteres que, mesmo esticados, só cobriam metade do antebraço dela. Seu corpo tinha mudado tanto que era impossível fechar os botóes. Anne transformava o fato em piada para disfarçar sua frustração.

Anne era espontânea e, por vezes, ainda infantil, mas gradualmente despertava nela uma nova maturidade e um recato típicos da mocidade, com trejeitos de coquete. Ela se refugiou no esconderijo como menina, mas voltaria a ser livre como mulher. Uma compreensão especial havia se desenvolvido entre nós duas. Algumas vezes, sem palavras, sabia como ela se sentia, ou o que ela queria, de mulher para mulher. Nós desenvolvemos essa linguagem silenciosa enquanto, duas vezes por dia, dia após dia, semana após semana, tentava satisfazer as suas necessidades.

Anne crescia, mas continuava buscando minha companhia e a dos outros visitantes de baixo. Margot e Peter, ao longo do ano, não se aproximaram se aproximado de Henk nem de mim. Anne, ao contrário, sempre se sentia confortável compartilhando seus pensamentos comigo. Margot e Peter não faziam pedidos, não me deixavam a par de nenhuma de suas necessidades, nada sobre eles.

Assim como nos via quando era mais nova, e talvez ainda mais agora, Anne enxergava Henk e eu como figuras românticas. As circunstâncias desfavoráveis não tinham mudado a essência de Anne. Para uma jovem romântica, eu podia entender o quão atraente Henk era – alto, bonito, autoritário. Henk nunca parecia cansado; ele exalava vitalidade. Todo mundo reagia a seu humor peculiar e ao seu repertório de informações confiáveis.

Quanto a mim, Anne sempre parecia estar me estudando. Eu percebia sua admiração por minha independência e segurança diante de tudo. Ela também parecia admirar minha feminilidade. Não importava o que eu vestisse ou como ajeitasse meu cabelo, ela era toda elogios e perguntas. Com frequência, Anne tentava fazer novos penteados em seus fartos e brilhantes cabelos castanhos, quase negros. Também tentava compor diferentes combinações com as roupas que ainda tinha, para acrescentar um pouco mais de glamour ou parecer um pouco mais velha.

Eu tinha uma afinidade especial com Anne, que passava uma fase tão importante da vida e enfrentando aqueles tempos assustadores. Havia tantas coisas bonitas para uma jovem de 14 anos que estava apenas começando a descobrir a própria beleza. E, infelizmente, coisas bonitas eram o que mais estava em falta. Creio que, algumas vezes, Anne se sentia bonita e, outras, se sentia feia.

Estava determinada a achar algo adulto e bonito para Anne durante as minhas buscas. Um dia, esbarrei no presente ideal. Encontrei um par de *scarpins* vermelhos de salto alto. Eram usados, mas estavam em boas condições. Hesitei com o tamanho: seria tão ruim se não servissem nela. Mas então, pensei: *Compre! Arrisque!*

Eu os levei até o Anexo, escondendo-os atrás das minhas costas. Fui até Anne e os coloquei na frente dela. Nunca vi alguém tão feliz quanto

Anne ficou naquele dia. Ela imediatamente calçou os sapatos e eles serviram direitinho.

Então ela ficou subitamente muito quieta: nunca tinha se equilibrado em saltos altos antes. Vacilou um pouco, mas, com determinação, mordendo o lábio superior, atravessou o cômodo, deu a volta e então repetiu o movimento. Andando de um lado para o outro, para cima e para baixo, cada vez mais estável.

NO FIM DO VERÃO e durante o outono de 1943, os alemães começaram a abordar homens holandeses não judeus entre 16 e 40 anos. Esses homens eram enviados à Alemanha para – como eles chamavam – compor "força de trabalho". Alguns eram convocados, outros simplesmente estavam na rua, cuidando dos próprios afazeres, quando um caminhão militar aparecia, a Polícia Verde descia empunhando rifles e mandava-os entrar no veículo.

Isso acrescentou um novo motivo de tensão em nossas vidas. Henk tinha 38 anos e era tão saudável e em forma quanto era possível ser naquela época.

Uma noite, quando nós dois estávamos em casa depois do trabalho, exaustos como sempre, Henk disse que tinha algo importante para conversar comigo. Eu me sentei em silêncio e escutei quando ele começou a contar:

– Um dia desses, eu estava no trabalho, lavando minhas mãos no lavabo. Um dos meus colegas, com quem tenho bastante amizade, um camarada muito agradável, se aproximou e, depois de se certificar de que não havia ninguém por perto, me perguntou sem rodeios se eu estaria disposto a me juntar a um grupo da Resistência que estavam organizando ali na empresa. Ele me avisou que o trabalho era ilegal e perigoso e disse para eu pensar primeiro. Perguntei como era o trabalho, quem estava envolvido e outras perguntas do tipo. Ele me disse que dos 250 funcionários do nosso departamento, talvez uns oito tinham sido convidados para se juntar a ele. Então me disse o nome de várias pessoas envolvidas. Fiquei surpreso por ele confiar tanto em mim... para revelar os nomes, quero dizer. Respondi: "Sim, eu topo".

Escutei, desejando que Henk não percebesse o nó que se formou em minha garganta enquanto ele falava.

– A primeira coisa que ele fez quando eu concordei em me juntar ao seu grupo ilegal foi me levar a um médico – prosseguiu. – Esse médico trabalha para a cidade de Amsterdã. Nós conversamos, ele anotou meu nome e disse que, se eu me metesse em problemas ou tivesse alguma razão para deixar Amsterdã por alguns dias ou mais, deveria ir a um certo hospital e dar o nome dele junto com o meu, que então eu seria admitido como paciente e poderia ficar lá até que tudo se acalmasse, ou até decidirem me levar para um esconderijo.

Esperei que Henk me desse mais detalhes do seu novo e perigoso trabalho, mas ele não deu. Em vez disso, disse-me:

– Veja, Miep, só estou contando tudo isso para você porque, agora, com o perigo das novas convocações, caso qualquer coisa aconteça comigo, quero que saiba o que está havendo, que estou envolvido em atividades secretas da Resistência.

Como sua esposa, não pude deixar de demonstrar o quanto estava preocupada com o fato de que algo *poderia* acontecer com ele. Mas como companheira de resistência, estava feliz por ele ter encontrado outro jeito de lutar contra nossos inimigos.

Ele implorou para que eu não me preocupasse.

– Se algum dia eu não voltar para casa à noite, espere até que mandem uma mensagem para você.

Eu o encarei com um olhar que dizia: "Como posso não me preocupar?".

– Preocupe-se apenas se receber uma ligação do hospital. Apenas nessa hora.

Concordamos que seria melhor não contar nada a respeito desse perigoso serviço secreto aos nossos amigos no esconderijo. Henk também não queria me dar mais detalhes, então não perguntei. Mesmo assim, um sentimento estranho me corroeu e perguntei:

– Henk, há quanto tempo você faz esse trabalho?

– Talvez há uns seis meses. Não queria te contar porque não queria que você se preocupasse.

DURANTE TODO O VERÃO, as batidas contra judeus continuaram acontecendo em Amsterdã. Em um domingo, eu acho, bem no final do verão, em um dos dias mais bonitos que tivemos na temporada, os alemães organizaram uma grande batida no Distrito dos Rios, no sul de Amsterdã. Todas as ruas foram bloqueadas. Caminhões da polícia alemã chegavam um atrás do outro. Homens de uniforme verde sentados lado a lado em duas fileiras nos caminhões. Os soldados bloquearam as pontes e permaneceram de guarda nos cruzamentos, para que ninguém pudesse sair.

Por toda a vizinhança, podíamos ouvir o apito estridente e cortante, e então o som das botas ecoando nos degraus, a coronha das armas batendo nas portas, o toque insistente das campainhas e a voz rude e assustadora, ordenando em alemão:

– Abram! Rápido! Rápido!

Henk e eu ficamos em casa o dia inteiro. Durante todo o dia, judeus abatidos usando a estrela de Davi amarela, carregando trouxas e malas, foram empurrados e marcharam em grupos desorganizados pela nossa rua, cercados pela Polícia Verde, logo abaixo da nossa janela. A visão era tão angustiante, tão terrível, que viramos de costas e não olhamos.

Mais tarde naquele dia, ouvi uma batida tímida em nossa porta. Fui abrir. Do lado de fora estava a nossa vizinha de cima, uma mulher que eu conhecia bem pouco. Ela estava na casa dos 40 anos, andava sempre muito bem-vestida e trabalhava na Hirsch, uma das lojas de roupa mais elegantes da Leidseplein. Várias vezes admirei as roupas na vitrine, mas nunca tive condições de comprá-las.

Ela vivia com sua velha mãe no apartamento acima do nosso. As duas eram judias.

A mulher carregava um gato peludo nos braços e uma caixa de transporte. Com um olhar suplicante, ela pediu:

– Por favor, você poderia ficar com meu gato e entregá-lo a um abrigo ou... – os olhos dela estavam secos e cheios de medo – ...se você quiser, pode ficar com ele.

Eu agi de imediato. Percebi que ela estava sendo levada pelos alemães e que eles tinham lhe dado pouco tempo para se preparar. Estiquei os braços para pegar o gato.

– Me dê.

Ela o colocou em meus braços e eu pensei: *Nunca, nunca vou dar esse gato para um abrigo de animais. Nunca.*

– Vou tomar conta dele até você voltar – falei.

– O nome dele é Berry – ela disse, e logo foi embora.

Olhei para a cara do gato. Ele era quase todo branco, com algumas manchinhas pretas nas costas. Ele também me olhou. Eu o protegi em meus braços e o trouxe para o nosso apartamento.

Berry se sentiu em casa. *Que gato carinhoso!*, pensei. Me apaixonei imediatamente.

A partir daquele dia, Berry foi como nosso filho. Todos os dias, o gatinho esperava Henk voltar do trabalho no corredor. E, todos os dias, quando Henk chegava, Berry se esticava e se esfregava nele suavemente, com o queixo.

CAPÍTULO TREZE

ELLI E EU COMEÇAMOS a deixar o trabalho do escritório – arquivamento, faturamento – para Margot e Anne nos ajudarem à noite. Sempre deixávamos para as garotas o que precisava ser feito no escritório dos fundos, e quando chegávamos ao trabalho no dia seguinte, tudo estava perfeitamente completo, esperando por nós. Margot e Anne, no entanto, não podiam vir ao escritório da frente porque as cortinas de lá nunca deveriam estar fechadas.

As meninas gostavam de nos ajudar. Elas eram como fadinhas noturnas da organização. Enquanto o escritório estava fechado e trancado, elas desciam, faziam o arquivamento ou qualquer tarefa que deixássemos para trás, e, no dia seguinte, não havia nenhum sinal de que alguém tinha estado lá.

Também havia outros usos para os escritórios dos fundos após o horário comercial e nos fins de semana, quando era seguro. O Dr. Dussel começou a estudar espanhol e, com frequência, procurava a privacidade do escritório do Sr. Frank para estudar em paz. Qualquer tipo de privacidade havia se tornado um bem valioso para nossos amigos.

Lá embaixo, em nossa cozinha, que não podia ser vista da rua, havia um pequeno aquecedor de água e, nos fins de semana, o lavatório se tornava um ótimo lugar para um verdadeiro banho com bastante água quente. Suspeitava que nossos amigos algumas vezes desciam somente para uma necessária mudança de ares ou apenas para ficarem sozinhos.

Ninguém estava muito feliz com o fato de que outro inverno estava chegando, o segundo no esconderijo. Nós tínhamos tanta certeza de que a guerra já teria acabado a essa altura... Mas alimentávamos a esperança de que este verão traria um progresso decisivo para nossos aliados.

Conforme o inverno se aproximava, a Sra. Frank começou a agir de forma esquisita. Quando eu deixava o esconderijo, ela me seguia escada abaixo o mais longe que podia – até chegar atrás da estante de livros, na verdade. Era como se ela estivesse me escoltando, mas então, ao invés de me dar tchau, ela apenas ficava lá me olhando com uma expressão de desejo em seus olhos. Eu esperava que ela dissesse o que queria de mim, mas ela não dizia uma só palavra, só ficava parada, agindo de modo estranho.

Comecei a me sentir muito desconfortável ficando frente a frente com ela desse jeito. Eu me perguntava, *O que ela quer de mim?* Demorou um pouco, mas, enfim, percebi que ela queria ter a chance de falar a sós comigo, quando ninguém estivesse por perto. Então comecei a reservar um tempo a mais e ia com a Sra. Frank até o quarto que ela dividia com o Sr. Frank e Margot. Sentávamos na beira da cama e eu a ouvia falar.

O que ela queria dizer, e que não podia revelar aos outros, era que estava sucumbindo ao grande peso do desânimo. Embora os demais estivessem contando os dias até a chegada dos Aliados, brincando sobre o que fariam quando a guerra terminasse, a Sra. Frank confessou que estava muito envergonhada por sentir que o conflito nunca terminaria.

Algumas vezes, ela reclamava da Sra. Van Daan – algo até então inédito, pois, durante todos aqueles anos no Anexo, ninguém jamais tinha se queixado comigo a respeito das outras pessoas. Se havia tensões e desavenças, nunca eram expostos quando alguém visitava o esconderijo. Mas a Sra. Frank precisava desesperadamente se abrir com alguém sobre tudo aquilo.

Ela reclamava que a Sra. Van Daan era sempre impaciente com as suas filhas, em especial com Anne, reclamando que as meninas eram saidinhas demais para o gosto dela. Parecia que a Sra. Van Daan sempre queria expor suas opiniões sobre Anne e Margot à mesa do jantar. A Sra. Van Daan dizia coisas como:

– Anne é tão atrevida... direta. Ela foi criada com muita liberdade.

Aquelas críticas a Anne e Margot magoavam demais a Sra. Frank.

Com uma voz sombria, a Sra. Frank expressava os pensamentos carregados de medo, que ela tentava suprimir:

– Miep, não vejo um final se aproximando – dizia.

Em outro momento, ela comentou:

– Miep, lembre-se disso: a Alemanha não vai sair dessa guerra do mesmo jeito que entrou.

Eu ouvia com atenção o que quer que a Sra. Frank tivesse para dizer. E então, quando não podia mais ficar, interrompia a conversa, porque uma tarefa ou alguém estava à espera. Prometia que nos falaríamos de novo da próxima vez.

Eu saía e ela permanecia sentada no cômodo, com um olhar de tristeza e depressão.

NO INVERNO DE 1943, parecia que todos os judeus de Amsterdã tinham desaparecido. Com certeza, pelo menos todos os judeus do sul de Amsterdã não estavam mais à vista. Ou eles tinham sido deportados, ou estavam escondidos, ou haviam dado um jeito de fugir. Eu estremecia só de pensar no que teria acontecido com aquelas pessoas. Tantos rumores terríveis corriam. À medida que os apartamentos judeus do nosso bairro ficavam sem moradores, caminhões de mudança da Puls estacionavam e levavam todos os bens e os móveis das casas. Logo em seguida, uma nova família se mudava. Não sabíamos quem eram aquelas famílias ou de onde tinham vindo. Não perguntávamos. Sabíamos que alguns eram NSB'ers, que tinham prioridade máxima nas listas de espera para novos apartamentos.

Agora, os judeus só eram vistos flutuando canal abaixo. Algumas vezes, os cadáveres de judeus eram jogados no rio pelas próprias pessoas que os haviam escondido; uma das piores situações que poderia acontecer conosco, que ajudávamos, era que alguém morresse no esconderijo. O que fazer com o corpo? Era um dilema terrível, já que um judeu não poderia ter um enterro apropriado.

O segundo maior medo daqueles que se escondiam e daqueles que os escondiam era o que fazer se alguém ficasse doente. Nós enfrentamos esse problema naquele inverno, quando Henk e eu voltamos para casa à noite e encontramos Karel Van der Hart se contorcendo de dor, apertando a cabeça com as mãos. Henk e eu nos olhamos em desespero. O que quer que estivesse acontecendo, sabíamos que levá-lo a um hospital não era uma opção porque os documentos dele não estavam em ordem. Estávamos à mercê da nossa própria sorte.

A agonia de Karel era tão grande que ele nem conseguia explicar a origem daquela dor de cabeça lancinante. Enfim, consegui entender que a dor era na fronte. Ele dizia que era uma dor "cegante, como uma faca enfiada na cabeça".

Henk e eu conseguimos colocá-lo no sofá e deitá-lo. Não tinha ideia do que fazer.

Enquanto ele se lamentava e se contorcia, coloquei um pouco de água para esquentar. Então enrolei uma toalha na mão e me sentei ao lado de Karel, molhando a toalha na água quente. Tentava confortá-lo enquanto aplicava o calor em sua testa.

Não tinha a menor ideia se estava fazendo a coisa certa, mas continuava a colocar a toalha quente na testa dele. Henk permanecia na soleira da porta com uma expressão aflita. A dor não dava trégua. A noite foi se arrastando. O procedimento parecia não ter efeito algum. Pensamentos terríveis cruzaram minha mente. Ainda assim, continuei a aplicar calor e pressão, e oferecer qualquer conforto que pudesse ao jovem devastado.

Eu não era o tipo de pessoa que desistia, não tinha intenção alguma de parar, mesmo quando os primeiros sons da rua podiam ser ouvidos através das cortinas, me dizendo que a manhã havia chegado. De repente, Karel soltou um gemido particularmente agoniante, quase um balido, e começou a escorrer pus de suas narinas. Jorrou como um rio, e então parou. Karel começou a piscar e tomou fôlego. Então ele se levantou, apoiando o peso do corpo em uma das mãos, e me olhou, aliviado.

– Está melhorando, Miep – ele disse. – A dor está indo embora.

Naquele dia, eu não tinha a menor ideia do que havia de errado com Karel. Tivemos sorte de o problema ter desaparecido daquele jeito.

AQUELE INVERNO foi especialmente gelado e tempestuoso. Era sempre uma briga com a chuva incessante, as ruas escorregadias e as buscas mais longas por comida. A escassez aumentava a cada dia. Não podia relaxar durante minhas procuras. Havia onze pessoas para comer. Porque eu era uma tábua de salvação, sentia-me como uma espécie de caçadora, sempre buscando alimento para minha ninhada constantemente faminta. Mas, aos poucos, estava me transformando em uma escavadora implacável, e usava até as sobras. Não me permitia ficar doente. Não me permitia um dia de folga.

Mas o nosso maior medo nos rondava, a doença. Primeiro, o Sr. Koophuis foi hospitalizado mais uma vez com seu terrível sangramento no estômago. Depois eu torci meu tornozelo enquanto tentava pedalar com um resfriado infernal que, por fim, se tornou uma gripe. Com medo de contaminar os outros, me obriguei a ficar em casa, de cama.

Caindo no sono e despertando no meu quarto escuro, debaixo de uma pilha de cobertas, acometida por ondas de calafrios e tremores, pensava nos meus amigos que estavam no esconderijo. A preocupação com eles pesava no meu peito. *O que vai acontecer com eles?*, eu me perguntava noite e dia. *O que vai ser deles?*

Sabia que o dinheiro dos Van Daan estava acabando e que o Sr. Koophuis tinha vendido alguns bens deles em segredo, e estava tentando vender ainda mais no mercado negro, incluindo as peles e algumas joias da Sra. Van Daan. Suspeitava que um ano e meio de ócio forçado e isolamento estava afetando os nervos de todos.

Vi Margot e Peter ficando cada vez mais distantes. Podia sentir as fagulhas de conflitos mal resolvidos quando eu entrava e todo mundo colocava uma expressão de boas-vindas no rosto. Anne geralmente estava na dela, escrevendo no diário, ou no sótão, sozinha e taciturna.

Ficar deitada ali, com os pesadelos da ansiedade me cercando, estava me deixando ainda mais doente. Não conseguia suportar ficar parada por tanto tempo e, embora não estivesse completamente saudável, levantei-me e retomei minhas atividades ao primeiro sinal de melhora.

Então, a família inteira de Elli foi forçada a se isolar em casa por causa de difteria. A difteria era tão contagiosa que Elli não pôde trabalhar por mais de um mês.

Em meio a todas essas doenças, um clima depressivo tomou conta do esconderijo. Com a proximidade das festas de final de ano, tentei pensar em algo que pudesse levantar o ânimo dos meus amigos. Comecei a separar qualquer doce que encontrava, já que, na minha cabeça, nada melhor do que doces para alegrar alguém. Surrupiei um pouco de manteiga e farinha, tomando cuidado para ninguém reparar que eu estava planejando fazer um bolo de verdade.

Estava fora de questão tentar reproduzir a grande festa de São Nicolau do ano anterior. Mas Anne tinha outras ideias. Descobri, um dia depois do dia de São Nicolau, que ela rompeu seu estado de letargia para se juntar ao pai em um complô. Juntos, o Sr. Frank e Anne compuseram poemas para todos e fizeram uma apresentação surpresa enchendo a grande cesta de festa com sapatos. Cada sapato pertencia a alguém diferente, e cada um tinha um poema original, provocante e às vezes até bem bobo.

Logo depois do dia de São Nicolau, Anne ficou acamada, com a pior crise de tosse e gripe que havíamos visto até então. A tosse era um grande problema durante o dia, pois precisava ser camuflada. Sons abafados de tosse e espirros vinham do quarto de Anne até ela melhorar. Quando eu visitava o esconderijo, sempre dava uma olhada nela.

No Natal, Anne orgulhosamente me presenteou com docinhos cremosos que ela mesma fez para agradar o meu famoso paladar doce. Ela estava guardando suas provisões em segredo, para preparar doces que derreteriam na minha boca. Anne me fez prová-los imediatamente, para ver minha reação. Ela riu, os olhos brilhando enquanto eu lambia os dedos.

Ela me derrotou no jogo que eu mesma criei: fazer surpresas, o que me deixou ainda mais determinada a preparar o melhor bolo possível para ela e para os outros. Minhas porções de manteiga e farinha estavam aumentando. Os últimos dias do ano se aproximavam, escuros, curtos e tristes na Amsterdá ocupada. Os bombardeios dos Aliados à Alemanha estavam aumentando, então, ruídos de aeronaves eram ouvidos durante toda a noite.

Koophuis, Elli, Kraler, Henk e eu planejamos nossa surpresa para a sexta-feira anterior à véspera de Ano Novo, quando todos ficaríamos até depois que os funcionários fossem embora e presentearíamos nossos amigos com o que cada um de nós havia surrupiado para eles.

O expediente terminou e Henk chegou do trabalho. Antes de entrar, esperou na rua até que o último funcionário montasse na bicicleta e pedalasse para longe. Carregamos nossos presentes escada acima. Henk tinha conseguido cerveja no mercado negro para o nosso encontro. Cada um de nós apareceu com uma delícia; eu fiz meu bolo de canela especial, o favorito de Anne.

A nossa chegada foi como um bálsamo. À nossa frente, oito bocas começaram a salivar ao mesmo tempo ao ver o bolo. A Sra. Frank esquentou um pouco de água para passar o café artificial. Fomos para a mesa e a cerveja foi servida. Anne reparou na mensagem que escrevi em cima do bolo e chamou a atenção de todos para ela. Com cerveja e café, todos nós paramos para admirar a mensagem: PAZ EM 1944!

CERTA NOITE, Henk não voltou do trabalho. Eu tinha me arrastado para casa como de costume. Acendi o fogão e coloquei uma panela para cozinhar. Esperei pelos sons familiares da chegada de Henk: a porta abrindo, a bicicleta sendo levada pelo corredor, Berry pulando para mordiscá-lo no queixo.

Ele não veio, então tirei a comida do fogo e esperei. Até mesmo Berry, que geralmente perambulava pelo jardim o dia inteiro até a hora de Henk chegar, também esperou. Então arrumei isso e aquilo e esperei, mais nervosa a cada minuto. Henk era tão infalível. Tinha me acostumado aos seus padrões previsíveis, como vir para casa na mesma hora todos os dias.

Nos últimos meses, pouco a pouco, Henk me contou mais sobre suas atividades na Resistência. Ele me disse que primeiro a organização investigava aqueles que precisavam de ajuda. Essas pessoas geralmente eram homens que tinham se recusado a ir para a Alemanha como mão de obra forçada e resolveram se esconder e, portanto, não podiam mais garantir a sua própria sobrevivência e a da família.

Eram homens e mulheres que estavam em perigo e tiveram que ir ao extremo para aliviar a pressão. Eram pessoas como nós. Poderia ter sido a gente. O trabalho de Henk na Resistência era visitar essas pessoas que viviam ilegalmente, usando senhas e listas especiais. Ele avaliava as necessidades, então provinha, através da organização, o que eles mais precisavam – cartões de racionamento, dinheiro. Já que Henk era assistente social na prefeitura e visitava as pessoas necessitadas, tinha a cobertura perfeita para suas atividades na Resistência.

Enquanto eu esperava por Henk naquela noite, o nervosismo estava me consumindo. Não sabia o que fazer, onde procurar, com quem falar. Henk só me disse que eu seria avisada se o pegassem. Sempre, em casos de captura, quanto menos você sabe, melhor.

À medida que a noite avançava, eu ia ficando fora de mim. Não podia fazer nada para impedir os pensamentos pavorosos que invadiam minha mente: que Henk tinha sido preso, que estava machucado.

Não pude mais suportar. Peguei meu casaco e saí na noite fria. Usando o telefone público mais próximo, liguei para o cunhado de Henk, que tinha contatos na polícia de Amsterdá por causa de seu negócio de importação.

Ele atendeu no primeiro toque.

– Henk não veio para casa – despejei.

Para minha surpresa, meu cunhado riu.

– E qual o problema? – ele respondeu. – Ele está sentado aqui, bebendo comigo. É meu aniversário.

Fiquei aliviada. Então me senti estúpida.

– Quer falar com ele?

– Não. Deixe ele aproveitar a bebida. Por favor, diga a ele para ficar e não conte que fui eu que liguei.

Voltei para casa e cobri a comida, que estaria à espera quando ele voltasse para casa.

HAVIA NOTIFICAÇÕES por todos os lados, presas nas placas de sinalização e coladas nos muros. Sempre com uma margem preta, esses anúncios descreviam execuções de membros da Resistência por nome, idade e profissão. As ameaças contra aqueles que ajudavam os judeus estavam ficando ainda mais duras.

Nossos amigos adoravam histórias sobre a vida fora do esconderijo, especialmente aquelas envolvendo os membros da Resistência. Henk, um excelente contador de histórias, disse tudo o que era seguro dizer sobre a Resistência e os atos de sabotagem contra os opressores. Ele colocava o gato de Peter no colo e mantinha Anne, em especial, agarrada a cada uma de suas palavras. Os olhos de Anne brilhavam de alegria.

Claro que Henk não contou aos nossos amigos que ele mesmo estava fazendo parte dos atos de resistência que narrava. Ele não queria preocupá-los. Também nunca falamos com eles sobre Karel, escondido em nossa casa. Nós os poupávamos de informações que poderiam assustá-los e causar ansiedade.

EM FEVEREIRO, adoeci outra vez, com gripe e bronquite. Parecia que nós alternávamos as doenças. Henk tentou fazer visitas mais duradouras ao esconderijo, para cobrir minha ausência. Nossos amigos precisavam cada vez mais das nossas visitas.

Embora ninguém reclamasse, sabia que o estoque de alimentos não perecíveis que os Frank e os Van Daan tinham trazido estava acabando. Qualquer comida que eu conseguia encontrar agora muitas vezes estava quase estragada. Mas tinha que comprar assim mesmo. As dores de estômago eram frequentes por causa da comida. Banha, especialmente manteiga, estava ficando impossível de se obter. O Sr. Van Daan estava sempre desesperado por um cigarro, algumas vezes se virando com tabaco falso e, na maioria das vezes, sendo obrigado a se contentar com nada – o que era difícil para ele. Não havia nada que Herman Van Daan amasse mais do que fumar.

Quando a invasão dos Aliados vai começar?, nos perguntávamos. Havia meses que se ouvia o rumor de que eles estavam planejando uma grande invasão, um ataque em massa para nos libertar de uma vez por todas. Esperávamos por isso todos os dias.

Em fevereiro de 1944, completei 35 anos. Mas o mais importante era o aniversário de Margot, um dia depois. Ela completaria 18 anos e precisava de atenção especial. Todos nós procuramos por lembrancinhas que pudéssemos dar a ela. Nunca esquecíamos o aniversário de ninguém.

No esconderijo, no dia do meu aniversário, a Sra. Van Daan me chamou discretamente e, para minha surpresa, pediu que eu a acompanhasse até o corredor, perto da escada. Me preparei para receber notícias ruins, mas, ao invés disso, ela me olhou nos olhos e disse:

– Miep, Herman e eu queríamos encontrar uma forma de expressar o inexprimível. Mas não existem palavras. Essa é só uma pequena lembrança do nosso apreço e amizade... Pegue... – Ela entregou um pacotinho em minhas mãos. – Abra!

– Não precisava... – comecei a dizer, mas ela me cutucou com o polegar.
– Abra.

Assim o fiz. Dentro tinha um anel, a peça era um ônix preto oitavado, com um diamante cintilante no centro. Um belo anel clássico. Quis protestar imediatamente, pensando quantos cigarros e salsichas esse belo anel poderia valer no mercado negro para os Van Daan, que agora estavam esgotando todos os seus bens, vendendo tudo que podiam por intermédio do Sr. Koophuis.

Uma mão firme e invisível cobriu minha boca, me mantendo quieta. Em vez de ser prática, olhei outra vez nos olhos escuros da Sra. Van Daan e prometi:

– Vou usar sempre... em nome da nossa amizade. – E deslizei a joia pelo meu dedo anular. Coube perfeitamente. A Sra. Van Daan pousou a mão sobre meu ombro por um instante e o apertou, então seguimos caminhos diferentes.

NO FINAL DE FEVEREIRO, outro assalto à empresa deixou nossos nervos em frangalhos. Dessa vez, as salas foram reviradas e a porta da frente foi deixada aberta, balançando ao vento. Um medo terrível desse assalto nos abateu. O ladrão teria ouvido as pessoas no esconderijo? Foi o mesmo assaltante da outra vez? Ele delataria à polícia o que quer que pudesse ter descoberto e pegaria a recompensa?

As pessoas no esconderijo não gostavam de Frits Van Matto, o homem que supervisionava o local de trabalho. Embora não o conhecessem, não confiavam nele e sempre nos perguntavam sobre suas atividades. Eles também estavam preocupados com as várias pessoas em situação desesperadora que agora vagavam pelas ruas de Amsterdã. Muitas delas tinham se transformado em ladrões.

MARÇO FINALMENTE CHEGOU, sinalizando a proximidade do fim dos dias escuros e gelados. Com mais razões do que antes, nos preparamos para dar as boas-vindas à primavera. Havia escassez de carvão em todo lugar e, às vezes, até a eletricidade caía por curtos períodos de tempo.

Henk descobriu que as pessoas que forneciam cartões de racionamento para os nossos amigos no esconderijo tinham sido capturadas. De repente, cortaram nossa corda salva-vidas. Não tinha como evitar: tivemos que contar a eles. Através das suas outras atividades ilegais, Henk deu um jeito de conseguir cinco novos cartões de racionamento. Mas cinco ainda era muito pouco para alimentar oito pessoas. Henk prometeu que tentaria acordos melhores. As pessoas do esconderijo encararam bem a notícia, mas, naturalmente, estavam com medo.

Um dia, enquanto trabalhava na minha mesa com uma pequena pilha de recibos, os sinos do Westertoren badalaram ao meio-dia.

Ouvi os trabalhadores no andar de baixo batendo as portas ao sair para a hora do almoço, e então tudo ficou em silêncio. Henk vinha almoçar comigo, e eu continuei a trabalhar, esperando por sua chegada.

Finalmente ouvi seus passos, levantei o olhar e vi meu marido muito perturbado. Ele me disse que precisava conversar sobre algo importante. O tom de sua voz era um alerta de perigo.

Nós saímos e demos uma volta pelo canal. Grandes pedaços de gelo estavam derretendo. Henk começou a falar sem rodeios.

– Dois "cavalheiros" da Omnia vieram até nossa casa hoje de manhã, logo quando estava saindo.

Omnia era uma empresa alemã comandada por nazistas holandeses. Era responsável por liquidar propriedades ou empresas judias, ou descobrir por que ainda não tinham sido liquidadas.

– Convidei os dois desagradáveis senhores a entrar em casa. Não tive escolha. Quando entraram, aumentei minha voz para cumprimentá-los, na esperança de que Karel ouvisse e ficasse fora de cena. Enquanto eles olhavam para os objetos na sala de estar, explicaram o motivo da visita. Parece que o filho da Sra. Samson há vários anos comercializava tecidos e usava o endereço da mãe como seu escritório administrativo. O objetivo deles era me interrogar para descobrir o que tinha acontecido com ele e com os negócios. Respondi que, até onde sabia, o rapaz tinha se casado e mudado com a esposa para outra parte do sul de Amsterdã. Que não fazia ideia se ainda estava lá ou se tinha sido preso. E que não sabia mais nada sobre ele. O que, como você sabe, é verdade. Então eles começaram a vasculhar a casa, abrindo gavetas e revirando papéis e armários que pertenciam à Sra. Samson. O tempo todo, minha mente estava a mil, com medo de que Karel estivesse por perto. As buscas deles eram descuidadas e brutas. Eles encontraram alguns documentos que os interessavam entre os pertences da Sra. Samson em que nunca mexemos ou olhamos, e guardaram nos bolsos. Então começaram a fazer perguntas sobre mim. Quando eu me casei? Como consegui o apartamento e os móveis? Pensei rápido. Claro, não podia contar a eles que, quando a Sra. Samson se escondeu, nós não mexemos em nada no quartinho dela.

O apartamento estava registrado em nosso nome, então ninguém poderia levar os "bens judeus"; eles ficariam seguros até o retorno da Sra. Samson, depois da guerra. Até dissemos ao nosso inquilino – que, naquela época, era um membro da NSB – que tínhamos transferido alguns itens judeus para o quarto da Sra. Samson. Na hora, ele não demonstrou muito interesse, mas, à medida que Henk falava, minha mente acelerava. Perguntava-me se o inquilino tinha entrado em contato com a Omnia para nos denunciar. Era ilegal manter bens judeus sem autorização, mas ao menos estávamos um pouco protegidos por não ter escondido isso do inquilino, ainda que o que contáramos para ele não fosse verdade. Nunca encostamos em nada da nossa locatária, ou sequer olhamos para qualquer documento privado que ela deixou guardado na casa.

Henk prosseguiu:

– Comecei a inventar uma história sobre como conseguimos os móveis, mas eles não quiseram ouvir. "Esses móveis não são seus", eles disseram. Comecei a argumentar, mas eles ouviram pela metade e então responderam: "Ok, nós vamos acreditar que a sala de estar talvez seja de vocês, mas o quarto com certeza não é. Você não pode nos dizer que esses móveis são seus". "Sim, eles são", repeti. Eles balançaram a cabeça e disseram: "Nós vamos voltar amanhã à 1 hora da tarde, e se você não contar a verdade, vamos te mandar para o campo de concentração em Vught". Então eles foram embora. Logo em seguida, Karel veio até a sala de estar. Perguntei se ele sabia o que tinha acabado de acontecer. Ele disse que sim, tinha escutado a minha voz e a dos outros, e foi de quarto em quarto, e então para os fundos, depois voltou ao corredor, passando pela cozinha, e de novo para o banheiro. "Estava sempre um cômodo à frente de vocês", Karel me disse com orgulho. Mas, Miep, estou determinado a não os deixar levarem os móveis do quarto, – acrescentou Henk, com teimosia.

– Escute, Henk – falei, rispidamente – nós podemos comprar outros móveis para o quarto depois da guerra, mas, se eles te levarem, não posso comprar outro marido depois. Quando eles vierem amanhã, você vai admitir que os móveis não são nossos e vai deixar que eles levem tudo. Agora vamos almoçar. Se tivermos que dormir no chão, vamos dormir no chão.

Henk concordou, silenciosamente, em fazer o que eu tinha pedido, e, no dia seguinte, à 1 hora da tarde, ele esperou que os homens voltassem. Também segurei a respiração no trabalho, esperando para saber o que teria acontecido, sem saber se o tinham levado, mas finalmente Henk telefonou para dizer que eles não vieram.

Os dias passaram e aqueles homens não reapareceram. Pouco depois, Henk viu um deles no bonde. O homem o ignorou e Henk também passou direto por ele. Pouco depois, Henk viu o homem mais uma vez no bonde. Outra vez, nada foi dito. Continuamos à espera, nos perguntando se eles voltariam.

Quando parecia que nada mais podia acontecer, uma noite, Henk e eu voltamos para casa e encontramos Karel bastante agitado, suas bochechas estavam rosadas e seus olhos brilhantes.

Logo ele nos contou:

– Fui a uma corrida de cavalos hoje, no hipódromo que fica fora de Amsterdã.

Nós suspeitávamos que ele desse voltinhas pela vizinhança, mas ficamos chocados com a informação. Deixamos que ele continuasse a falar.

– Houve uma *razia* no hipódromo.

– Você ficou bem?

– Sim, foi tudo bem, eles só perguntaram meu endereço – respondeu.

– E qual endereço você deu?

– O daqui.

O sangue subiu ao meu rosto.

– Como você pôde fazer uma coisa dessas? – perguntou Henk. – Agora eles vão vir até aqui procurar você.

Uma expressão repentina de compreensão cruzou o rosto de Karel quando Henk disse aquilo. Era como se ele não tivesse ligado os pontos antes.

– Você precisa ir. Nenhum de nós está mais seguro aqui – disse Henk, muito sério.

Karel entendeu e foi até o quarto arrumar suas coisas. Era perigoso demais para ele nos contar aonde planejava ir. Ele simplesmente deixou nosso apartamento.

CAPÍTULO QUATORZE

COMO OS HOMENS DA OMNIA não voltaram ao nosso apartamento, e a polícia não veio até nós procurando por Karel Van der Hart, decidimos que era seguro que ele voltasse a se esconder conosco. Quando fomos visitar a Sra. Samson no esconderijo em Hilversum, descobrimos que Karel estava vivendo lá também. Ele perguntou se podia voltar a Amsterdá. Dissemos que era exatamente o que estávamos pensando, e que ele deveria voltar a se esconder conosco em Hunzestraat.

Na viagem de trem de volta a Amsterdá, nos perguntamos em voz alta: *É realmente seguro para Karel ficar conosco?* Não sabíamos a resposta para essa pergunta. Diariamente, pessoas escondidas eram capturadas. Havia batidas e traições. O valor da recompensa por entregar um judeu ou qualquer pessoa escondida subia a cada dia. Pouco depois, Karel voltou para Amsterdá e se escondeu com a gente. Retomamos nossa rotina: xadrez para um jogador, jantar para três pessoas.

Um dia depois do domingo de Páscoa, Henk e eu estávamos em casa. Era para ser um dia de folga para todos, e nenhum de nós se apressou para sair da cama quentinha. Ainda era bem cedo quando ouvimos o toque insistente da campainha.

Corri para atender. Era Jo Koophuis com os ânimos um pouco agitados, estava ali para nos contar que Otto Frank tinha telefonado do esconderijo. Tinha acontecido outra invasão e a situação parecia muito perigosa.

Henk e eu corremos até Prinsengracht e encontramos uma bagunça terrível. Um buraco enorme tinha sido feito na porta. O lugar estava um caos. Corri até a estante de livros, assobiei para que eles a destravassem, abri e subi as escadas, Henk estava logo atrás de mim. Eles estavam bem? Meu coração palpitava enquanto eu corria.

No topo da segunda escadaria, chamei por eles e adentrei em um cenário de completa desordem. Nunca tinha visto uma bagunça como aquela feita por nossos amigos. Ao nos verem, Anne correu e jogou os braços em volta do meu pescoço. Ela estava debulhada em lágrimas. Os outros se reuniram ao nosso redor, como se só pudessem ter certeza de que estávamos ali com um toque ou com algum contato conosco. Todos tremiam.

Todos falavam ao mesmo tempo para contar que ouviram barulhos, desceram até o escritório para olhar, ouviram mais barulho e pensaram que havia gente no prédio. Então tentaram não se mexer a noite inteira. Passando cada minuto da noite com medo de serem capturados, eles tinham certeza de que a polícia esteve rondando o prédio, prestes a invadir o esconderijo.

Henk imediatamente desceu para consertar a porta. Permaneci com nossos amigos, ouvindo e confortando.

– Fumei todo o meu cigarro. O que vou ter para fumar mais tarde? – o Sr. Van Daan se lamentava, balançando a cabeça.

– Venha, vamos colocar as coisas de volta no lugar – sugeri, e juntos começamos a arrumação.

Quando já tínhamos colocado tudo em ordem, Henk voltou. No tom de voz mais sério que já tinha ouvido ele usar, suplicou que nossos amigos nunca, nunca mais voltassem a descer. Especialmente se ouvissem barulhos.

– Permaneçam atrás da estante, não importa o que aconteça. Se ouvirem algo, não desçam. Fiquem quietos, esperem. Nunca desçam.

Não para assustá-los, mas para provar seu argumento, Henk relembrou que pessoas escondidas estavam sendo capturadas o tempo todo porque foram negligentes e descuidadas e esqueceram do perigo implacável que corriam.

O Sr. Frank concordou que sim, era necessário continuar lá em cima, não importava a ocasião. Ele admitiu que tinham agido sem pensar e garantiram a Henk que isso não se repetiria.

No dia seguinte, Anne me lembrou de como fiquei feliz no dia do meu casamento, quando a cerimônia acabou e eu era, enfim, seguramente holandesa.

– Quero ser holandesa também – confessou Anne.

– Quando isso acabar – prometi – você poderá ser o que quiser.

CERCADOS COMO ESTÁVAMOS por privações, o despertar da primavera significava muito para nós. No esconderijo, Anne me levava até a janela cortinada, as cortinas agora muito sujas. Ela apontava para cada nova explosão de verde na grande castanheira que ficava atrás do Anexo.

Que árvore linda, florescendo com férteis brotos verdes. Anne estudava o progresso dos brotos diariamente, explicando para mim quão grande estavam e o quão rápido estavam amadurecendo.

Certa manhã, com um pouco menos de pressa que o comum, cumpri minhas tarefas domésticas de sempre. O clima estava ameno, embora ainda frio; nuvens vagavam pelo céu, espessas e preguiçosas. Fui até o verdureiro em Leliegracht.

Aguardei na fila com muitos outros clientes, tentando dar uma olhada no interior da loja para ver o que estava à venda. Finalmente, quando chegou a minha vez, não encontrei o homem que sempre me vendia legumes a mais, vi apenas a esposa dele. Ela parecia desconcertada.

– O que houve? – perguntei.

– Meu marido foi preso. Levaram-no embora – sussurrou.

Meu coração se apertou. Quando uma pessoa era levada, significava que todos os meios de coação seriam empregados para fazê-la dizer o que sabia sobre os outros.

– Ele estava escondendo judeus – prosseguiu. – Dois judeus. Não sei o que vão fazer com ele.

Comprei menos do que precisava e parti rapidamente.

Pensei naquele homem gentil que sempre me dava a mais; que tinha, na verdade, entregado sacos pesados de batatas em Prinsengracht. Ele devia desconfiar que eu estava alimentando pessoas escondidas, mas nunca falou sobre isso. O que fariam com ele? O que ele poderia dizer aos alemães quando lhe fizessem todo tipo de atrocidade para que contasse o que sabia sobre os outros? Falaria sobre mim?

A prisão daquele homem era uma grande catástrofe. Por causa da gentileza dele, eu estava sendo capaz de alimentar todos os oito no esconderijo. O que fazer agora? Para onde ir? Caminhei nervosa até Rozengracht, para outra lojinha no porão de uma adega.

Uma senhora idosa gerenciava a pequena loja no porão em Rozengracht. Comecei a ir lá todos os dias. Tive uma boa intuição sobre a mulher e armei um plano na minha cabeça. A cada dia, falava um pouco mais com ela. Aos poucos, a senhora começou a se iluminar ao me ver, então começou a falar sobre si mesma e seus problemas com os filhos. Eu escutava. Fazia questão de demonstrar compaixão. Ela começou a se sentir segura comigo e a me contar mais e mais sobre os seus problemas.

Agora que sabia que ela gostava de mim, cada vez que ia eu pedia um pouco mais de produtos. Enquanto abria o coração, ela me dava tudo o que eu pedia. De vez em quando, eu voltava ao mercado em Leliegracht e comprava poucas coisas, para não ficar evidente que não comprava mais nada por lá.

Passávamos o tempo todo contando os dias de tempo bom, sabendo que nossos aliados precisariam de um clima bom e estável para desembarcar onde planejavam. Em maio, contamos vários dias de bom tempo, mas ainda assim ninguém desembarcou.

No esconderijo, as conversas sempre giravam em torno do desembarque iminente. Uma animação crescia entre nossos amigos. Era como se tudo fosse ficar bem quando a invasão dos Aliados tocasse o continente, onde quer que fosse. Nossos amigos discutiam sempre com Henk e uns com os outros sobre onde achavam que aconteceria o desembarque.

Eu ansiava por essa chegada, porque a escassez estava ficando tão intensa que, pela primeira vez, perguntei-me por quanto tempo ainda conseguiria continuar alimentando todo mundo. Alguns dias, eu ia de mercado em mercado, e então recorria ao mercado negro, mas ainda assim não conseguia o bastante.

E então finalmente aconteceu. O desembarque começou na Normandia. Em 6 de junho, de manhã bem cedo, a BBC transmitiu a notícia. Como Henk e eu não tínhamos mais rádio, não ficamos sabendo de nada, mas no momento em que pus os pés para fora e segui para o trabalho pude sentir uma agitação no ar, tal qual uma corrente elétrica. As pessoas estavam mais animadas do que estiveram em anos. No percurso até Prinsengracht, eu também fiquei radiante com as boas-novas.

O Sr. Koophuis me puxou pelo braço e me sacudiu.

– Sim, é verdade.

E quando subi para o esconderijo, parecia que uma corrente elétrica estava circulando no local. Todos estavam colados ao rádio, esperando por mais e mais informações. O general norte-americano Eisenhower faria um pronunciamento mais tarde.

Todos se questionavam agora quantos dias levaria para os Aliados irem da costa da Normandia até a Holanda.

Henk subiu na hora do almoço, com as bochechas coradas de animação. Nos reunimos ao redor do rádio esperando pelo pronunciamento do general norte-americano. Pela primeira vez, ouvimos a voz monótona do general Eisenhower. Ele chamou aquele dia de Dia D e, enquanto enxugávamos as lágrimas, ele nos garantiu que uma vitória completa em cima dos alemães viria naquele mesmo ano, 1944.

DIA APÓS DIA, os alfinetes coloridos no mapa que o Sr. Frank tinha pendurado na parede se aproximavam mais da Holanda. Anne completou 15 anos em junho. Outra vez, como sempre fazíamos com todos os aniversariantes, todos aparecemos com alguma lembrancinha para tornar o dia especial. Embora Anne estivesse mudando e crescendo, ainda era a mais jovem e mais cheia de vida entre nós.

Anne usava rapidamente qualquer tipo de papel que eu conseguisse para ela. Sabia que ela precisava de papéis para seus livros de exercícios e para o diário. Nesse aniversário, Elli e eu reunimos um bom número de livros de contabilidade em branco e procurei guloseimas no mercado negro para presentear Anne que, assim como eu, adorava doces.

Pouco antes do aniversário, Peter, que quase nunca conversava, puxou-me de lado e, colocando umas moedas na minha mão, me perguntou se eu podia comprar algumas flores bonitas para Anne. Fiquei surpresa com o pedido. E, enquanto Peter ficou parado ali, percebi como ele era bonito, o quanto seu cabelo castanho era cacheado. *Que menino doce*, pensei, impressionada com aquele lado carinhoso de Peter que eu não conhecia.

– É segredo, Miep – ele acrescentou.

– Claro – respondi. Não falamos mais nada.

Algumas peônias lilases foram tudo que consegui encontrar. Entreguei as flores para ele. Suas bochechas coraram. Na mesma hora, Peter e as flores desapareceram para dentro do quarto dele, debaixo da escada.

Certo dia do mês de julho, um dos caixeiros-viajantes da Travies & Company apareceu com um enorme cesto cheio de morangos sujos, mas que estavam frescos e maduros.

– É um presente para a equipe do escritório – explicou o vendedor.

Sábados eram dias de meio expediente em Prinsengracht. Enquanto eu trabalhava, minha boca salivava com a imagem dos morangos maduros. Finalmente, ao meio-dia, os funcionários trancaram a porta e saíram. Apenas os mais próximos ficaram – Victor Kraler, Jo Koophuis, Elli e eu. Alguém entrou no esconderijo para contar aos nossos amigos que os funcionários já tinham ido embora e que agora podiam se movimentar livremente.

Era da minha natureza ser centralizadora, então, naquela hora, quando tive a ideia de transformar os morangos em geleia, logo tomei a dianteira. Rapidamente reuni todos os ajudantes de que precisava. Nós, que já estávamos no escritório, permanecemos, e nossos amigos no esconderijo arriscaram descer para a cozinha dos fundos, que não podia ser vista da rua, cada um deles me perguntando:

– Miep, me diga o que posso fazer para ajudar.

Logo água foi trazida, as folhas dos morangos foram arrancadas e as frutas foram lavadas. Nossa operação acontecia tanto no andar de cima quanto no de baixo, e minha equipe de fabricação de geleia se deslocava entre as duas cozinhas. O humor de todos melhorou na ocasião, o cheiro forte e doce da fruta cozinhando impregnou todo o ambiente. Percebi que todo mundo andava à vontade, conversando normalmente, rindo e brincando uns com os outros. Parecia até que a vida estava finalmente voltando ao normal e todos nós estávamos livres para ir e vir aonde quiséssemos.

Eu era a especialista em fabricação de geleias, então o grupo seguiu minhas instruções. Porém, ninguém me levou muito a sério quando repreendi alguém que vi comendo os morangos ao invés de colocá-los na água. A boca de Anne estava tão cheia de morangos que ela mal conseguia falar. A de Peter e da Sra. Van Daan também. E, por fim, eu mesma me tornei a piada, quando percebi que, embora estivesse repreendendo os outros, minha própria boca estava cheia de morangos suculentos.

O ar estava tão cheio de doçura que até mesmo os gatos – Mouschi e Moffie – se aconchegaram juntos, aproveitando a tarde feliz e calorosa.

EM UM BELO DIA quente daquele mês de julho, terminei meu trabalho mais cedo. O escritório estava muito silencioso, quase adormecido. Decidi fazer uma visita inesperada ao esconderijo. Pensei apenas em subir e conversar com quem quisesse ter uma conversa. Visitas faziam a hora passar mais rapidamente para as pessoas no esconderijo e eram sempre apreciadas.

Subi os degraus íngremes e, passando pelo quarto do Sr. e da Sra. Frank, vi Anne sozinha ao lado das janelas cobertas por cortinas.

Entrei. O quarto estava escuro e levou um momento até que meus olhos se acostumassem, já que o escritório lá em baixo era muito mais iluminado. Anne estava sentada à velha mesa da cozinha ao lado da janela. De sua cadeira, Anne podia espiar e olhar para a grande castanheira e os jardins, e não ser vista.

Vi que Anne escrevia com atenção e não me ouviu chegar. Estava bem perto dela e prestes a me virar e ir embora quando ela olhou para cima, surpresa, e me viu parada ali. Em nossos vários encontros ao longo dos anos, vi Anne, tal qual um camaleão, alternar de um humor para outro, mas sempre com simpatia. Ela nunca foi nada além de efusiva, doce e adorável comigo. Mas, naquele momento, vi em seu rosto uma expressão que desconhecia. Era uma expressão sombria de concentração, como se sentisse uma dor de cabeça latejante. Aquele olhar me desnudou e me deixou sem palavras. De repente, ela era outra pessoa escrevendo ali, à mesa. Não consegui dizer nada. Meus olhos estavam fixos nos olhos taciturnos de Anne.

A Sra. Frank deve ter me ouvido chegar, porque ouvi seus passos suaves atrás de mim. Podia dizer, pelo som da sua voz quando finalmente falou, que ela tinha entendido a situação. Ela falou em alemão, idioma que usava apenas quando a situação estava difícil. A voz dela era irônica, mas ainda assim amável.

– Sim, Miep, como você sabe, nós temos uma filha que escreve.

Com isso, Anne se levantou. Fechou o caderno onde escrevia e, com aquela expressão ainda em seu rosto, disse, em uma voz soturna que eu também nunca tinha ouvido antes:

– Sim, eu também escrevo sobre você.

Ela continuou a me encarar, e eu pensei, *Preciso dizer alguma coisa*; mas tudo que consegui articular, no tom mais neutro que pude, foi:

– Isso é ótimo.

Virei-me e fui embora. Fiquei chateada com o humor sinistro de Anne. Eu sabia que cada vez mais o diário tinha se tornado a vida dela. Era como se eu tivesse interrompido um momento íntimo em uma amizade muito, muito particular. Desci as escadas de volta ao escritório me sentindo angustiada e fiquei pensando o dia inteiro, *Não, aquela ali não era a Anne.* Ela ficou muito incomodada com minha interrupção, era outra pessoa.

A VOZ DE HITLER no rádio ficou ainda mais histérica. Suas palavras, com frequência, não faziam muito sentido. Estava claro para todos nós que ele tentava injetar mais fúria em suas tropas que estavam recuando. Ele gritava sobre novas armas milagrosas que suas fábricas estavam produzindo e que, em breve, infligiriam golpes esmagadores nos exércitos dos Aliados, que avançavam. Sua voz era louca e perturbada, era a voz de um fanático desesperado, em vez de um líder de exércitos e homens.

Contudo, apesar da aproximação dos Aliados, a vida em Amsterdã piorou. Às vezes, eu sentava à minha mesa no escritório, batendo a ponta do lápis na beira da janela e admirando o canal lá embaixo. Embora tivesse trabalho à minha frente, eu não conseguia me concentrar. Pensava em meus amigos, tão silenciosos, embora tão próximos, logo acima. Estava me sentindo muito fraca para continuar. Pensava, *Meu Deus, o que mais eu posso fazer que não estou fazendo? Tem um mercado em algum lugar que eu ainda não tenha ido? O que vai acontecer?*

Mas o pior de tudo era que, quando me sentia particularmente abatida, não havia ninguém com quem pudesse falar sobre minhas inseguranças. Claro, não podia falar delas com aqueles mais próximos de mim, o Sr. e a Sra. Frank, ou com o Sr. Koophuis, com quem conversava com mais frequência no escritório. Não podia falar delas nem mesmo com Henk, que estava fazendo seu próprio trabalho ilegal, e eu não podia ser mais um fardo para ele.

Se eu tivesse um dia especialmente ruim, voltava para casa exausta. Algumas vezes podia ver que Henk também estava esgotado. Nenhum de nós reclamava com o outro. Em vez disso, eu cozinhava a melhor refeição possível. Henk, Karel e eu nos sentávamos à mesa e comíamos.

Karel tagarelava com frequência, sedento por companhia depois de um dia inteiro em completo isolamento. Henk e eu ouvíamos em silêncio.

Algumas vezes, apesar do toque de recolher, Henk e eu íamos até a casa dos nossos amigos do outro lado da rua. Juntos, ouvíamos às notícias holandesas vindas de Londres.

– Boa noite – ouvíamos a voz familiar dizer. – Aqui é a rádio Oranje direto de Londres. Mas primeiro, algumas mensagens. – E então eles faziam declarações como "O passarinho azul está voando sobre o telhado" ou "A bicicleta tem um pneu furado" ou "O carro está circulando pelo lado errado da rua".

Ouvíamos essas frases sem sentido cientes de que eram códigos para os nossos combatentes clandestinos e que significavam algo importante para eles.

A rádio Oranje nos deu notícias sobre nossa princesa, Irene Brigade, que estava lutando ao lado dos canadenses desde o Dia D. Fomos orgulhosamente informados sobre os 250 holandeses voando com a RAF.

Perto do fim de julho, ficamos sabendo de um atentado muito sério contra a vida de Hitler. Por muitas horas, a pergunta que não queria calar era se Hitler estava realmente vivo, mas as estações alemãs transmitiram o próprio Hitler falando, para provar que estava.

Então, alguns dias depois, a rádio Oranje nos disse que o 12º Batalhão do Exército dos Estados Unidos, do general Bradley, esmagou a frente alemã. Poucos dias depois, anunciaram que o 3º Exército, do general Patton, tinha tomado Avranches. Parecia que toda a Frente Ocidental tinha sido dividida e que a resistência alemã estava à beira de um colapso.

Notícias como essas tinham o efeito de um potente remédio.

À noite, deitada na cama, podia ouvir os bombardeiros ingleses voando em direção à Alemanha, e as explosões antibombas. Durante o dia, a distância, ouvíamos o zumbido dos bombardeiros norte-americanos seguindo na mesma direção. Escutando-os, comecei a sentir minha força retornar. À noite, a rádio Oranje nos contava os locais que esses bombardeiros haviam atingido – Hamburgo, Berlim, Stuttgart, Essen – e que tipo de dano haviam causado.

Só podia esperar que o colapso dos alemães e o final da guerra acontecesse logo. Todos nós sabíamos que estava se aproximando.

PARTE TRÊS

OS DIAS MAIS SOMBRIOS

CAPÍTULO QUINZE

ERA UMA MANHÃ DE SEXTA-FEIRA como outra qualquer, 4 de agosto de 1944. Assim que cheguei, fui ao esconderijo para pegar a lista de compras. Sozinhos depois de uma longa noite trancafiados, meus amigos estavam ansiosos por uma boa visita. Anne, como sempre, tinha muitas perguntas para fazer e me instigou a falar um pouco. Prometi que voltaria e me sentaria para termos uma conversa de verdade à noite, quando eu trouxesse as compras. A conversa teria que esperar até lá. Voltei para o escritório e comecei meu trabalho.

Elli Vossen e Jo Koophuis estavam trabalhando à minha frente no escritório. Em algum momento entre as onze e o meio-dia, olhei para cima. Parado na soleira da porta estava um homem vestindo roupas civis. Não ouvi a campainha. Ele segurava um revólver e apontava para nós. Entrou:

– Fique onde está – disse, em holandês. – Não se mexa.

Então ele foi até a sala dos fundos, onde o Sr. Kraler estava trabalhando, deixando-nos a sós. Estávamos petrificados.

– Miep, acho que chegou a hora – Jo Koophuis me disse.

Elli começou a tremer e a se agitar. Enquanto isso, os olhos do Sr. Koophuis esquadrinharam a entrada. Ninguém mais além do homem com a arma parecia estar ali.

Logo que o homem armado saiu do nosso escritório, tirei rapidamente os cartões ilegais de racionamento, o dinheiro e o almoço de Henk da minha bolsa. Então esperei. Ele chegaria a qualquer momento para almoçar. Pouco tempo depois, ouvi o barulho dos passos de Henk na escada. Antes que ele pudesse entrar, levantei de um pulo, corri até a porta, abri, agarrei o braço dele e disse:

– Henk, tem algo errado aqui.

167

Joguei tudo nas mãos dele e dei um empurrãozinho. Henk entendeu de imediato e desapareceu.

Senti me faltar o ar, voltei para a minha mesa, onde o homem armado disse para eu ficar.

Depois que Henk foi embora, o Sr. Koophuis percebeu que Elli estava muito abalada e chorando. Ele alcançou o próprio bolso e pegou a carteira, entregou a Elli e disse:

– Leve isto. Vá até a farmácia em Leliegracht. O dono é amigo meu. Ele vai deixar você usar o telefone. Ligue para a minha esposa e diga o que aconteceu, e então desapareça.

Elli me lançou um olhar apavorado. Eu assenti, concordando com Koophuis. Ela pegou a carteira e sumiu porta afora.

Os olhos do Sr. Koophuis encontraram os meus e ele disse:

– Miep, você também pode ir.

– Não posso – respondi. Era verdade. Não podia.

Jo Koophuis e eu permanecemos sentados como mandaram por cerca de 45 minutos. Então mais um homem invadiu o escritório e chamou o Sr. Koophuis para segui-lo até a sala do Sr. Kraler. Continuei sentada em minha cadeira, sem saber o que estava acontecendo no restante do prédio, assustada demais para sequer tentar imaginar o que podia ser.

Ouvi uma porta se abrir. A porta para o depósito também foi aberta. Koophuis voltou, deixando a porta escancarada, então eu consegui ver através do depósito entre a sala de Kraler e a sala da frente. Naquela hora, um homem alemão seguiu Koophuis e eu o ouvi dizer em alemão:

– Entregue as chaves para a moça. – Então o homem voltou para o escritório do Sr. Kraler.

Koophuis veio até mim, me entregou as chaves e disse:

– Miep, fique fora disso.

Balancei a cabeça e fiz que não.

Jo Koophuis me lançou um olhar fulminante.

– Não. Fique fora disso! Está nas suas mãos salvar o que precisa ser salvo aqui. Está nas suas mãos.

Então, antes que eu pudesse esboçar qualquer reação além de absorver suas palavras, ele apertou minha mão e voltou à sala do Sr. Kraler, fechando a porta atrás de si.

Nesse ínterim, pensei em duas coisas. Primeiro, havia algo de familiar no sotaque alemão daquele homem; e, segundo, entendi que eles talvez pensassem que eu não sabia nada sobre as pessoas no esconderijo.

Poucos minutos depois, o holandês que havia entrado primeiro no escritório, o homem armado, voltou para a minha sala. Ignorando-me, ele se sentou à mesa de Elli à minha frente e discou no telefone. Pediu que enviassem um carro.

Ele havia deixado a porta para o corredor aberta. Ouvi o alemão falando rispidamente, depois escutei a voz de Kraler e então o alemão outra vez. De repente, me deu um estalo e percebi o que era familiar naquela voz. Ele estava falando alemão com um distinto sotaque vienense. Falava alemão exatamente como todos os meus parentes, aqueles que deixei para trás anos antes.

Esse homem voltou para a minha sala, mas seu tom estava mudado, e notei que ele não me tratava mais como se achasse que eu era inocente. Obviamente, tinha percebido que eu também era parte do que tinha sido um segredo. Ele entrou e postou-se à minha frente, dizendo em uma voz áspera:

– Agora é sua vez. – Ele abaixou e tomou as chaves que Koophuis tinha me dado.

Levantei, ficando frente a frente com aquele homem. Estávamos tão próximos que podia sentir seu hálito quente. Olhei nos olhos dele e disse em alemão:

– Você é vienense. Sou de Viena também.

Ele parou, congelado. Vi que tinha conseguido surpreendê-lo; ele não esperava por isso. De repente, ele pareceu atordoado, quase como se tivesse sido sacudido, e então explodiu:

– Seus documentos. Identidade.

Peguei minha carteira de identidade, que dizia "Nascida em Viena. Casada com um holandês". Ele conferiu meu documento. Então notou o homem sentado à minha frente, ao telefone. Gritou para ele, que estava no meio da ligação:

– Saia já daí.

O homem desligou e saiu correndo que nem um cachorrinho. Então o austríaco se aproximou e fechou a porta do corredor, nos trancando juntos.

Em um acesso de fúria, ele jogou minha identidade na minha cara e avançou, praticamente se curvando sobre mim, como se estivesse dobrado de raiva.

– Você não tem vergonha de ajudar esses lixos judeus? – rosnou para mim.

Então começou a me xingar, gritando palavras horríveis e dizendo que eu era uma traidora, que teria uma punição exemplar. Ele continuava me xingando sem parar. Permaneci o mais ereta possível, sem reagir às palavras dele. Quanto mais ele gritava, mais nervoso ficava. Então começou a caminhar de um lado para outro. De repente, girou em seus calcanhares e disse:

– O que eu devo fazer com você?

Naquele momento, comecei a sentir que estava ganhando um pouco mais de controle da situação. Senti como se estivesse um pouco mais alta. Ele me analisou. Quase dava para ouvi-lo pensar. Ali estavam duas pessoas, frente a frente, que eram do mesmo país, da mesma cidade. Uma caçava judeus e a outra os protegia. Ele ficou em silêncio; seu rosto foi ficando mais humano. Ele continuou me medindo de cima a baixo e finalmente disse:

– Pessoalmente... da minha parte, não tenho nada contra você. Mas Deus te ajude se você tentar fugir. Se fizer isso, nós pegamos seu marido.

Na hora pensei, *Isso não é sensato*, mas não consegui me segurar.

– Você vai ficar longe do meu marido! Isso é assunto meu. Ele não sabe nada a respeito.

Ele jogou a cabeça para trás, zombando.

– Não seja tão idiota. Ele também está envolvido nisso – ele foi até a porta, abriu, então se virou e me disse: – Eu vou voltar para ver se você ainda está quietinha aqui.

Disse para mim mesma, *Você pode fazer o que quiser, até beber veneno, mas não vou sair daqui.*

Então ele disse outra vez:

– Vou voltar pra conferir. Um movimento em falso e você vai para a prisão também – ele me deu as costas e me trancou na sala, sozinha.

Não tinha a menor ideia de onde ele teria ido. Não tinha a menor ideia do que estava acontecendo nos outros cômodos do escritório. Meus nervos estavam à flor da pele. Senti como se estivesse caindo em um buraco sem fundo. O que poderia fazer? Sentei de novo. Estava em choque.

Então, ao longo do corredor em frente à sala particular do Sr. Kraler e à nossa sala, descendo a velha escadaria de madeira, pude ouvir os passos dos nossos amigos. Apenas pelo som de seus passos, eu sabia que estavam descendo como cachorros escorraçados.

FIQUEI SENTADA ALI, paralisada. Perdi a noção do tempo. Em algum momento, dois funcionários que trabalhavam no andar de baixo vieram até mim e disseram que sentiam muito, que não sabiam. Então Van Matto veio e disse algo, e eu vi o austríaco entregar a ele as chaves que tinha dado para mim. Não fazia ideia de quanto tempo tinha passado. O holandês nazista chegou às 11 horas ou ao meio-dia. Então, quando ouvi os passos na escadaria interna, devia ser cerca de 13h30. De repente, Elli estava de volta, e Henk havia chegado, e percebi que eram 17 horas e o dia tinha passado.

Henk logo disse para Frits Van Matto:

– Assim que seus assistentes forem embora, tranque a sala e venha até nós.

Quando Van Matto voltou, Henk disse para Elli, Van Matto e para mim:

– Agora vamos subir e ver como está a situação.

Van Matto estava segurando as chaves que lhe foram entregues. Todos fomos até a estante de livros e a empurramos para longe da porta que dava no esconderijo. A porta estava trancada, mas, fora isso, intacta. Felizmente, eu tinha uma cópia da chave. Abrimos a porta e entramos no esconderijo.

Da porta, vi que o lugar tinha sido revirado. Gavetas foram abertas, objetos estavam espalhados pelo chão. Por todo lado, os pertences de meus amigos estavam revirados. O que meus olhos viram foi uma cena horrível de pilhagem.

Então entrei no quarto do Sr. e da Sra. Frank. No chão, entre o caos de papéis e livros, meus olhos focalizaram o diário xadrez laranja-aver-melhado, encapado com tecido, que Anne ganhou do pai no aniversário de 13 anos. Olhei para Elli e apontei para o diário. Obedecendo a meu gesto, ela se abaixou e o pegou, colocando-o em minhas mãos. Lembrei de como Anne tinha ficado feliz ao ganhar este caderninho para escrever seus pensamentos mais íntimos. Sabia o quanto o diário era precioso para ela. Meus olhos vasculharam a bagunça à procura de mais escritos de Anne, e vi os velhos livros de contabilidade e vários outros papéis que Elli e eu tínhamos dado a ela quando acabaram as páginas do diário xadrez. Elli ainda estava muito assustada, e olhou para mim, em busca de orientação.

– Me ajude a recolher todos os escritos de Anne – falei para Elli.

Logo, reunimos muitas páginas com a letra ilegível de Anne. Meu coração acelerou, com medo de que o austríaco retornasse e nos flagrasse vasculhando as "posses judias" capturadas. Henk segurava uma pilha de livros nos braços, incluindo os da biblioteca e os livros espanhóis do Dr. Dussel. Ele me lançou um olhar para que eu me apressasse. Van Matto permanecia tenso na soleira da porta. Meus braços e os de Elli estavam cheios de papéis. Henk começou a descer as escadas. Rapidamente, Van Matto correu atrás dele. Elli também o seguiu, subitamente parecendo muito jovem e muito assustada. Eu era a última, com a chave em mãos.

Quando estava prestes a sair, passei pelo banheiro e vi o xale bege de Anne, estampado com as rosas coloridas, pendurado na arara de roupas. Embora minhas mãos estivessem cheias de papéis, me estiquei e peguei o xale com as pontas dos dedos. Ainda não sei por que fiz isso.

Tentando não derrubar nada, me curvei para trancar a porta do esconderijo e voltei para o escritório.

Lá, Elli e eu ficamos nos encarando, ambas carregadas de papéis. Elli me disse:

– Você é a mais velha, precisa decidir o que fazer.

Abri a última gaveta da minha mesa e comecei a empilhar o diário, os velhos livros de contabilidade e os papéis.

– Sim – eu disse para Elli. – Vou ficar com tudo. – Peguei os papéis que ela estava segurando e continuei a encher a gaveta. – Vou deixar tudo guardado até Anne voltar.

Fechei a gaveta da mesa, mas não a tranquei.

EM CASA, HENK E EU parecíamos ter levado uma surra. Sentamos um em frente ao outro na mesa de jantar, enquanto Karel tagarelava como sempre. Não fizemos um comentário sobre o acontecido até estarmos sozinhos. Então Henk me contou o que tinha feito depois que foi até o escritório e eu o alertei e mandei fugir com o dinheiro e os cupons ilegais de racionamento.

– Fui direto para o meu escritório com o dinheiro, os cupons de racionamento o meu almoço. – Henk me disse. – É uma caminhada de sete minutos do esconderijo em dias normais, mas cheguei lá em quatro, embora tenha evitado correr. Não queria fazer nada que levantasse suspeitas, caso eles viessem até mim. No escritório, tirei do bolso o material que me incriminava e escondi entre alguns papéis no meio do meu armário de arquivos. Minha mente estava acelerada. Sabia que não havia nada a fazer, nada além de esperar, mas cada pedacinho do meu ser queria tomar alguma atitude. Foi impossível ficar ali, então decidi ir atrás do irmão de Koophuis, que é o supervisor de uma fábrica de relógios logo na esquina do meu escritório. Eu o encontrei e contei a situação. Ele também ficou espantado. Nós nos encaramos, os dois sem saber o que dizer ou fazer. Por fim, sugeri que talvez devêssemos ir até a Prinsengracht e ficar à espreita do outro lado do canal, na esquina, tentando espiar o que estava acontecendo. Concordamos que talvez fosse o melhor a fazer. Andamos rápido até a Prinsengracht e ficamos do outro lado do canal, diagonalmente ao esconderijo. Quase na mesma hora que chegamos lá, um caminhão verde-escuro da polícia alemã parou em frente ao número 263. Não havia ninguém por perto e o caminhão não tinha sirene.

Henk continuou:

– O caminhão subiu na calçada e quase bateu contra o prédio. Do nosso ângulo de visão, eu ainda podia ver as portas do prédio. De repente, a porta se abriu e vi nossos amigos agrupados, cada qual carregando poucas coisas, saindo direto da porta e entrando no caminhão. Por estar do outro lado do canal, mal conseguia ver o rosto deles. Mas vi que Koophuis e Kraler estavam com eles. Havia dois homens não uniformizados escoltando o grupo. Eles colocaram os prisioneiros na carroceria, foram para a frente e entraram. Não tinha certeza se você estava com eles. Quando todos estavam dentro do veículo, um policial alemão bateu a porta, e logo depois dirigiu de Prinsengracht para a direção oposta à nossa. Então o caminhão atravessou a ponte, virou completamente e desceu a Prinsengracht do nosso lado do canal. Antes que pudéssemos sair dali para não levantar suspeita, o caminhão veio em nossa direção, e passou a pouco mais de meio metro da gente. Como a porta estava fechada, não consegui ver lá dentro. Virei o rosto. Então, como ainda não sabíamos quem estava no prédio nem o que estava acontecendo ou o nível de perigo, voltamos para nossos respectivos escritórios e ficamos lá até o fim do dia, quando não levantaria suspeitas voltar à Prinsengracht.

Henk e eu olhamos um para o outro. Nós dois sabíamos o que viria em seguida, e nenhum de nós tinha coragem de tocar no assunto. Finalmente, Henk deixou escapar um suspiro lento.

– Vou amanhã de manhã.

No dia seguinte, Henk foi contar à Sra. Dussel sobre a prisão.

– Ela recebeu a notícia muito bem – ele me contou mais tarde. – Ficou muito surpresa ao saber que ele estava escondido bem no centro de Amsterdã todo esse tempo. Ela disse que sempre imaginou que o marido tivesse ido para alguma zona rural bem afastada e que ele nunca foi o tipo de homem que gostava do campo.

AINDA EM CHOQUE, fui trabalhar no dia seguinte como sempre. Eu era a funcionária mais experiente agora, e tomei a frente dos negócios. Trabalhando com o Sr. Frank desde 1933, conhecia a empresa por dentro e por fora.

Naquele dia, vários representantes da companhia voltaram de viagem e ficaram sabendo o que acontecera. Como o Sr. Frank era muito querido, todos ficaram deprimidos com a notícia.

Um dos nossos representantes veio até mim e perguntou:

– Posso lhe falar em particular, Sra. Gies?

Concordei e o acompanhei até uma das salas desocupadas.

– Sra. Gies, tenho uma ideia. Todos nós sabemos que a guerra está chegando ao fim. Os alemães querem voltar para casa. Eles estão cansados. Mas quando saírem daqui, não vão querer sair de mãos vazias. E isso inclui levar o máximo de dinheiro holandês que conseguirem. E se você for até o nazista austríaco de Viena? Ele não te prendeu e talvez escute o que você tem a dizer. Talvez a senhora possa ir até ele e perguntar quanto dinheiro precisa para comprar a liberdade das pessoas que foram presas ontem. Só você pode ir.

Escutei o que ele disse. Enquanto olhava para o seu rosto, lembrei que aquele homem tinha sido um membro da NSB. Apesar disso, era simpático e amigável, e lembrei que o Sr. Frank estava ciente da afiliação desse homem ao partido nazista holandês antes de se esconder, já que o homem usava um broche do partido na lapela. Lembro que o Sr. Frank tinha comentado:

– Você pode confiar nesse homem. Sei que ele não é um nazista de verdade. Ele deve ter se juntado à NSB porque estava saindo com um grupo de jovens que se afiliaram. É solteiro e precisa de vida social, foi por isso que também se afiliou.

Relembrando as palavras do Sr. Frank sobre confiar nesse homem, também ouvi meu coração e respondi:

– Sim, eu vou.

Ele explicou mais sobre o plano.

– O Sr. Frank era muito popular; sei que posso reunir algumas pessoas que gostavam dele e que podemos juntar uma quantia razoável para oferecer ao austríaco.

Imediatamente, peguei o telefone e liguei para o austríaco nos quartéis da Gestapo, em Euterpestraat, no sul de Amsterdã. Quando ouvi a voz dele na linha, informei quem eu era e perguntei em alemão se poderia encontrá-lo.

– É um assunto muito importante – concluí.

– *Ja* – respondeu. Ele me disse para ir na manhã de segunda-feira, às 9 horas em ponto.

Naquele dia, caminhei até a sede da Gestapo. A suástica preta e vermelha balançava no mastro. Alemães uniformizados estavam por todo lado. Era um fato conhecido que as pessoas que entravam nesse prédio nem sempre saíam. Eu entrei e perguntei aos soldados em guarda qual era o escritório do austríaco.

Me disseram onde ficava o escritório e fui direto para lá. A sala não era grande, mas estava cheia de mesas, todas ocupadas por trabalhadores que estavam datilografando. A mesa do austríaco ficava no canto da sala. Ele estava sentado atrás dela, me encarando, quando entrei. O nome dele era Karl Silberbauer.

Fui até a mesa dele e fiquei de costas para os datilógrafos. Fui pega de surpresa pelo fato de que ele não estava sozinho, então tudo que fiz foi ficar parada ali, mal olhando nos olhos dele. Qualquer palavra trocada seria ouvida pela sala, então só fiquei parada e não abri a boca. Tudo que fiz foi esfregar meu polegar contra o indicador e o dedo médio – o sinal de dinheiro.

Vendo meu gesto, ele respondeu:

– Hoje não consigo fazer nada. Volte amanhã às 9 horas em ponto. – E voltou a olhar para a mesa, me dispensando bruscamente.

Cedo, na manhã seguinte, eu voltei. Ninguém estava na sala, exceto Silberbauer. Fui direto ao ponto.

– Quanto dinheiro você precisa para libertar as pessoas que prendeu no outro dia?

– Sinto muito – ele respondeu. – Não posso fazer nada para ajudar você. Acabei de receber uma ordem direta. Não posso lidar com isso tão livremente quanto gostaria.

Não sei o que deu em mim, mas disse:

– Não acredito em você.

Ele não ficou com raiva, só deu de ombros e balançou a cabeça para mim.

– Então vá até o andar de cima e fale com meu superior. – Ele me deu o número da sala e continuou a balançar a cabeça.

Determinada a não deixar meus joelhos vacilarem, me forcei a subir as escadas até a sala para a qual fui direcionada. Bati na porta. Ninguém respondeu, então abri.

Enquanto a porta se abria, vi uma mesa redonda cheia de nazistas de alto escalão. Seus quepes estavam sobre a mesa, e no meio dela havia um rádio tocando uma transmissão inglesa. De imediato, reconheci a BBC.

Todos os olhos se voltaram para mim. Percebi que, acidentalmente, eu os flagrei cometendo um crime de traição, para o qual a pena era a morte. Eu sabia o que eles fariam comigo, então não tinha nada mais a perder.

– Quem está no comando? – perguntei.

Um deles se levantou. Com um olhar ameaçador, veio até mim. Seus lábios se comprimiram e ele me empurrou, com a palma aberta contra meu ombro.

– *Schweinehund* – rosnou, me empurrando. Então me olhou como se eu fosse um saco de lixo e bateu a porta na minha cara.

Meu coração estava acelerado. Com medo de a qualquer segundo ser agarrada e arrastada por alguém, fiz o caminho de volta pelas escadas, até a sala de Silberbauer, onde ele esperava por mim. Ele arqueou a sobrancelha. Sacudi a cabeça.

– Eu te disse, não disse? – falou, me encarando. – Agora saia daqui – ordenou.

Uma vozinha dentro de mim perguntou, *O que mais posso fazer?* Sabia que o austríaco tinha um coração de pedra. Não havia mais esperança.

Com passos contados, segui até a porta de saída do prédio. Oficiais da Gestapo estavam por todos os lados nos corredores, como moscas em belos uniformes. Mais uma vez me ocorreu o pensamento, *Pessoas que entram nesse prédio nem sempre saem.* Coloquei um pé na frente do outro, esperando que alguém me parasse.

De volta à rua, fiquei maravilhada com a facilidade que tive para sair por aquela porta.

AS PESSOAS NO ESCRITÓRIO pediram para ver o diário de Anne Frank. Minha resposta era sempre:

– Não. Não é certo. Mesmo que sejam os escritos de uma criança, são dela e são secretos. Só vou entregar isso nas mãos dela, e só dela.

Eu era assombrada pelo fato de que mais páginas do diário de Anne permaneciam jogadas no chão do esconderijo. Estava com medo de voltar lá, já que Silberbauer tinha vindo me ver várias vezes. Ele aparecia sem avisar, dizendo:

– Só estou me certificando de que você não fugiu. – Eu não dizia nada em resposta. Ele via o que queria, que eu não tinha ido a lugar nenhum, então se virava e ia embora.

Estava com medo de voltar para os cômodos atrás da estante. Era muito difícil para mim olhar para aquele lugar agora que meus amigos tinham sido levados. Não tinha coragem de subir lá.

Mas sabia que em três ou quatro dias a Puls apareceria para recolher os bens judeus do esconderijo e enviá-los para a Alemanha. Dei uma ordem a Van Matto:

– Quando os homens da Puls vierem, vá atrás deles. Suba e finja que você está ajudando a limpar tudo. Pegue todos os papéis como este e traga para mim.

No dia seguinte, a Puls, de fato, veio. Um grande caminhão encostou na frente da nossa porta. Não consegui olhar enquanto eles empilhavam os objetos tão familiares, um atrás do outro, dentro do caminhão. Fiquei longe da janela, ainda sem acreditar que aquilo estava acontecendo, tentando me convencer de que nossos amigos ainda estavam ali perto, cuidando das suas tarefas diárias apenas alguns degraus acima de mim.

Van Matto fez o que pedi e, quando eles partiram, me entregou outra pilha dos textos de Anne. Novamente, não li nada, só organizei os papéis e os guardei junto das páginas que já estavam na última gaveta da minha mesa.

Logo depois que o caminhão da Puls foi embora, o escritório ficou bem quieto. Olhei ao redor e, dando passadas largas em minha direção, vi o gato preto de Peter, Mouschi. Ele veio até mim e se esfregou no meu tornozelo. Ele deve ter corrido durante a prisão e se escondido em algum lugar até agora.

– Venha, Mouschi – disse, determinada. – Venha para a cozinha, vou encontrar leite para você beber. Agora você vai ficar aqui no escritório, comigo e com Moffie.

CAPÍTULO DEZESSEIS

Sabendo que agora corríamos perigo, avisamos Karel que não era mais seguro para ele se esconder em nossa casa. Ele teria que partir. Karel rapidamente reuniu os seus pertences e foi embora, dizendo que iria para Hilversum e perguntando se poderia voltar quando fosse seguro outra vez. Prometemos que o avisaríamos quando a poeira baixasse, e que, então, ele poderia voltar para nós.

Sem Jo Koophuis, o Sr. Kraler e o Sr. Frank, não havia sobrado ninguém para administrar a empresa além de mim. Como eu não tinha sido presa e era uma cristã no comando, o pessoal da Puls não incomodou em nada no escritório nem na fábrica de especiarias no andar de baixo. De repente, entendi por que Koophuis não queria que eu fosse presa. Independentemente do quanto eu preferia ter sido levada junto dos meus amigos, percebi que eu era necessária para salvar os negócios. Eu conhecia a empresa de trás para frente e tomei as rédeas da administração. Não tive problemas para mantê-la em funcionamento, exceto pelo fato de que eu precisava de assinaturas nos cheques para continuar pagando a equipe.

Fui ao banco em que nossa empresa tinha conta e pedi para falar com o gerente. Ele me recebeu no escritório. Era um homem de boa aparência; casado, segundo me disse. Contei a ele sobre o esconderijo e as prisões, e que eu gostaria de manter os negócios funcionando para o Sr. Frank, mas não tinha as assinaturas adequadas para pagar a equipe e as contas.

Ele me ouviu, então disse:

– Sua assinatura vai servir. Só assine o que precisa e eu vou autorizar o pagamento. Nós vamos te dar o quanto precisar.

Assim, embora o pior tivesse acontecido, a vida continuou em Prinsengracht; encomendas de temperos para salsicha e de pectina para a fabricação de geleias continuavam chegando, e continuamos atendendo a todos os pedidos.

O PAI DE ELLI, Hans Vossen, morreu. Seu sofrimento por causa do câncer foi tão enorme que fiquei quase aliviada ao ouvir a notícia.

Henk continuou exercendo seus trabalhos ilegais, ainda que também estivesse em perigo. Vários holandeses como Henk estavam escondidos em suas próprias casas ou em outros lugares por causa do crescente recrutamento de mão de obra pelos alemães. Tantas pessoas precisavam de ajuda.

Poucos dias após a prisão, Henk voltou para casa à noite e me contou de uma situação perigosa que tinha acabado de acontecer com um dos seus "clientes" ilegais e que o deixou muito, muito nervoso.

– Essas pessoas que eu estava visitando, como muitos outros na vizinhança, deixavam a porta da rua destrancada. Então eu nem toquei a campainha, subi direto até o primeiro andar, um piso acima. Eu normalmente bateria na porta e diria a senha, mas, antes de fazer isso, escutei a voz de um homem falando em alemão. Sabia que estavam esperando por mim, mas também sabia que não deveria ter um homem no apartamento; o homem estava escondido na zona rural, ajudando um fazendeiro. Então fiquei muito, muito cauteloso. Continuei escutando e pude ouvir um homem e uma mulher conversando em alemão. Passou pela minha cabeça que poderia ser o rádio tocando ou outras inúmeras situações corriqueiras, mas não podia arriscar e fui embora. Voltei para o escritório e contei para o meu contato do trabalho especial o que tinha acontecido.

Pouco depois desse episódio, o supervisor de Henk decidiu que ele estava em perigo. Ele já não era mais útil. Concordamos. Os nazistas estavam em nosso encalço. Henk tinha se tornado mais uma desvantagem que um recurso para as pessoas que estava ajudando.

O supervisor de Henk eliminou os casos ilegais do seu volume de trabalho normal.

No dia 25 de agosto, a França foi liberada depois de quatro longos anos de ocupação. Os Aliados agora avançavam a pleno vapor. Bruxelas foi libertada em 3 de setembro. Depois a Antuérpia, no dia seguinte.

Nós sabíamos que éramos os próximos.

NO DIA 3 DE SETEMBRO, a BBC anunciou que os britânicos tinham entrado no sul da Holanda, na cidade de Breda. Um espírito de otimismo irreprimido varreu Amsterdá, quase uma histeria. Em 5 de setembro, dia que chamamos de *Dolle Dinsdag*, ou Terça-feira Insana, parte do exército alemão começou a recuar.

Esses alemães não eram mais os jovens soldados arrogantes, saudáveis, trajando uniformes elegantes que marcharam para Amsterdá em maio de 1940. Eles estavam desgrenhados, pobres como nós, e carregavam consigo quaisquer dinheiro e posses que haviam conseguido juntar.

Junto com eles, de trem, bicicleta, qualquer meio de transporte possível, também a caminho da Alemanha ou para leste dos Países Baixos, seguiam os traidores holandeses que colaboraram com os nazistas durante aqueles longos anos.

Ninguém sabia muito bem o que estava acontecendo, em especial os próprios soldados alemães.

A bandeira holandesa azul, vermelha e branca foi retirada dos esconderijos, teve a poeira sacudida e finalmente foi pendurada para tremular com sua fita laranja. Nas ruas, as pessoas se reuniam em grupos proibidos. Alguns tinham improvisado bandeirinhas britânicas com papel, que as crianças seguravam, prontas para balançar à primeira vista dos nossos libertadores.

Mas aquele dia passou, e depois o dia seguinte, e então muitos outros em que nada aconteceu. Lentamente, a presença alemã voltou a ficar óbvia, como se aqueles que tinham partido estivessem voltando. O anúncio de que os britânicos tinham chegado ao sul da Holanda acabou se mostrando falso. A euforia de 5 de setembro foi se apaziguando, mas a população não tinha dúvida de que era só uma questão de dias até sermos libertados.

Continuamos levando a vida nesse estado de indefinição. Finalmente, em 17 de setembro, a rainha Guilhermina se dirigiu aos mais de 30 mil trabalhadores das ferrovias holandesas e pediu que eles entrassem em greve – na esperança de paralisar o transporte militar alemão. O discurso dela foi bastante motivador e, num ato de inspiração adicional, ela fez um apelo para que eles fossem prudentes e tomassem cuidado com as represálias. O alerta era significativo. A pena para greve nessa época era a morte.

Outra *Dolle Dinsdag* começou, com mais confusão por todos os lados. Naquele mesmo dia, ouvimos pela BBC que os britânicos e os norte-americanos haviam recebido um carregamento massivo de tropas e armas em Arnhem, e que o próprio Eisenhower estava logo a oeste do Reno, direto no *front* alemão. Os trabalhadores ferroviários entraram em greve. No dia seguinte, toda a rede de transportes estava paralisada.

Os trabalhadores em greve se esconderam rapidamente. Os alemães estavam espumando de raiva diante do atual estado das coisas. O país inteiro prendeu a respiração enquanto esperava a chegada dos nossos salvadores.

Certa manhã, enquanto tudo isso acontecia, eu estava com uma dúvida e liguei para o irmão do Sr. Koophuis, que estava me dando conselhos administrativos. Fiz a pergunta, era algo sem importância, e ele respondeu:

– Você deveria perguntar isso ao meu irmão.

Eu fiquei perplexa com tamanho sarcasmo da parte dele.

– Como posso perguntar? Ele está no campo de concentração de Amersfoort.

– Não, ele está indo te encontrar. Vá lá fora.

Pensei, *Que piada horrível e cruel, falar uma coisa dessas.* Mas ele repetiu:

– Não, vá até o lado de fora, Miep. É verdade.

Larguei o telefone e corri para fora. Elli pensou que eu tinha ficado louca e correu atrás de mim, preocupada, chamando meu nome.

Olhei para todos os lados da rua, meu coração acelerado, e então eu vi. Lá vinha o Sr. Koophuis. Ele estava na ponte entre Bloemgracht e Prinsengracht, acenando para mim com os dois braços.

Elli e eu corremos até ele. Não era do meu feitio, mas eu estava gritando o seu nome, assim como Elli. Eu o alcancei e nos abraçamos com força. Nós três ríamos e chorávamos ao mesmo tempo.

Juntos, voltamos para o número 263, todos falando ao mesmo tempo.

Não conseguia parar de olhar para ele. Para um homem que tinha acabado de sair de um campo de concentração alemão, ele parecia melhor do que eu podia imaginar. Magro, sim; mas com as bochechas coradas e um brilho no olhar que nunca vira antes.

Comentei o quanto ele parecia bem. Ele riu e disse:

– A comida no campo era terrível. Só cenoura e beterrabas cruas, algumas vezes uma sopa aguada. E... você não vai acreditar... pela primeira vez em anos, minha úlcera desapareceu. Toda aquela comida crua curou minha úlcera.

A sensação agradável do seu retorno me atingiu como uma onda suave de alívio.

– E os outros, depois da prisão... – acrescentei, rapidamente.

Ele balançou a cabeça.

– Estávamos todos juntos a princípio, os dez, mas logo em seguida eu e Kraler fomos separados. Não sei nada do que aconteceu com eles depois disso.

Seu retorno seguro e sua aparência saudável me encheram de esperanças por todos os outros. Jo Koophuis foi libertado por causa da saúde frágil. A Cruz Vermelha o ajudou a voltar para casa mais rápido.

Continuamos a esperar pela chegada dos nossos salvadores. Os dias se arrastavam naquela espera interminável. Quando o mês de setembro chegou ao fim, o clima ficou odioso. Nada tinha mudado para nós; os alemães não arredaram o pé. Na verdade, eles estavam mais maldosos e vingativos do que nunca. Devagar, muito lentamente, nossa esperança de que o fim estava próximo começou a morrer.

PARA NOS PUNIR pela greve ferroviária, os alemães interromperam todo o transporte civil ferroviário. Os trens circulavam com o pessoal deles, para uso próprio, mas para suprir comida e carvão para a população, a resposta deles era "Que morram de fome e congelados!". Não demorou para que os carregamentos de comida e combustível fossem totalmente suspensos. Apenas pequenas quantidades chegavam até Amsterdá e Roterdá da zona rural da Holanda, trazidas por barcas rio abaixo. Conseguir alimentos tornou-se uma tarefa quase impossível. Agora, para conseguir sobras para preparar um simples jantar, eu levava horas e horas indo de uma loja a outra.

Pouco antes do fim de setembro, os ingleses, para nosso horror absoluto, se renderam em Arnhem. Todo júbilo e esperança que acalentávamos se dissipou. Parecia que os Aliados não faziam mais progressos. Os alemães estavam em seu encalço. Nosso estado de desolação era medonho. E, para piorar, outro inverno se aproximava. O clima já estava sombrio e insuportável, com uma chuva inclemente, incomumente gelada. Ninguém mais tinha forças para enfrentar outro inverno, que se anunciava especialmente desagradável.

Hitler ainda vociferava pela estação de rádio oficial, prometendo armas secretas imbatíveis. Mas, então, os Aliados conquistaram Aachen: a primeira cidade alemã a cair; a cidade onde Edith Frank tinha esperado com as meninas enquanto o Sr. Frank se estabilizava em Amsterdá. A cidade ficava tão perto da Holanda e, ainda assim, tão distante.

Milhares de homens holandeses cristãos foram enviados para a Alemanha em comboios, exatamente como tinha acontecido com os judeus, e tantos milhares de homens adultos se esconderam que, em determinado momento, praticamente só havia mulheres, crianças e homens acima de 40 anos pelas ruas. Era pura sorte Henk não ter sido capturado. E ele tinha muita sorte. Corriam boatos de que Hitler estava recrutando tanto jovens de 15 anos quanto idosos de 60 para as fileiras de seu exército.

A situação se deteriorou rapidamente em novembro, quando os rios e os canais congelaram e os barcos não podiam mais entregar comida na cidade. Os preços do mercado negro duplicaram, triplicaram e multiplicaram de novo. Por algumas semanas, deixei minha bicicleta em casa quando ia para o trabalho. Agora era muito perigoso. Se um alemão visse uma bicicleta em bom estado, simplesmente a roubava e pedalava para longe, deixando o dono para trás. Não podia arriscar perder minha bicicleta. Precisávamos dela para outras coisas.

Depois que o Sr. Koophuis voltou, eu e ele começamos a ir juntos para o escritório e também voltávamos juntos à noite. A caminhada levava mais de uma hora todos os dias. Os dias, em sua maioria, eram cinzentos, chuvosos e desoladores. Henk, por trabalhar para a prefeitura e ter uma permissão que era respeitada pela Polícia Verde, ainda podia pedalar até o trabalho. Mas logo ele também começou a deixar a bicicleta em casa, por causa dos pneus gastos e da falta de borracha no mercado, e porque queria guardar dinheiro para outras necessidades. Agora Henk também ia a pé para o escritório.

Não havia carvão para aquecer nossas casas, nenhum gás para cozinhar, nenhum bonde, e frequentemente, faltava energia elétrica. Os alemães proviam eletricidade e outros serviços e produtos básicos apenas para si mesmos e para os hospitais.

Como não havia transporte, a população era obrigada a ir até o campo procurar comida usando tudo o que podia: carrinhos de mão, carrinhos de bebê, bicicletas com rodas de madeira, carroças, qualquer coisa. Vivíamos com pouquíssima comida antes, e agora a população inteira sobrevivia com o mínimo do mínimo, a apenas um passo de morrer de fome, sempre fracos e quase desmaiando pela falta de alimentos.

Também comecei a fazer viagens ao campo. Cada vez mais e mais longe. Um dia, fui com a esposa de um vendedor. Saímos antes do amanhecer e decidimos que iríamos o mais longe possível rumo ao norte, e ainda voltaríamos a Amsterdá antes do toque de recolher, às 8 horas da noite. Nós duas ainda tínhamos bicicletas em bom estado, com pneus de borracha de verdade, então decidimos arriscar e fomos pedalando.

Fomos bem longe ao norte, passando de fazenda em fazenda. Estávamos literalmente implorando, oferecendo dinheiro e itens que tínhamos para vender, como lençóis. Conseguimos comprar um pouco de batatas, beterrabas e cenouras.

Sabendo que tínhamos ido muitos e muitos quilômetros ao norte, começamos a pedalar de volta o mais rápido possível. Pelo caminho, passamos por dois homens que estavam empurrando um carrinho. Lamentamos por eles, pois estávamos indo muito mais rápido e logo os deixamos para trás. Para variar, o clima estava brando dessa vez, sem sinal de chuva, e estávamos pedalando em um bom ritmo. Comentamos que aqueles homens nunca chegariam a Amsterdá antes do toque de recolher, às 8 horas da noite, empurrando a carroça naquele ritmo.

Estava ficando tarde e pedalamos o mais rápido que podíamos; de repente, porém, o pneu da bicicleta da minha amiga furou. Não tínhamos alternativa além de descer das nossas bicicletas e seguir em frente empurrando. Percebendo que jamais chegaríamos a Amsterdá às 8 horas, decidimos que era mais seguro ir até a próxima vila, tentar encontrar um lugar para passar a noite e então voltar para Amsterdá na manhã seguinte.

Perguntamos aos moradores se, por favor, poderíamos dormir nos celeiros, explicando que não conseguiríamos chegar em Amsterdá antes do toque de recolher. Ninguém parecia querer estranhos em sua propriedade, e todos nos negaram abrigo. Estávamos quase tendo uma síncope sem saber o que fazer.

Quando menos esperávamos, os dois homens que vimos empurrando a carroça reapareceram. Eles nos alcançaram e contamos o que tinha acontecido. Eles ouviram, então um deles sugeriu:

– Vou dizer o que vocês devem fazer: peguem suas bicicletas e coloquem na nossa carroça. Venham conosco e fingimos que são nossas esposas.

Olhamos para eles com desconfiança. O homem prosseguiu:

– Olha, nós trabalhamos no correio e temos permissão especial para ficar na rua depois das 8 da noite.

Eu e minha amiga nos entreolhamos, ainda nervosas. O homem continuou:

– Não quero assustar vocês, mas vamos chegar a um posto de controle alemão em breve.

Sem pensar duas vezes, colocamos nossas bicicletas na carroça e a apoiamos em nossos próprios ombros para ajudar a empurrar.

Pouco depois, alcançamos uma estação de inspeção alemã. Os homens nos instruíram a permanecer com a carroça.

– Nós vamos entrar.

E entraram. Estávamos muito assustadas; os alemães podiam fazer o que bem entendessem, inclusive pegar toda a comida que havíamos encontramos. Os homens ficaram lá dentro por algum tempo, o que só aumentou nosso nervosismo, mas, por fim, mas finalmente eles saíram sorrindo e disseram:

– Está tudo bem. Podemos continuar.

Empurramos a carroça com ainda mais força agora. Os alemães não quiseram conferir nossos documentos nem o que transportávamos. Dentro da carroça, além das bicicletas, também havia as beterrabas e cenouras que os dois homens tinham conseguido. Chegamos enfim ao porto de Amsterdã, Het IJ. Tínhamos acabado de perder a balsa da meia-noite e não haveria outra até 1 hora da manhã. Felizmente, a noite estava fresca. Esperamos. Estávamos tão cansados que mal conseguíamos nos manter de pé.

Finalmente, a balsa chegou. Cruzamos o porto e caminhamos pelas ruas silenciosas até chegarmos na Ponte Berlage. Lá nos despedimos dos nossos "maridos".

Empurramos as bicicletas e levamos a comida. Minha amiga morava nas proximidades. No perigo da noite, só conseguimos respirar aliviadas quando fechamos a porta da casa dela, com os alimentos, as bicicletas e nossos corpos cansados finalmente em segurança. Eu dormi lá; acordei ao amanhecer e pedalei o restante do caminho pela garoa, na luz cinzenta da alvorada.

Henk e eu tínhamos o suficiente para nos mantermos vivos por algumas semanas.

QUANDO O INVERNO CHEGOU, as pessoas estavam tão magras que mais pareciam esqueletos ambulantes. Todos, sem exceção, estavam esfarrapados e maltrapilhos. As crianças calçavam sapatos com as pontas cortadas ou com solas de tábua ou simplesmente faixas de couro amarradas aos pés com pedaços de cordão.

As pessoas estavam cortando as belas e grandes árvores que ladeavam as avenidas. As árvores que todos nós tanto amávamos estavam sendo usadas como combustível. Carros rodavam com gás de cozinha, que eram carregados no teto dos veículos em invólucros parecido com balões ou em engenhocas que pareciam fornos com chaminés penduradas na parte traseira do carro. A maior parte das bicicletas que ainda circulavam tinha pneus de madeira.

Durante as noites escuras de inverno, improvisávamos uma pequena lamparina com um chumaço de algodão flutuando em um pouco de óleo em um copo de água. O fio queimava em um minuto, acendendo uma chama amarela flamejante. Essa pequena fonte de luz era protegida pelas paredes de vidro do copo quando as rajadas de ar sopravam no ambiente.

Com a falta de qualquer tipo de sabão, as pessoas precisavam ferver as roupas e, por conta disso, tudo tinha um cheiro azedo e adocicado. Os mais pobres começaram a ficar cobertos de feridas vermelhas; era sarna, causada pela falta de higiene. Também começou a faltar água quente. Por não haver mais transportes, Karel não tinha como voltar a Amsterdã para se esconder com a gente. Não sabíamos se estávamos seguros, mas o avisamos que podia voltar se quisesse. Só que não havia trens.

Mesmo sem eletricidade e sem carvão, ainda conseguíamos imitações de tempero para a fabricação de salsichas e demos um jeito de levar nossos negócios adiante. Bem reduzido, mas o suficiente para nos manter. Várias empresas haviam fechado as portas e pendurado placas dizendo FECHADO POR FALTA DE CARVÃO. Frequentemente eu me perguntava se aquelas empresas realmente haviam fechado ou se as pessoas estavam se escondendo do lado de dentro, na esperança de que as placas mantivessem as patrulhas alemãs distantes.

Parecia que a maior parte dos nossos clientes atuais era composta de açougueiros. Estávamos comprando um grande volume de raspas de nozes e garrafas de aromas sintéticos de uma fábrica química em Naarden para produzir nossas imitações de recheios de salsichas. Quando esses dois produtos eram misturados, eles tinham a aparência e o cheiro muito parecidos com os de verdade. Claro, não tinham gosto nenhum, mas o cheiro e a consistência criavam a sugestão do recheio que iria se misturar à carne moída para fazer a salsicha.

Esses açougueiros estavam fabricando salsichas sabe-se lá de quê, pois havia pouquíssima carne à disposição. Nós nunca perguntávamos; era melhor não saber.

Um dos nossos clientes fiéis era um *chef* nascido na Alemanha. Apesar da nacionalidade, era um bom homem. Durante a ocupação, ele foi obrigado a cozinhar para os soldados alemães. Quando este homem começou a vir até a empresa, o Sr. Kraler era quem o atendia. Agora, quando vinha, o Sr. Koophuis e ele tinham longas conversas. O *chef* sempre pagava em dinheiro e disse ao Sr. Koophuis que, se algum dia nós não conseguíssemos comida, deveríamos procurá-lo, e teríamos ajuda. O único problema era que ele trabalhava em uma cidade chamada Kampen, no extremo leste dos Países Baixos.

De fato, chegou o dia em que não tínhamos mais comida. O Sr. Koophuis me implorou para ir atrás daquele homem e tentar conseguir um pouco de alimento. Fui com a mesma mulher de antes, a esposa de um dos nossos vendedores. Ela não tinha mais uma bicicleta que servisse, então pegamos uma emprestada dos nossos amigos do outro lado da rua.

Mais uma vez, saímos na luz cinza e sombria do amanhecer. Era um caminho bem longo até Kampen, e pedalamos o dia todo. Ao longo do trajeto, vimos vários dos nossos compatriotas indo de fazenda em fazenda, tentando conseguir comida de qualquer forma possível. O dia estava nublado e frio. As estradas estavam repletas de neve meio congelada e tinham sulcos horríveis. Algumas pessoas empurravam bicicletas quebradas ou carrinhos de bebê. As pessoas se enrolavam em todas as roupas que tinham.

Chegamos a Kampen e ao quartel militar onde o *chef* trabalhava. Ele nos recebeu em segredo e nos levou direto para a cozinha. Por acaso, era meu aniversário, 15 de fevereiro de 1945.

– Sentem-se e comam o que quiserem – ele disse.

Já estava faminta havia um bom tempo, ansiando especialmente por gordura e proteína, que tinham desaparecido completamente da minha dieta.

– Para o seu aniversário – ele falou, e começou a nos servir um banquete. Costelinhas de porco, manteiga cremosa. Nós nos fartamos daquele jantar maravilhoso.

O plano era que ele nos daria mais comida para levarmos de volta a Amsterdã, e que passaríamos a noite com um amigo da minha amiga, um pastor que vivia em uma cidade vizinha.

Nenhuma de nós conseguia parar de comer, e é claro que passamos do limite. Como não estávamos mais acostumadas a comida de verdade, nós duas começamos a ficar muito, muito tontas. Passei muito mal do estômago e não conseguia me mexer, não conseguia sair do lugar.

O *chef* ficou muito assustado, sem saber o que fazer conosco. Tudo que conseguiu pensar foi em nos colocar em uma cela de prisão vazia. Ele praticamente me carregou lá para dentro, o tempo todo alerta, com receio de ser flagrado, então disse que voltaria para nos pegar às 5 horas da manhã, e fechou a porta da cela.

Na cela, não havia nada além de um balde vazio; nenhum cobertor, nada. O balde não ficou vazio por muito tempo. Passei mal a noite inteira – febre alta, calafrios, cólicas agonizantes. Pensei que seria meu fim.

A noite passou e, às 5 horas da manhã, o *chef* voltou e nos ajudou a sair sem sermos vistas, praticamente me carregando até minha bicicleta. Apesar do meu estado miserável, não esqueci de pegar a comida que levaria de volta para Amsterdã. Eu não sei como encontrei forças para subir na minha bicicleta, com aquele monte de comida escondida debaixo da minha roupa, e pedalar de volta com minha amiga, que estava bem melhor do que eu.

Não demorou para chegamos a uma ponte que era guardada por soldados alemães. Normalmente, em trechos assim, todos eram parados pelos soldados antes de receber autorização para atravessar. Os homens passavam por revista física com frequência e precisavam entregar os documentos; mulheres normalmente só tinham os documentos solicitados e eram inspecionadas visualmente.

A carne e as outras comidas que eu carregava se pronunciavam debaixo das minhas roupas e explodiam de nossas bolsas. Estávamos com um medo mortal de sermos forçadas a entregar tudo aos alemães. Só que não havia nada mais a fazer, então respiramos fundo e pedalamos bravamente até a ponte, em direção aos soldados em guarda.

Quando descemos das bicicletas e olhamos para os soldados, vimos o sono estampado em seus rostos. Em vez de pedir nossos documentos, simplesmente acenaram liberando nossa passagem. Mal podíamos acreditar em tamanha sorte.

Pedalamos e chegamos à casa da esposa do pastor, que viu o quanto eu estava mal e me colocou direto na cama. Eu não teria sido capaz de ir mais longe. Ela cuidou de mim e, no dia seguinte, eu já estava boa para retomar a viagem para Amsterdá. Saímos às 5 horas da manhã.

Perdemos outra vez o toque de recolher em Amsterdá e só conseguimos cruzar a ponte do Amstel tarde da noite. Para nossa surpresa, lá estava a Polícia Verde com um novo posto de inspeção. Ficamos morrendo de medo diante da visão dos uniformes verdes – não só pela comida que carregávamos, mas também pela nossa segurança.

Mais uma vez, fomos salvas por um golpe de sorte; eles procuravam armas e, com sua precisão germânica, se estavam atrás de armas, não se incomodavam com outras coisas ilegais, como comida. Eles nos revistaram atrás de armamentos, não encontraram nenhum, e nos mandaram seguir em frente.

Eu já estava fora há vários dias e sabia que todo tipo de pensamento ruim estaria passando pela cabeça de Henk a respeito da minha segurança. Sabia, porém, que nem ele nem eu diria nada sobre nossos medos. Tínhamos que aproveitar toda e qualquer oportunidade que surgisse. Riscos e perigos faziam parte do nosso dia a dia. Não havia outro jeito de viver naqueles tempos. Você só fazia o que precisava ser feito.

NO MEIO DO INVERNO, os alemães reduziram nossas porções para 500 calorias por dia. Embora a BBC tenha informado que Eisenhower tinha

85 divisões se aproximando do Reno, aquilo não queria dizer mais nada para a gente. Cada dia congelante era um obstáculo a ser superado: calor o suficiente para não congelar, o mínimo de calorias para não morrer de fome. Era só nisso que pensávamos.

A mãe de Henk faleceu em dezembro. Ela teve a sorte de morrer em um hospital. Nem todos os holandeses eram tão afortunados. Por todos os cantos de Amsterdã, os habitantes estavam perecendo diariamente por inanição. Algumas vezes, eles só sentavam na beira da estrada e morriam. Outras vezes, estavam tão fracos que morriam de difteria, febre tifoide, ou de frio. Na vizinhança, foram organizados sopões comunitários, e todos os dias pessoas faziam fila no tempo frio para conseguir uma cumbuca de algo quente para forrar o estômago.

Todos os dias, pessoas reviravam antigos terreiros à procura de pedaços de carvão. Dormentes de madeira das vias ferroviárias foram roubados para virar lenha. Se você tivesse uma escada de madeira no quintal ou encostada na parede do lado de fora, havia grandes chances de acordar de manhã e não encontrá-la mais. Todas as casas desocupadas tiveram a madeira roubada das janelas, bem como escadas, móveis, tudo que era possível.

Diariamente, todos quebravam a cabeça, procurando formas de conseguir comida. Henk bolou um plano para ele e para mim. Antes da ocupação, o pai dele pescou por muitos anos em fossos de terras agrícolas próximas à pequena vila de Waverveen, a cerca de 11 ou 12 km de Amsterdã. Como todo pescador, meu sogro tinha seus lugares favoritos para pescar; ele pescou por anos na propriedade de um fazendeiro em especial, e criou um laço de amizade com ele.

O plano de Henk era estabelecer contato com esse fazendeiro. Para fazer isso, seria preciso contar uma mentira. Nenhum de nós gostava de mentir, ainda mais para alguém como aquele fazendeiro, que era um cristão devoto. Mas era preciso. Henk fez uma visita ao fazendeiro e contou a ele que o pai estava bem doente e precisava de leite para se fortalecer. Será que ele ou eu, sua esposa, poderia ir até a fazenda e pegar um pouco de leite?

Primeiro, Henk conseguiu uma verdadeira refeição do campo, uma refeição de que ele precisava desesperadamente. Então, impressionado com a sinceridade dele – o que fez Henk se corroer de culpa por dentro, já que seu pai estava tão saudável quanto possível –, o fazendeiro lhe disse para ir até lá todos os dias que ele lhe daria duas garrafas de leite pelo preço normal.

Portanto, todas as manhãs, um de nós – Henk num dia, eu no seguinte – se levantava às 4h30 e, independentemente do clima, seguia uma hora pelo campo, até a casa do fazendeiro. Quando fui pela primeira vez, me apresentei ao homem, para que ele me reconhecesse. Todos os dias quando chegava à fazenda, havia uma longa fila de pessoas de Amsterdá também querendo comprar leite. Eu entrava no final da fila, mas o fazendeiro me via e me chamava.

– Venha – dizia ele.

Quando os outros reclamavam, o fazendeiro respondia:

– Não, ela precisa passar na frente; o sogro dela está doente. – Eu me sentia péssima, imaginando que as pessoas na fila realmente podiam ter pessoas doentes de verdade em casa.

E com esse sentimento de culpa queimando por dentro, ia para o início da fila e pegava as duas preciosas garrafas de leite, então pedalava mais uma hora de volta para casa, no escuro. Sempre com medo de ser parada e ter minha bicicleta confiscada, usava toda a minha força para pedalar rápido, mas de um jeito que não levantasse suspeitas. O vento gelado batia no meu rosto. Algumas vezes, com os flocos de neve era quase impossível enxergar. A gola do meu sobretudo nunca ficava enrolada o suficiente em volta das minhas orelhas, mas o importante era que as garrafas de leite permaneciam seguras em um saco na frente da bicicleta.

Agora, o lixo não era mais recolhido e as pilhas permaneciam nas ruas – congeladas, felizmente, ou estariam fedendo. Pessoas famintas reviravam o lixo atrás de qualquer sobra, antes mesmo do amanhecer.

MARÇO FINALMENTE CHEGOU, e então abril, mas o inverno ainda estava violento. Alguns dias eram um pouco mais amenos, às vezes o sol até brilhava rapidamente antes de o céu se fechar de novo. Por todo lado, à medida que a neve derretia, o fedor se espalhava pela cidade, fosse o cheiro fraco e persistente dos bulbos de tulipa ou de beterrabas em ebulição, ou de roupas mal-lavadas penduradas para secar, ou de corpos embrulhados há muito tempo em roupas esfarrapadas.

O assunto de todas as conversas era comida. A obsessão por comida estava afetando a mente de todos. Henk e eu costumávamos nos reunir algumas noites com nossos amigos, e, como não tínhamos rádio, nossos amigos em Rijnstraat prometeram que viriam nos contar quando a guerra terminasse. Então, em vez de ficarmos ouvindo rádio, frequentemente pegávamos nossos livros de culinária e passávamos a noite copiando receitas que faríamos depois da guerra. Às vezes, alguém pegava um livro de Rabelais e lia as cenas de banquetes e bebedeiras.

As minhas fantasias sempre giravam em torno de chocolate. Chocolate quente, espumoso, como cetim. As glândulas debaixo da minha língua doíam de saudade.

O PRESIDENTE ROOSEVELT morreu em 12 de abril, e Viena, o lugar onde nasci, foi tomada pelos russos em 13 de abril. Montgomery cruzou o Reno e seguia em direção a Bremen e Hamburgo. As notícias diziam que, ao nosso redor, a Europa jazia em ruínas, os alemães derrotados em todas as frentes. Como um grande arco cercando a Holanda, a liberdade tinha chegado.

Ainda assim vivíamos dias de espera, centenas de bons holandeses caindo mortos de fome enquanto esperávamos; todos enfraquecidos, com as mentes entorpecidas, ligeiramente embriagadas, impossibilitados de assimilar ou de se agarrar a qualquer outro pensamento além da próxima refeição. Cada dia era só mais um em Prinsengracht, a longa caminhada de volta ao nosso Distrito dos Rios era pontuada por sensações de desmaio e ondas de náusea, Jo Koophuis ao meu lado. Henk e nosso gato Berry esperando por mim em casa, ou eu por eles. E em meus pensamentos, sempre a mesma pergunta, *Como fazer duas batatas renderem uma refeição para dois adultos e um gato?*

Mussolini foi capturado em Como, na fronteira com a Suíça, e foi assassinado. Seu cadáver e o da amante foram pendurados pelos pés em um posto de gasolina em Milão. E então, no dia 1º de maio, a rádio alemã interrompeu a "Sétima sinfonia de Bruckner". Tambores rufaram; e uma voz alemã emocionada anunciou que Hitler tinha morrido na linha de batalha e que seu sucessor seria alguém chamado Dönitz. O pedido que fiz tantas vezes em oração com as mãos para o céu tinha se tornado realidade.

Ainda assim, não era o suficiente.

A temperatura mais amena e os dias mais longos aplacaram dois dos nossos maiores problemas: a falta de calor e de luz, mas a questão da comida ainda era crítica. Minha mente estava sempre embotada: a busca diária por alimentos consumia todas as minhas forças e a minha concentração. Era muito difícil me preocupar com comida e manter a empresa funcionando. Cada dia era uma luta para impedir que a firma afundasse de vez, como acontecia com tantas outras por todos os cantos.

Maio trouxe um clima lindo: céu azul, para variar; fragmentos de verde aparecendo, apesar da devastação que assolava toda Amsterdã.

No dia 4 de maio, uma sexta-feira, depois de mais um dia comum no trabalho, voltei para casa. Berry estava sentado na cozinha ao lado de sua tigelinha, esperando sua cota de leite. Comecei a preparar uma refeição com algumas cenouras e várias batatas pequenas. Estava cozinhando com galhos de madeira, e parecia levar uma eternidade para a água ferver. Minha mente estava em outro lugar quando, de repente, uma rajada de vento invadiu a casa e trouxe Henk consigo. Ele pegou as minhas duas mãos, olhou no fundo dos meus olhos e disse:

– Miep, tenho boas notícias! Os alemães se renderam. A guerra acabou!

A notícia foi tão emocionante para mim que meus joelhos fraquejaram. Pensei: *É verdade mesmo?* Olhei outra vez para os olhos límpidos de Henk. *Deve ser*, me dei conta. Sempre podia confiar em Henk.

Sentamos para comer nos sentindo tão felizes que nem percebemos nosso estômago se contorcendo de fome. Aquela comida parecia a refeição mais maravilhosa que saboreamos na vida. *O que aconteceria em seguida?* Henk e eu nos perguntamos. Os alemães ainda estavam entre nós; eles perderam a guerra e deviam estar furiosos. Não poderíamos ser descuidados agora, Henk me alertou: ser descuidado podia custar uma vida, e que desperdício, agora que a guerra estava vencida. E nossos amigos no campo de concentração, aonde quer que tenham sido mandados: será que também já tinham sido libertados?

Eram 8 horas da noite, hora do toque de recolher. De repente, ouvimos uma batida forte no vidro da janela da frente. Henk e eu fomos ver quem era e lá estava nosso amigo de Rijnstraat, que tinha prometido vir nos contar quando a guerra acabasse. Ele estava batendo e sacudindo os braços.

– Acabou! Acabou! – Deixamos ele entrar e contamos que já sabíamos.
– Venham – disse ele. – As pessoas estão por todo lado nas ruas, com ou sem toque de recolher. Estamos livres!

As ruas estavam lotadas de gente. As pessoas traziam papéis, madeira, roupas velhas, o que desse para queimar. Fomos para Rijnstraat. Grandes fogueiras foram acesas; jovens dançavam ao redor delas. Idosos andavam pela rua, rindo e se abraçando. O clima por todo lado era emocionante, fascinante. Os alemães não estavam à vista.

Começamos a voltar para casa. Sabia que mal conseguiria dormir à noite. O céu estava apenas começando a escurecer. Percebi o quanto a luz do crepúsculo era linda. Então, logo acima dos telhados, vi uma revoada de pombos. Ocorreu-me que fazia um bom tempo que não via um pássaro em Amsterdã. *Há quanto tempo os pardais tinham desaparecido? Há quanto tempo não havia mais cisnes no canal? E patos? Claro*, pensei, *os pássaros podiam ir embora facilmente; eles também deviam estar sem comida.*

Sob o domínio dos alemães, era ilegal ter pombos. Esses pombos devem ter sido escondidos durante a ocupação. Agora, com as boas notícias, foram libertados. Eles eram como confetes lançados ao céu.

Havia pombos de novo acima dos telhados de Amsterdã. Eles estavam livres, e nós também.

CAPÍTULO DEZESSETE

Fora de Amsterdá, no aeroporto de Schiphol, choveram remessas de comida. Pequenas latas de margarina, manteiga de verdade, biscoitos, linguiças, bacon, chocolate, queijo e ovo em pó. Aviões voavam bem baixo, e pela primeira vez o zumbido deles não causava um nó na garganta. As pessoas corriam para os telhados e balançavam qualquer pano que estivesse à mão – bandeiras, lençóis.

Na manhã de sábado, todo mundo parecia estar nas ruas enquanto eu me dirigia ao escritório. Apesar das notícias e do clima festivo, ainda havia perigo. Os alemães estavam fora de si de tanta raiva. Ouvi dizer que na Praça Dam, em frente ao antigo Hotel Krasnapolsky, os soldados alemães surtaram e começaram a atirar na multidão, matando algumas pessoas. Mas nada interrompeu a celebração. As pessoas continuavam a fazer fogueiras e a dançar.

Depois do trabalho, voltei para casa e disse a Henk:

– Venha, Henk. Vamos nos juntar à comemoração. – E puxei-o pelo braço.

Ele balançou a cabeça.

– Não. Vou ficar aqui. Não estou no clima para me juntar à alegria das ruas. Muita desgraça aconteceu no meu país em cinco anos. Muitas pessoas foram levadas. Quem sabe quantos nunca vão voltar? Sim, estou feliz que acabou, mas quero continuar aqui e ficar quieto.

Eu tirei os tapumes das janelas. Pela primeira noite em cinco anos, podíamos olhar para fora e ver a lua.

Ouvimos que os alemães estavam se reunindo em várias partes da Holanda e indo embora. De repente, tinham desaparecido. Mais aviões dos Aliados chegaram e trouxeram mais remessas de comida. Por todo lado, o sentimento era de que um milagre tinha acontecido. Esperamos pelo anúncio de que a comida entregue seria distribuída.

No sétimo dia de maio, tiramos um dia de folga. Gritaram pela rua que os canadenses estavam chegando. Joguei meu avental em uma cadeira e corri com toda a vizinhança para esperar nossos libertadores em Rijnstraat. As pessoas disseram que eles viriam "logo", mas esperamos, esperamos e eles não apareceram.

Finalmente, depois de três horas de espera, vimos quatro pequenos tanques canadenses cruzar o canal Amstel pela Ponte Berlage. Depois de uma breve parada, eles avançaram pela cidade. Os soldados usavam boinas, seus uniformes eram marrom-claros, com jaquetas curtas e calças justas nos tornozelos.

A força principal do exército canadense chegou em 8 de maio. Durou um dia inteiro. Eles vieram em muitos blocos, mas Henk e eu tínhamos ido trabalhar e não pudemos assistir à parada. Nossos amigos nos contaram que os soldados estavam muito, muito desmazelados. Apesar disso, as meninas beijaram seus rostos sujos. Os canadenses acenaram e distribuíram os primeiros cigarros de verdade que se via em anos.

Eles marcharam para o sul de Amsterdã e continuaram através da Praça Dam e o Palácio Real. A rainha Guilhermina já tinha retornado para sua amada Holanda, agora devastada e quase morrendo de fome. Nossa rainha estava com 64 anos, a dama baixinha e robusta que Churchill tinha descrito como "o homem mais corajoso da Inglaterra". Como nosso país, ela tinha resistido.

AS COMEMORAÇÕES CONTINUARAM por dias a fio. Os hinos nacionais canadense e holandês eram tocados inúmeras vezes. Havia música e dança nas ruas; um realejo encontrado em algum lugar, velhos acordeões – qualquer instrumento que fizesse música. As pessoas plantaram sementes de calêndula e em breve a cor que os alemães tinham proibido, o laranja, a cor da nossa Casa Real, floresceria.

As pessoas que estavam escondidas foram às ruas. Judeus saíram de esconderijos, esfregando os olhos que não estavam mais acostumados a ver a luz do sol, seus rostos amarelados estavam tensos e desconfiados.

Os sinos das igrejas soavam em todo lugar; bandeirinhas tremulavam.

Os libertadores nos trouxeram novas cédulas bancárias holandesas, impressas na Inglaterra. O mercado estava loucamente inflacionado, e não havia nada para se comprar nas lojas.

Acordar e passar um dia inteiro sem nenhum senso de perigo era maravilhoso. E logo Henk, eu e todas as outras pessoas começamos a ficar ansiosos para ver quem voltaria para casa, para os seus entes queridos.

Relatos chocantes e inimagináveis circularam sobre a liberação dos campos de concentração alemães. Fotos eram impressas nos primeiros jornais livres; informações de testemunhas oculares também. Durante a ocupação, ouvimos rumores sobre câmaras de gás, assassinatos, brutalidade, condições precárias de habitação nesses campos, mas ninguém foi capaz de imaginar tamanha atrocidade. Os fatos superavam, e muito, até nossos pensamentos mais pessimistas. Não conseguia ler as histórias e desviava o olhar das fotos. Não podia me permitir pensar naqueles relatos. Precisava fazer tudo que estivesse ao meu alcance para me manter otimista a respeito dos nossos amigos. Seria impossível lidar de outra forma.

Em pouco tempo, começaram os consertos paliativos – tábuas foram colocadas contra janelas quebradas, pontes e trilhos foram reparados para que os trens pudessem circular novamente. Quase tudo era necessário, e o que havia era quase nada.

Henk foi designado para trabalhar na Estação Central, dando as boas-vindas às pessoas que retornavam e prestando assistência a elas – ajuda financeira, cartões de racionamento e acomodações. Ele ia todos os dias e se sentava à uma escrivaninha. As pessoas regressavam em caminhões militares, e depois em trens, quando algumas rotas voltaram a funcionar.

Judeus e outros cidadãos que passaram anos como escravos dos nazistas aguardaram o retorno à uma Holanda livre. Agora eles começavam a voltar; seus rostos estavam tão enrugados que era impossível dizer a idade deles.

Todos os judeus oriundos de campos de concentração tinham números azuis tatuados no braço. Crianças não sabiam mais seus nomes nem seus aniversários, tampouco eram capazes de reconhecer a família porque estavam separados há tempo demais.

Alguns deles, que vagavam perdidos pelo Distrito dos Rios, encontraram outras pessoas vivendo em seus apartamentos. Outros deram um jeito de reaver suas casas porque os NSB'ers tinham fugido delas. Devagar, alguns judeus começaram a voltar para o nosso bairro. Listas de sobreviventes dos campos de concentração eram publicadas todos os dias.

Ouvi dizer que os judeus, que antes eram pessoas como nós, depois de tudo o que tinham passado, voltaram muito mudados. Mas as pessoas mal notavam porque todo mundo tinha passado por tanta miséria que ninguém estava muito interessado no sofrimento do outro.

Todos os dias, Henk se sentava à sua mesa na Estação Central e recebia e encaminhava as pessoas. Para todo mundo, perguntava: "Você ouviu alguma coisa sobre Otto Frank?" ou "Você viu Otto Frank e sua esposa, Edith Frank, ou sabe algo sobre as filhas dele, Margot e Anne Frank?".

E sempre sacudiam a cabeça, "Não", e o próximo também, "Não". Cada um, por sua vez, não sabia nada dos nossos amigos.

POUCOS DIAS DEPOIS da libertação, estava no trabalho quando a energia voltou. Clique, simples assim, nós tínhamos energia elétrica de novo.

Logo depois, descobrimos que Victor Kraler estava vivo, que, na verdade, tinha escapado das mãos dos alemães e ficou escondido na própria casa durante os últimos dias do Inverno da Fome, sendo cuidado pela esposa. Quando voltou ao trabalho, nos contou sobre sua fuga:

– A maior parte das pessoas no campo de Amersfoort, para onde nos mandaram primeiro, eram prisioneiros políticos, comerciantes do mercado negro e cristãos que esconderam judeus. Fui transferido de Amersfoort para vários campos de trabalho forçado, o último deles bem perto da fronteira alemã. Numa manhã de inverno, o campo foi convocado para uma inspeção. Então um grupo inteiro de homens holandeses foi escoltado para fora do campo. Disse para mim mesmo, *"Vou atrás desse grupo"*, e fui, dando de cara com alguns soldados alemães. Esses homens eram velhos e cansados, e já estavam esgotados da guerra. Pensei, *Vou falar com eles em alemão e descobrir para onde estamos indo*. Então perguntei e eles responderam: *"Vamos caminhar até a Alemanha. Estamos deslocando o campo inteiro para lá"*. Pensei, *Antes que me dê conta, vou estar na Alemanha de Hitler. Nunca vou conseguir sair de lá*. Então fiquei para trás de novo. De repente, do nada, aviões Spitfire apareceram e começaram a mergulhar e metralhar a área. Os guardas gritavam: "Abaixem-se! Todo mundo pro chão!". Estávamos ao lado de um milharal. Eu corri para a plantação e o ataque continuou, os soldados bombardeando a área inteira.

Ele continuou:

– Por fim, os aviões foram embora e os guardas gritaram: 'Pra cima! Marchem! Em posição!'. Mas permaneci onde estava, escondido entre os pés de milho, prendendo a respiração. E, acredite ou não, eles continuaram a marchar, me deixando sozinho no milharal. Esperei um pouco, então rastejei pela plantação na direção oposta. Finalmente, senti que estava seguro então me levantei e saí do milharal. Continuei caminhando, e logo cheguei a uma pequena vila do interior. Comecei a ficar muito nervoso, porque ainda vestia o uniforme da prisão. Nos limites da vila, havia uma loja de bicicletas. Pensei, *Melhor arriscar*, e entrei. Havia um holandês na loja. Contei para ele que tinha escapado de um campo de concentração. "Posso levar uma bicicleta?", perguntei. "Quero voltar pra casa." O homem me analisou, então foi para os fundos da loja e voltou empurrando uma bicicleta preta velha, porém firme e em bom estado. "Aqui", ele disse, empurrando-a para mim, "vá pra casa. Depois da guerra você pode devolver a bicicleta." Pedalei para casa e minha esposa me escondeu durante todo o Inverno da Fome até agora.

EM POUCAS SEMANAS, alguns produtos começaram a aparecer nas vitrines – um casaco de inverno, um belo vestido; mas só nas vitrines. Nada estava à venda. Uma placa na vitrine das lojas dizia APENAS MOSTRUÁRIO. Outras lojas exibiam imitações de papelão de garrafas de leite, queijos e pacotes da boa manteiga holandesa.

Ouvi dizer que os Aliados estavam organizando grupos de crianças holandesas que seriam enviados para férias saudáveis na Grã-Bretanha. Essas crianças estavam em um estado tão lastimável de miséria que algo extraordinário era necessário para recuperá-las rapidamente.

Assim como eu tinha sido mandada de Viena para a Holanda em 1920, uma criança desnutrida, com um cartão pendurado no pescoço, essas crianças holandesas foram colocadas em navios em 1945 e enviadas através do Mar do Norte para a Inglaterra, para serem nutridas.

Dia após dia, Henk ia à Estação Central e entregava recibos para os holandeses que estavam retornando. A maioria tinha perdido tudo, inclusive a família. Dia após dia, ele perguntava: "Você conhece Otto Frank? Você viu a família Frank – Otto, Edith, Margot e Anne?" E dia após dia, uma pessoa atrás da outra balançava a cabeça: "Não", ou: "Não, não vi nem ouvi falar deles".

Incansável diante das negativas, Henk continuava perguntando para a pessoa seguinte, e então para a próxima.

– Você conhece os Frank?

Quando já não tinha mais muita esperança de que um daqueles rostos devastados pudesse lhe dar alguma pista, Henk finalmente ouviu uma voz responder à sua pergunta!

– Senhor, eu vi Otto Frank e ele está voltando!

Henk voou para casa naquele dia para me contar. Era 3 de junho de 1945. Ele correu pela sala de estar e me agarrou:

– Miep, Otto Frank está voltando!

Achei que meu coração fosse sair pela boca. No fundo, sempre soube que ele voltaria, e os outros também.

Só então meu olho captou o relance de uma sombra passando do lado de fora da nossa janela. Minha garganta fechou. Corri para fora.

Lá estava o próprio Sr. Frank, vindo até nossa porta.

Olhamos um para o outro. Não havia palavras. Ele estava magro, mas sempre tinha sido magro. Carregava um pequeno pacote. Meus olhos se encheram de lágrimas. Meu coração derreteu. De repente, estava com medo de saber mais detalhes. Não queria saber o que tinha acontecido. Não iria perguntar.

Permanecemos olhando um para o outro, sem palavras. Por fim, o Sr. Frank falou.

– Miep – disse, num fio de voz. – Miep, Edith não vai voltar.

Senti como se cortassem minha garganta. Tentei esconder minha reação àquele choque.

– Entre – pedi.

Ele continuou.

– Mas tenho muita esperança por Margot e Anne.

– Sim. Muita esperança – ecoei, encorajando. – Entre – insisti.

Ele permaneceu onde estava.

– Miep, vim para cá porque você e Henk são os mais próximos de mim que ainda estão aqui.

Peguei o pacote das mãos dele.

– Venha, você vai ficar aqui com a gente. Agora precisa de um pouco de comida. Você terá um quarto aqui por quanto tempo precisar.

Ele entrou. Arrumei um quarto para ele e usei tudo o que tinha para preparar uma boa refeição. Comemos. O Sr. Frank nos contou que ele foi parar em Auschwitz. Aquela foi a última vez que viu Edith, Margot e Anne. Os homens foram separados das mulheres de imediato. Quando os russos liberaram o campo de concentração em janeiro, ele foi levado em uma longa viagem até Odessa. Então de lá para Marselha de navio, e por fim, de trem e caminhão de volta para a Holanda.

Ele nos contou esses detalhes em uma voz suave. Falou bem pouco, mas entre nós as palavras não eram necessárias.

O SR. FRANK se acomodou comigo e com Henk. Logo após, voltou ao trabalho e retomou seu lugar como o chefe da empresa. Sabia que ele estava aliviado por ter algo para fazer todos os dias. Enquanto isso, começou a explorar a rede de informações sobre judeus nos campos – as agências de refugiados, as listas diárias, as informações boca a boca mais cruciais – tentando tudo que podia para conseguir notícias sobre Margot e Anne.

Quando Auschwitz foi libertado, Otto Frank foi direto para o campo feminino para descobrir notícias sobre a esposa e as filhas. No caos e na desolação dos campos, ele descobriu que Edith havia morrido pouco depois da libertação.

Ele também ficou sabendo que, dentre todas as possibilidades, Margot e Anne foram transferidas para outro campo de concentração, junto com a Sra. Van Daan. O lugar se chamava Bergen-Belsen, e era bem distante de Auschwitz. Isso foi tudo que ele tinha conseguido descobrir com suas pistas. Agora ele continuava à procura.

Quanto a Albert Dussel, o Sr. Frank tinha perdido seu rastro. Não fazia a menor ideia do que poderia ter acontecido com ele depois que foi transferido de Auschwitz. Ele viu o Sr. Van Daan ser mandado para a câmara de gás com seus próprios olhos. E Peter Van Daan foi visitar o Sr. Frank na enfermaria de Auschwitz. O Sr. Frank sabia que pouco antes do campo ser libertado, os alemães se retiraram levando consigo grupos de prisioneiros. Peter estava em um desses grupos.

Otto Frank implorou a Peter que também tentasse dar entrada na enfermaria, mas Peter não conseguia ou não podia. Foi visto pela última vez com os alemães em retirada pela zona rural coberta de neve. Não havia mais notícias dele.

O Sr. Frank tinha muita esperança de encontrar as meninas, porque Bergen-Belsen não era um campo de extermínio. Não havia intoxicação por gases lá. Era um campo de trabalho – cheio de fome e doenças, mas sem aparato para exterminação. Como Margot e Anne tinham sido mandadas para o campo mais tarde que a maioria dos outros presos, elas estavam relativamente saudáveis. Eu também nutria muitas esperanças pelas duas. Lá no fundo, persistente como uma rocha, eu acreditava na sobrevivência e no retorno seguro das meninas a Amsterdá.

O Sr. Frank escreveu para vários holandeses que soube que estiveram em Bergen-Belsen, atrás de notícias. Pelo boca a boca, as pessoas estavam conseguindo se reencontrar todos os dias. Diariamente, ele esperava respostas às cartas e a divulgação de novas listas de sobreviventes. Todas as vezes que havia uma batida na porta ou passos nos degraus da frente, nossos corações paravam de bater. Talvez Margot e Anne tivessem reencontrado o caminho para casa e finalmente poderíamos vê-las com nossos próprios olhos. O aniversário de 16 anos de Anne estava chegando, 12 de junho. Talvez, pensávamos... mas então o aniversário chegou e passou sem nenhuma notícia.

A Sra. Samson voltou para Hunzestraat. Ela se mudou de volta para o quarto. Sua neta tinha morrido de difteria no esconderijo em Utrecht, mas o netinho estava vivo. Até então, a Sra. Samson não tinha notícias da filha nem do genro, que tinham desaparecido aquele dia na Estação Central, assim como não tinha nenhuma informação sobre o marido, que supostamente estava na Inglaterra. Ela também estava no limbo à espera de respostas.

Nosso verdureiro voltou do campo com o pé gangrenado. Eu o vi na loja dele, e nos cumprimentamos como amigos que não se viam há muito tempo.

Mesmo assim, as lojas estavam quase vazias; ainda vivíamos em racionamento. Mas a reconstrução e a renovação estavam em andamento. Nossa companhia de especiarias vendia sobretudo produtos *Ersätze*, mas os negócios fluíram, mantendo a empresa em funcionamento.

Certa manhã, o Sr. Frank e eu estávamos sozinhos no escritório, abrindo as correspondências. Ele estava atrás de mim, e eu estava sentada à minha mesa. Nem prestei atenção no barulho do envelope sendo rasgado. Então, um longo silêncio. Algo me fez desviar os olhos das minhas correspondências. Por fim, ouvi a voz de Otto Frank, era um fio de voz, mas completamente devastada.

– Miep.

Meus olhos procuraram os dele.

– Miep... – Ele segurava com firmeza um pedaço de papel com as duas mãos. – Recebi uma carta de uma enfermeira em Roterdã. Margot e Anne não vão voltar, Miep.

Ficamos ali, estáticos, os dois terrivelmente abalados pela notícia, com o coração completamente destroçado, olhos fixos um no outro. Então o Sr. Frank se virou e disse com a voz derrotada:

– Estarei em meu escritório.

Ouvi quando ele atravessou a sala e o corredor, fechou a porta atrás de si.

Permaneci à minha mesa, totalmente arrasada. Tudo, tudo o que tinha acontecido antes eu consegui aceitar. Gostando ou não, eu tinha que aceitar. Mas aquilo... aquilo eu não podia aceitar. Era a única coisa que eu tinha certeza de que não iria acontecer.

Ouvi os outros chegando à empresa. Ouvi uma porta sendo aberta, uma voz tagarelando. Então cumprimentos de bom-dia e xícaras de café. Alcancei a gaveta da minha mesa e peguei todos papéis que estavam guardados ali havia quase um ano esperando por Anne. Ninguém, nem mesmo eu, tinha tocado neles. Agora Anne jamais teria seu diário de volta.

Peguei todos os papéis, colocando o diário xadrez por cima da pilha, e levei tudo para o escritório do Sr. Frank.

Otto Frank estava sentado à mesa, com os olhos turvos pelo choque. Entreguei o diário e os papéis para ele.

– Aqui está o legado que sua filha Anne deixou para você – falei.

Pude ver que reconheceu o diário. Fora ele quem o dera de presente para Anne apenas três anos antes, em seu aniversário de 13 anos, logo antes de se esconderem. O Sr. Frank o tocou com a ponta dos dedos. Deixei tudo em suas mãos; então saí do escritório, fechando a porta em silêncio.

Pouco depois, o telefone da minha mesa tocou. Era a voz do Sr. Frank.

– Miep, por favor, tome todas as providências para que eu não seja incomodado.

– Já tomei – respondi.

CAPÍTULO DEZOITO

UMA VEZ QUE O SR. FRANK tinha se estabelecido conosco, ele me disse:

— Miep, você pode me chamar de Otto. Somos uma família agora.

Concordei em chamá-lo de Otto, mas, por não querer dar mau exemplo aos demais no trabalho, eu disse:

— Em casa vou te chamar de Otto, mas no trabalho eu insisto em continuar te chamando de Sr. Frank.

— Não precisa — ele disse.

— Eu insisto.

Pouco depois, por conta de pequenas divergências entre a Sra. Samson e nós, não nos sentíamos mais confortáveis em viver lá. Sabíamos que era melhor nos mudarmos. A irmã de Henk, Fenna, morava mais adiante em nossa rua. Ela ofereceu quartos para nós dois e também para o Sr. Frank, então nos mudamos.

O Sr. Frank ganhou um quartinho nos fundos, com um varal de roupas, e Henk e eu ficamos no quarto de Fenna. Fenna dormia na sala de estar. Tínhamos sorte de ter feito esse acordo, já que as moradias em Amsterdá continuavam muito, muito escassas. Naturalmente, Berry veio conosco.

As lojas ainda estavam bem vazias; era impossível encontrar qualquer coisa além do estritamente necessário. Depois de tantos anos sem nada, já estávamos acostumamos a isso. Durante todo o último ano da guerra, Henk quase não tinha fumado. Agora de vez em quando havia Caporals canadenses adocicados no mercado negro, e às vezes não. Quando havia cigarros, Henk fumava.

Procurei deixar nossa casa o mais acolhedora possível, e preparava refeições para todos nós com tudo o que desse para aproveitar. Refeições variadas eram um luxo que definitivamente não tínhamos, os ingredientes disponíveis eram básicos, sempre os mesmos. Mas eu tinha adquirido a habilidade de fazer o melhor que podia com pouco, e mantinha todo mundo razoavelmente alimentado, e nossa casa limpa e aconchegante.

Todos nós estávamos fracos, esgotados, anêmicos. Ninguém mais tinha de onde tirar uma reserva de energia, mas felizmente não precisávamos mais de muita força ou vigor para sobreviver. Nenhum de nós estava para muita conversa, mas as memórias que compartilhávamos nos unia.

Lentamente, as ferrovias, as pontes e os diques estavam sendo reconstruídos. Otto me contou que, antes de se esconder, eles tinham dado um jeito de guardar alguns móveis de Edith, da Merwedeplein, com alguns amigos. Ele descobriu que seus bens ficaram seguros durante a guerra, e agora ele os traria para nós.

Um belo dia eu vi o grande relógio de pêndulo que tinha vindo de Frankfurt em 1933, o relógio precisava ser ajustado de tempos em tempos, e soava a mais suave das batidas. Eu vi a clássica escrivaninha pequena e delicada, de folha de mogno, ser carregada pela sala. Otto Frank me disse:

– Edith ficaria feliz em saber que estamos usando sua mobília.

Então Frank me mostrou o desenho em carvão da gata gorda e fofa amamentando os filhotes, que tinha me emocionado anos antes. Ele me mostrou tudo.

Aquele desenho, em particular, me fez lembrar tão vivamente dos encontros de sábado na Merwedeplein. Das tardes de conversas passionais sobre política, fartura de bolos e um bom café; da doce e tímida Anne, tão pequena na época, vindo com a bela Margot cumprimentar os adultos e pegar uma fatia de bolo. Anne segurava a gata, Moortje, em seus braços, e ela ficaria suspensa bem próxima ao chão, quase pesada demais para a garotinha segurar.

Rapidamente, deixei esses pensamentos de lado. Não queria pensar naquela vida que tivemos um dia.

Mais para frente, duas bicicletas chegaram para o Sr. Frank, presente de amigos dele da Inglaterra.

– Miep – o Sr. Frank me disse, empurrando uma linda bicicleta inglesa leve e reluzente em minha direção –, uma para você e uma para mim.

Eu aceitei. Nunca tive uma bicicleta novinha em folha antes. Ninguém na vizinhança tinha nada novo. Imagino que eles olhavam para nossas bicicletas com inveja.

Outro pacote chegou para o Sr. Frank. Esse apresentava selos elaborados dos Estados Unidos, de amigos que passaram o período da guerra por lá em segurança. Otto abriu o pacote com cuidado. Nós dois olhamos para o conteúdo espalhado pela mesa.

Havia algumas latas, cigarros americanos e vários pacotinhos. Frank sugeriu que eu os abrisse e desse uma olhada no que tinha. Ao primeiro que abri, senti um aroma de cacau invadindo minhas narinas. Era irresistível. Senti a textura em pó, tão suave, a cor tão marrom-escura.

Vendo e cheirando o cacau, comecei a chorar.

– Pegue, prepare – Otto incentivou.

Não conseguia parar de chorar. Para mim, era inacreditável estar vendo cacau de verdade outra vez.

AS LISTAS FINAIS de sobreviventes judeus foram divulgadas pela Cruz Vermelha. Daqueles que tinham sido deportados da Alemanha, poucos voltaram para os Países Baixos – nem mesmo um de cada vinte. Entre os que se esconderam, ao menos um terço tinha sobrevivido. Os que sobreviveram perderam praticamente tudo.

O inquilino dos Frank, o homem com quem Henk e eu assuntamos sobre Otto, tinha sido deportado para os campos de concentração, mas sobreviveu e voltou. O senhor que tinha pedido para guardarmos sua bela edição de Shakespeare não voltou, então o livro permaneceu na nossa estante, caso ele retornasse algum dia. Nossa vizinha de cima, a senhora que tinha me pedido para tomar conta do gato dela, Berry, também não reapareceu. Então Berry continuou conosco.

Devagar, pouco a pouco, tivemos notícias de outras pessoas; descobrimos que Albert Dussel morreu no campo de concentração em Neuengamme. Que Petronella Van Daan morreu em Buchenwald ou em Theresienstadt no dia da libertação. Que Peter Van Daan não faleceu durante a marcha mortal de Auschwitz, ele conseguiu sobreviver e foi alocado em Mauthausen, só para morrer lá no mesmo dia que o campo foi tomado pelos norte-americanos.

Através de informações recolhidas de testemunhas que sobreviveram ao horror dos campos, descobrimos que Margot e Anne foram separadas da mãe em Auschwitz, e que Edith Frank passou os últimos meses de vida lá, solitária. Margot e Anne foram transferidas para Bergen-Belsen, onde estavam relativamente saudáveis a princípio, mas então, nos primeiros meses de 1945, as duas contraíram tifo. Em fevereiro ou março, Margot faleceu, e então Anne, totalmente sozinha, também sucumbiu ao tifo, apenas algumas semanas antes de o campo de concentração ser libertado.

Embora as últimas listas de sobreviventes tivessem sido publicadas, havia muitos exilados e as fronteiras não eram mais as mesmas, então era impossível ter certeza do destino de muitas outras pessoas que não voltaram. Para alguns, a esperança era tudo o que restava.

Nunca mais vimos Karel Van der Hart depois da guerra, mas ficamos sabendo que ele foi para os Estados Unidos.

Às noites, depois que Henk, Otto e eu voltávamos do trabalho, eu preparava nosso jantar, e então Otto começava a traduzir para o alemão trechos do diário de Anne para enviar à sua mãe, que vivia em Basileia. O Sr. Frank incluía essas traduções nas cartas que escrevia para ela. Algumas vezes, ele saía do seu quarto segurando o pequeno diário de Anne e balançando a cabeça. Ele dizia:

– Miep, você precisa ouvir a descrição que Anne escreveu aqui! Quem poderia imaginar o quanto a imaginação dela era fértil esse tempo todo?

No entanto, quando ele me pedia para ouvir o que ela tinha escrito, eu tinha que negar. Não podia escutar. Eu me entristecia demais.

Por causa da personalidade antipática de Frits Van Matto, Jo Koophuis e Otto Frank o colocaram gentilmente para fora dos negócios. Eles não o demitiram, mas o convenceram de que ele poderia ter um futuro mais promissor fora de lá. Novos armazenistas foram contratados.

O ano de 1946 chegou e ainda assim continuamos na penúria; ainda não havia nada.

Em 15 de maio de 1946, Elli Vossen se casou e deixou a Prinsengracht. Um rapaz foi contratado para ficar no lugar dela. Como ela vinha de uma família grande, seis irmãs e um irmão, Elli sempre sonhou em ter sua própria grande família. Ela logo engravidou e estava muito feliz que o sonho de sua vida estava se realizando tão rapidamente.

Eu agora já tinha passado dos 35. Minha idade fértil estava passando rápido. Meu próprio sonho de ser mãe tinha mudado muito por causa do que aconteceu na Holanda. Estava feliz por não ter tido filhos que teriam sido obrigados a enfrentar os terríveis anos bélicos. Depois da guerra, não trouxemos mais à tona o assunto de ter filhos.

Eu também estava com uma grande dificuldade de continuar acreditando na existência de Deus. Quando era uma garotinha em Viena, meus pais eram católicos devotos. Eles me levaram à igreja algumas vezes, mas eu não gostei. Eu era tão pequena – talvez 3, 4 ou 5 anos – e não entendia muito bem o que estava acontecendo na celebração, mas eu me sentia afetada pela escuridão da igreja enorme e majestosa e pelo frio que sentia lá dentro. Minha aversão à igreja me fez implorar para não frequentá-la mais. Meus pais não insistiram para que eu fosse. Então nunca voltei.

Quando vim para Leiden, minha família adotiva também nunca me fez ir à igreja, então, enquanto crescia, não me encaixei em nenhuma religião. Apesar disso, porém, nunca duvidei da existência de Deus. Isto é, até a guerra. Então, quando a guerra terminou, minha crença em Deus tinha sido envenenada, e no lugar ficou só um buraco vazio.

Henk já era ateu antes e durante a guerra, e continuou assim.

Contudo, eu tinha uma ânsia de me informar sobre o assunto, e comecei a ler o Velho Testamento, depois li o Novo. Então, com interesse profundo, li estudos sobre diferentes religiões: livros sobre judaísmo, catolicismo, protestantismo, o que caísse em minhas mãos.

Nunca falei sobre minhas leituras com ninguém. Só lia e lia. Tudo que eu lia era valioso e interessante, mas, ainda assim, sempre queria mais. Os anos sombrios tinham arrasado minha estrutura interna e eu estava à procura de algo para reconstruí-la.

EMBORA UMA LENTA reconstrução e renovação estivessem em curso, nós, holandeses, continuamos a amargar um sentimento forte e profundo de ódio pelo sofrimento que fomos obrigados a suportar nas mãos dos selvagens opressores alemães. Por cinco bons anos, ficamos sem contato com o mundo exterior. Fomos profundamente humilhados, obrigados a nos curvar; a vida de pessoas boas e inocentes foi ceifada e destruída. Não sentíamos nenhuma vontade de perdoar.

Em 1946, a rainha Guilhermina convocou nossa primeira eleição nacional. No mesmo ano, Anton Mussert, chefe do NSB holandês, foi executado por um pelotão de fuzilamento em Haia, e Arthur Seyss-Inquart, o comissário imperial nazista dos Países Baixos, foi enforcado depois do Julgamento de Nuremberg. Por todos os lados, levantavam-se debates sobre o que era "certo" e o que era "errado" em tempos de guerra. Vários traidores foram punidos e, no entanto, a vingança e a justiça proporcionavam pouca satisfação.

Em dezembro de 1946, decidimos nos mudar para outro apartamento em nosso bairro. Já tínhamos ficado tempo demais com a irmã de Henk em Hunzestraat. Henk e eu tínhamos um amigo cuja esposa tinha morrido recentemente, o Sr. Van Caspel. Ele tinha um apartamento enorme só para ele e a filhinha, uma garota de 9 anos que estava longe de casa, em um internato, e então nos convidou para dividir o apartamento.

Henk e eu discutimos a situação com Otto, que disse que, se estivesse tudo bem, gostaria de se mudar conosco para esse apartamento. Obviamente, dissemos que ele era muito bem-vindo, mas sabíamos que ele tinha muitos amigos e contatos e que provavelmente poderia achar melhores acomodações do que aquela que tínhamos encontrado.

– Prefiro ficar com vocês, Miep – ele explicou. – Pois posso falar com vocês sobre minha família, se eu quiser.

Na verdade, o Sr. Frank raramente falava sobre elas, mas entendi o que quis dizer. Otto poderia falar sobre a família dele se quisesse. E, se não quisesse, compartilhávamos em silêncio o mesmo luto e as mesmas memórias.

ENTÃO OTTO, HENK E EU nos mudamos juntos para o número 65 da Jekerstraat logo no início de 1947. Henk começou a sentir dores de cabeça todos os dias, uma dor de cabeça que o cegava, mas como não era do seu feitio reclamar sobre o que o afligia, falou pouco sobre essas dores e fez o melhor que pôde para continuar suas atividades diárias.

Todas as noites de sábado, Henk e eu, a Sra. Dussel e vários outros amigos nos reuníamos para jogar canastra. O Sr. Frank nunca jogou com a gente, mas começou a organizar pequenos encontros de amigos para tomar café aos domingos. Eram todos judeus que tinham sobrevivido a um sofrimento indizível. Eles se reuniam nas tardes de domingo e perguntavam uns aos outros: "Quem sobrou na sua família?" ou "Sua esposa voltou?" ou "E os seus filhos? Seus pais?". Eles trocavam informações sobre os campos em que estiveram – Auschwitz, Sobibor –, fatos sobre o transporte, datas; mas nunca sobre o que lhes tinha acontecido pessoalmente. Eu compreendi que certas coisas eram difíceis demais para serem mencionadas e, quando eles estavam juntos, não era necessário.

Em um desses encontros de domingo, Frank mencionou que tinha um diário escrito por sua filha Anne. Um dos homens presentes perguntou se poderia ler. O Sr. Frank estava relutante, mas entregou ao homem alguns trechos que tinha traduzido para enviar à mãe, as partes que ele vinha tentando me convencer a ler havia mais de um ano, sem sucesso.

Depois de ler os fragmentos, esse homem perguntou a Frank se poderia ler o diário inteiro, que estava muito impressionado com os trechos e tinha grande curiosidade de ler mais. Outra vez, muito relutante, o Sr. Frank lhe deu mais algumas partes para ler.

Então esse homem pediu permissão ao Sr. Frank para mostrar o diário a um grande amigo, um conhecido historiador. Otto foi contra, mas o amigo insistiu e insistiu, e finalmente Frank concordou.

Depois de ler o diário de Anne, o historiador escreveu um artigo a respeito dele para o *Het Parool*, um jornal holandês que estava crescendo, mas que tinha surgido durante a guerra como um jornal ilegal. O historiador começou uma campanha para que o Otto permitisse que o diário de Anne fosse publicado. O Sr. Frank era veementemente contra, e era inflexível em suas negativas. O historiador e o amigo continuaram insistindo e, no fim das contas, acabaram persuadindo Otto Frank. Eles alegaram que era dever de Frank compartilhar a história de Anne com outras pessoas, que o diário dela era um documento de guerra muito importante por expressar a voz singular de uma menina refugiada em um esconderijo.

Tantos argumentos começaram a persuadir o Sr. Frank de que era seu dever esquecer o próprio senso de invasão de privacidade. Por fim, embora muito relutante, o Sr. Frank deu permissão para que uma edição pequena e limitada fosse impressa pela Contact Publishers, em Amsterdã. O diário de Anne foi publicado com o título de *Het Achterhuis* ("O Anexo"). Várias vezes, depois da publicação, Otto pedia que eu lesse os escritos de Anne, mas eu continuava negando. Simplesmente não conseguia me forçar a isso.

A publicação de *Het Achterhuis*, que era o nome dado por Anne para o esconderijo, foi celebrada em algumas praças, mas recebida com indiferença por parte de várias pessoas que tinham vivido suas próprias desgraças particulares. A última coisa que elas queriam era ler sobre experiências semelhantes. Ninguém na Holanda teve uma vida fácil durante a guerra. A maior parte das pessoas foi submetida a um sofrimento imensurável. A maioria queria esquecer a guerra, deixá-la para trás e seguir em frente.

Apesar disso, o diário de Anne foi reimpresso e conquistou ainda mais leitores.

– Miep, você deveria ler – Otto sempre me dizia.

Mas eu nunca conseguia. Não era capaz de reviver as misérias, não queria relembrar as terríveis perdas.

Henk também se recusava a ler as palavras de Anne.

ENFIM, OS SUPRIMENTOS de comida, embora ainda esparsos, estavam sendo repostos. Saudáveis de novo, as vacas gordas da Holanda pastavam na zona rural. Os trens voltaram a circular, assim como os bondes de Amsterdá. Os destroços foram removidos.

Durante a ocupação, só havia dois tipos de holandeses: aqueles que colaboravam e aqueles que resistiam. Diferenças políticas, religiosas e de classe foram esquecidas. Éramos simplesmente nós, holandeses, contra os alemães, nossos opressores.

Depois da libertação, a união desapareceu rapidamente e as pessoas se dividiram mais uma vez em grupos e facções que discordavam umas das outras. Todo mundo voltou aos velhos hábitos, à própria classe, ao próprio grupo político. As pessoas mudaram menos do que eu pensei que mudariam.

Muitos daqueles que se mudaram para os apartamentos de judeus no sul de Amsterdá continuaram vivendo neles. A vizinhança não tinha mais um tempero judeu. Na verdade, não havia mais muitas coisas em comum entre os vizinhos. O local tinha perdido sua característica atmosfera progressista. Nunca mais voltaria a ser o que era. Amsterdá também mudou, uma cidade moderna ressurgiu no lugar do município amigável que era antes.

Agora, com três homens adultos em casa – Henk, Otto e o Sr. Van Caspel – eu tinha muito o que fazer para tomar conta deles apropriadamente. Algumas vezes, a filha de Van Caspel vinha passar o fim de semana conosco. Era importante para mim que nossa casa estivesse limpa e organizada, e que as refeições fossem servidas na hora certa. Reparos precisavam ser feitos, as roupas precisavam ser lavadas. E sempre havia alguém precisando de um ouvido disposto a escutar.

Na empresa, produtos originais estavam novamente à venda. O negócio não parou de funcionar em nenhum momento. Desde seu regresso, Otto Frank voltou a ser o homem levemente nervoso e de fala mansa que era antes da ocupação. A mudança ocorrida quando ele se escondeu, a personalidade calma e autoritária que tinha assumido, havia desaparecido.

Mas o interesse de Frank pelos negócios parecia estar diminuindo. Desde a publicação do diário de Anne, cartas de crianças e adultos começaram a chegar para ele. Atenciosamente, o Sr. Frank respondia cada uma dessas cartas. Seu escritório em Prinsengracht se tornou o lugar onde ele conduzia os assuntos relacionados ao diário de Anne.

Então, em um dia quente e bonito de 1947, pedalei até Prinsengracht pela última vez. Discretamente, me despedi de todos e dei a notícia de que não seria mais empregada da firma. Agora eu era responsável por cuidar de três homens adultos em tempo integral. Tinha decidido que os cuidados com aqueles homens e com a nossa casa agora seriam o meu trabalho. Eu não era mais a moça ávida pela liberdade e pela independência proporcionadas por um emprego. Nada em Amsterdá era como antes, e eu também não.

A segunda reimpressão do diário esgotou e mais uma foi planejada. O Sr. Frank recebeu a proposta de negociar os direitos de tradução e publicação do diário no exterior. A princípio, ele foi contra, mas acabou cedendo à pressão para permitir que o diário alcançasse um público maior.

De novo e de novo, ele dizia:

– Miep, você precisa ler o que Anne escreveu. Quem podia imaginar o que se passava naquela cabecinha? – Otto nunca se intimidava com minhas recusas frequentes. Ele sempre esperava mais um pouco e então sugeria outra vez.

Por fim, cedi à sua insistência.

– Tudo bem, vou ler o diário, mas só quando estiver completamente sozinha – falei.

Em um dia de calor em que não havia mais ninguém em casa, peguei a segunda impressão do diário, entrei no meu quarto e fechei a porta.

Com um medo terrível no peito, abri o livro e virei a primeira página. Então comecei a ler.

Li o diário inteiro sem parar. Desde a primeira palavra, ouvi a voz de Anne voltar para conversar comigo de onde quer que ela estivesse. Perdi a noção do tempo. A voz dela ressoava para fora do livro, tão cheia de vida, humores, curiosidade, sentimentos. Ela não estava mais morta e destruída. Ela tinha revivido em minha mente.

Li até o final. Estava surpresa com a quantidade de coisas que tinham acontecido no esconderijo que eu nunca fiquei sabendo. Imediatamente, me senti grata por não ter lido o diário logo depois da prisão, durante os nove meses finais da ocupação, enquanto tinha ficado guardado na gaveta da mesa, ao meu lado, todos os dias. Se eu tivesse lido, teria que queimar o diário, porque seria perigoso demais para as pessoas mencionadas nele.

Quando terminei de ler a última palavra, não senti a dor que esperava. Estava satisfeita por enfim ter lido. Senti algo preenchendo o vazio em meu coração. Dentre tantas perdas irreparáveis, pelo menos a voz de Anne jamais se perderia. Minha jovem amiga tinha deixado um legado memorável para o mundo.

Mesmo assim, todos os dias da minha vida, eu sempre desejei que tudo tivesse acontecido de outro jeito. E, ainda que o diário de Anne Frank tivesse se perdido para sempre, eu queria que Anne e os outros tivessem se salvado.

Nem um dia se passa sem que eu fique de luto por eles.

EPÍLOGO

EM 1948, A RAINHA GUILHERMINA abdicou do trono em favor da filha, Juliana. Seu reinado de meio século tinha chegado ao fim. Naquele mesmo ano, Henk ganhou na loteria holandesa e conseguimos sair do país para umas férias curtas em Grindelwald, na Suíça. Otto Frank nos acompanhou. Pela primeira vez desde a guerra, ele reencontrou a mãe, em Basileia. Durante a primeira metade de 1948, as terríveis dores de cabeça de Henk, que o acometeram por um ano inteiro, começaram a diminuir de intensidade. Durante nossas férias na Suíça, essas dores cessaram por completo e nunca mais voltaram.

Depois que o diário de Anne foi traduzido para o inglês e publicado nos Estados Unidos e em outros países, tornou-se um sucesso estrondoso. Outras traduções foram feitas, e por todo canto do mundo as pessoas liam a história de Anne Frank. Uma peça foi escrita baseada no diário, transformando em ficção e dramatizando a história e os personagens. A peça foi um sucesso espetacular. Em Amsterdã, a primeira apresentação foi realizada em 27 de novembro de 1956. Elli e o marido, Jo Koophuis e a esposa, Henk e eu fomos convidados. Victor Kraler tinha emigrado para o Canadá no ano anterior. Para mim, foi uma experiência muito estranha assistir àquela peça. Ficava esperando que meus amigos de verdade aparecessem, não os atores e as atrizes.

Então fizeram um filme. A estreia do longa-metragem no Teatro Municipal de Amsterdã foi em 16 de abril de 1959. Todos nós fomos convidados mais uma vez. A rainha Juliana e sua filha Beatrix, a princesa coroada, estavam presentes. A Sra. Koophuis, Elli e eu fomos apresentadas a elas. Até onde eu sei, Otto Frank nunca viu a peça nem o filme. Ele não queria.

Por todo lado, o diário ganhava cada vez mais atenção. O Sr. Frank não reassumiu o posto de diretor da empresa depois da guerra. Cada vez mais, o seu tempo era dedicado a assuntos pertinentes ao diário. Por fim, a empresa se mudou para um novo endereço e o Sr. Frank se desligou de vez dos negócios. O Sr. Koophuis continuou como diretor até falecer, em 1959. O Sr. Kraler viveu no Canadá até falecer, em 1981. Após seu casamento e o nascimento dos filhos, Elli deixou a antiga vida do escritório para trás. Suas lembranças sobre aqueles anos da juventude se tornaram vagas, ela foi uma esposa e mãe dedicada até o fim de sua vida, em 1983.

Uma vez que não estava mais à frente dos negócios, Otto Frank dedicou sua total atenção ao diário. Anne Frank tinha se tornado famosa em todo o mundo. Enquanto o Sr. Frank e qualquer assunto ou pessoa relacionada a Anne ganhava mais publicidade, Henk e eu nos afastamos. Nenhum de nós gostava de receber atenção especial. Preferíamos o anonimato e a privacidade.

Então, em 1949, um grande evento aconteceu. Aos 40 anos, engravidei. Em 13 de julho de 1950, nosso filho Paul nasceu. Agora nossa pequena família incluía Otto, o Sr. Van Caspel, Henk, eu e nosso pequeno Paul.

Enquanto eu estava no hospital para o nascimento de Paul, a Sra. Samson, nossa antiga locatária, veio me visitar. Seu marido tinha voltado da Inglaterra.

Por volta de 1950, a vida começou a voltar ao normal na Holanda. Comida não era mais um problema, mas eu nunca mais consegui jogar os restos fora. Mesmo se uma batata estivesse ruim ou a casca do pão ficasse preta, eu encontrava algum uso para isso, como dar para os pássaros. Às vezes, ao longo dos canais de Amsterdá, um turista alemão era visto mostrando as redondezas para a esposa ou a namorada.

– Foi aqui que me instalei durante a guerra – ele diria para ela.

No outono de 1952, depois de viver conosco por sete anos, o Sr. Frank emigrou para Suíça para ficar junto da mãe. Ele se casou novamente em novembro de 1953, em Amsterdá, e levou a esposa consigo para Basileia. Sua esposa também tinha vivido uma tragédia parecida, e perdera toda a família, exceto uma filha. O Sr. Frank encontrou uma mulher extraordinária. Os dois tinham muito em comum e viveram juntos em harmonia até a morte dele, em 1980. Nenhuma vez, em todos aqueles anos, o Sr. Frank se esqueceu de telefonar para nós em nosso aniversário de casamento, 16 de julho.

Embora não passe um dia sem que eu pense no que aconteceu, dois dias são particularmente difíceis para nós. Em 4 de maio, o dia oficial do luto holandês, nós nunca saímos. Muitas pessoas vão à igreja, inclusive a rainha. Algumas deixam flores em lugares onde os combatentes da Resistência holandesa foram executados ou queimados. Há uma cerimônia comemorativa na Praça Dam, onde a rainha e o marido depositam uma coroa de flores aos pés do Monumento Nacional. Às 8 horas da noite em ponto, todas as luzes da cidade são acesas. Trens e bondes param; carros param, bicicletas param. As pessoas permanecem de pé. A maioria vai para o lado de fora quando as luzes se acendem. Uma música de funeral é tocada, seguida do hino nacional holandês. Todas as bandeiras ficam a meio-mastro o dia inteiro. Todos ficam em silêncio.

O outro dia tenebroso é 4 de agosto, o dia da prisão. Henk e eu também passamos esse dia inteiro em casa. Agimos como se, na verdade, ele não estivesse acontecendo. Nenhum de nós olha para o relógio o dia todo. Eu permaneço à janela durante todo o tempo e Henk, de propósito, senta-se de costas para ela. Quando sentimos que já são 5 horas, que o dia passou, sentimos um alívio imenso por ter terminado.

EM 1948, A POLÍCIA HOLANDESA conduziu uma investigação sobre a delação aos nossos amigos no esconderijo. De acordo com os registros da polícia, alguém *tinha* traído eles. Nenhum nome foi registrado no relatório, só que a pessoa recebeu sete florins e meio por judeu – isto é, um total de sessenta florins. Sabíamos que nossos amigos só podiam ter sido traídos. Alguns tinham suspeitas a respeito de quem era o traidor, mas Henk e eu não tínhamos ideia. O Sr. Frank era o único que poderia fazer alguma coisa. Ele escolheu não fazer.

Outra investigação foi aberta em 1963, porque o diário alcançou um nível inesperado de fama internacional. Surgiu um clamor público para punir o traidor de nossos amigos inocentes.

Recebi um telefonema da polícia dizendo que eles gostariam de vir até mim para me interrogar a respeito do dia da prisão efetuada tantos anos atrás, no dia 4 de agosto de 1944. Fiquei sem chão quando o policial ao telefone disse:

– Você é uma das suspeitas, Sra. Gies, porque nasceu em Viena.

– Venha e converse comigo quando quiser – respondi.

Ele veio ao nosso apartamento. Henk e eu conversamos com o policial juntos. Estava frio aquele dia e acendemos a lareira de carvão. O fogo estava se apagando e Henk saiu para pegar mais carvão.

Assim que ele se retirou da sala, o policial se inclinou na minha direção e disse:

– Não queremos atrapalhar seu casamento, Sra. Gies. Por favor, venha amanhã às 9 horas em ponto para nos ver. Sozinha. – Devo ter demonstrado minha confusão, porque ele prosseguiu: – Quando interrogamos o Sr. Van Matto, ele nos disse que a senhora tinha um... como eu posso dizer...? Um relacionamento "íntimo"... hm, "amigável" com um homem do alto escalão da Gestapo. E que você também tinha um relacionamento "amigável" com o Sr. Koophuis.

Fiquei estarrecida. Podia sentir minha pressão ir às alturas.

– Não vou responder a tais acusações. Quando meu marido voltar, por favor, diga a ele exatamente o que o senhor acabou de me dizer.

Pude ver que o policial não ficou satisfeito com isso. Ficamos sentados lá, frente a frente. Henk voltou com mais carvão, alimentou a chama e se sentou. Então o policial disse a Henk:

– O Sr. Van Matto nos disse no interrogatório dele que sua esposa tinha uma "relação amigável" com um homem do alto escalão da Gestapo, e que ela também tinha um "relacionamento amigável" com o Sr. Koophuis. O que você tem a dizer sobre isso?

Henk se virou para mim e disse:

– Tiro meu chapéu para você, Miep. Não sei quando conseguiu ter todas essas "relações amigáveis". Pela manhã, você e eu saíamos juntos para o trabalho. Todos os dias, almoçávamos juntos no seu escritório. À noite você sempre estava comigo...

O policial o interrompeu.

– Certo, pare.

Então ele me perguntou se eu achava que Frits Van Matto era o traidor.

– Estou convencida de que não – respondi.

Ele me perguntou se eu sabia que outros suspeitavam de Van Matto e que a própria Anne, no diário dela, descreveu como todos no esconderijo desconfiavam dele.

Mais uma vez, reiterei que não achava que era Van Matto.

Poucas semanas depois, o mesmo policial me informou:

— Vou até Viena encontrar Silberbauer, o oficial da Polícia Verde, para perguntar se ele lembra quem era o traidor. Também vou perguntar por que ele te deixou livre quando os outros foram mandados para os campos de concentração.

— Ótimo — respondi. — Quando você voltar, agradeceria se me contasse o que ele disse.

Quando o policial retornou de Viena, veio me visitar outra vez e disse que, quando perguntou a Silberbauer por que ele me liberou, o homem respondeu:

— Ela era uma moça tão boa. — Sobre o traidor, ele disse: — Não lembro. Havia tantos traidores durante aqueles anos.

Silberbauer tinha se tornado policial em Viena. Por causa das suas atividades nazistas, foi suspenso do trabalho por um ano. Mas esse período passou e ele retomou normalmente o trabalho na força policial.

O policial também me disse que, ao conversar novamente com Frits Van Matto, que continuava sendo o principal suspeito, embora não houvesse provas, fez questão de contar para ele que, apesar das maledicências que dissera à polícia sobre Miep, ela tinha insistido que ele não era o traidor.

O policial me perguntou por que eu estava convencida disso. Contei a ele que o motivo de ter tanta certeza era que, durante a guerra, um dos agentes da nossa companhia me confidenciou que Van Matto escondia o próprio filho em casa. Mantive o segredo durante a guerra e depois dela. Por causa disso, Henk, o Sr. Frank e eu concluímos que, apesar da personalidade desagradável, Van Matto não era o traidor.

O Sr. Frank não queria que houvesse um julgamento sobre a questão do traidor. Ele declarou simplesmente:

— Não quero saber quem fez isso.

Embora Van Matto continuasse sendo o principal suspeito para alguns, outros suspeitavam dos NSB'ers que viviam do outro lado do jardim e podem ter visto algum movimento por trás das cortinas brancas sujas. Talvez, como Anne suspeitou, um dos ladrões que invadiram a fábrica tenha sido o traidor. Apesar de todas as teorias que surgiram ao longo dos anos, incluindo algumas totalmente descabidas, nenhuma prova jamais foi encontrada. Tinha certeza de que, se a polícia tivesse provas, prenderia o suspeito.

O mesmo policial holandês me contou tempos depois que, quando foi à Suíça para interrogar o Sr. Frank e contou que eu estava sendo investigada, o Sr. Frank respondeu:

– Se você suspeita de Miep, então você também suspeita de mim.

POSFÁCIO

Meu 100º aniversário

QUANDO AS ÚLTIMAS PALAVRAS do epílogo original de *Eu, Miep, escondi a família de Anne Frank* foram escritas, meu marido, Jan (a quem Anne chamava de "Henk" em seu diário), e eu éramos considerados idosos – meu marido em seus 80 anos, eu no finalzinho dos 70. Nem poderia imaginar que seria sortuda o suficiente para viver até meu centésimo aniversário. Tampouco poderia imaginar o estranhamento que sentiria por ter vivido muito mais que quase todos que compartilharam aqueles tempos tenebrosos comigo, incluindo Jan.

O chapéu de Jan continua pendurado ao lado do meu na chapeleira próxima à porta da frente. Seu relógio de pulso continua em cima do móvel da TV. Há uma pintura a óleo dele em uma parede do meu apartamento, e uma pintura de Anne em outra. Também há uma foto emoldurada de Otto Frank perto do fim da vida, junto de outras fotos de familiares e amigos. Há prêmios e homenagens que recebi espalhados por todo o apartamento.

As peças do mobiliário clássico de Edith, que Otto Frank me deu de presente, continuam aqui, incluindo o grande relógio de pêndulo fabricado em Frankfurt tempos atrás, que ocupa uma parede inteira. Perto da época em que Jan morreu, o relógio parou de funcionar. Até agora, ninguém foi capaz de consertá-lo.

Estou cercada de lembranças, mas vivo por minha conta, embora meu filho, Paul, e sua esposa, Lucie, cuidem do meu bem-estar.

Se Anne Frank tivesse sobrevivido, ela celebraria seu aniversário de 80 anos alguns meses depois da data em que espero celebrar meu centenário. Sem dúvida, ela estaria cercada de filhos e netos, assim como de cópias de livros publicados e prêmios recebidos graças a eles. Acredito que ela teria realizado seu sonho de se tornar uma escritora aclamada.

Embora a história que eu conte neste livro permaneça sem alterações, estou surpresa com a quantidade de fatos novos e marcantes que foram revelados nos vinte anos que seguiram sua publicação.

QUANDO OTTO FRANK estava preparando a primeira edição de *O diário de Anne Frank*, ele editou o original para simplificar alguns trechos e deixar outros mais compreensíveis. Ele também estava preocupado com o tamanho e decidiu deixar de fora o que considerou ser muito pessoal ou possivelmente doloroso para qualquer pessoa ainda viva, ou à memória de pessoas que não estavam mais entre nós. Ele acreditava que era de bom tom continuar a proteger muitas identidades verdadeiras. Anne inventou pseudônimos quando estava revisando o diário, com a ideia de que talvez pudesse publicar partes dele depois da guerra. Como já expliquei antes, usei os mesmos pseudônimos neste livro.

Isso não é mais necessário, todavia, porque o véu de sigilo foi suspenso quando duas novas e diferentes reedições do diário de Anne foram publicadas: *a edição crítica* e a *edição definitiva*.

Ao longo dos anos, ataques contra a autenticidade do diário foram feitos por quem negava o Holocausto e por neonazistas, pessoas que, por razões particulares, queriam rebaixá-lo. Anne reescreveu alguns trechos no esconderijo, e isso também pode ter gerado algumas confusões. O Instituto Holandês de Documentação de Guerra decidiu responder a esses ataques de uma vez por todas. Foi por isso que todos os registros escritos de Anne foram submetidos a uma investigação forense com o propósito de certificá-los cientificamente como de autoria dela.

Depois disso, *O diário de Anne Frank: edição crítica* foi publicado. A edição crítica contém informações de segundo plano sobre os Frank, sua prisão e deportação, assim como todos os detalhes da investigação forense que provou quando o diário foi escrito e por quem – em outras palavras, que era autêntico. Ele contém todos os escritos de Anne que estavam espalhados pelo chão do esconderijo durante a prisão. Serei eternamente grata por ter sido capaz de preservá-los. A edição também explica as reescritas e várias mudanças no texto que Anne fez perto do fim do período no esconderijo, na esperança de publicar quando a guerra acabasse; à época, parecia que a guerra terminaria em breve e que ela estaria livre. Essa edição é direcionada a estudantes, em vez de leitores comuns.

Poucos anos depois, a fundação para a qual Otto Frank deixou os direitos do diário decidiu que tinha chegado a hora de publicar um diário mais completo, que veio a ser chamado de *O diário de Anne Frank: edição definitiva*. Essa nova edição expandida recupera muitos textos de Anne que foram deixados de fora da versão original – 30% a mais. O material adicional ilustrava em grandes detalhes o desenvolvimento de Anne como escritora e pensadora. Imediatamente se transformou em um *best-seller*.

Em virtude do caráter pessoal de alguns comentários de Anne, algumas pessoas receberam as novas edições de maneira um tanto sensacionalista, o que é uma infelicidade porque tanto sensacionalismo pode facilmente desviar a atenção das habilidades de Anne como escritora, que reluziu tão brilhantemente nessas edições expandidas quanto na versão original.

Tanto a edição definitiva quanto a crítica usam os nomes reais, então não há mais motivos para eu continuar mantendo sigilo acerca das identidades.

Como mencionei, meu marido, a quem Anne apelidou de Henk, na verdade se chamava Jan. O nome verdadeiro de Elli Vossen era Elisabeth Voskuijl. Nós a chamávamos de Bep. O nome verdadeiro de Jo Koophuis era Johannes Kleiman. Victor Kraler era Victor Kugler. Os Van Daan eram os Van Pelses – Peter, Auguste (ou Gusti), e Hermann. O Dr. Albert Dussel era, na verdade, Dr. Fritz Pfeffer. O nome real da nossa locatária, Sra. Samson, era Stoppelman.

A amiga de Anne, Lies Goosen é na verdade Hannah Goslar. Jopie de Waal se chama Jacqueline Van Maarsen. Sra. Blik é Sientje Blitz. Sra. Coenen, filha da Sra. Stoppelman, é a Sra. Cohen. A família Nieuwenhuis é, na verdade, a família Van Nieuwenburg. Van Caspel é Ab Cauvern. Van Matto é Van Maren. O nome da empresa Koolen & Co. era, na verdade, Gies & Co. Travies N.V. era Opekta Company.

UM JORNALISTA ALEMÃO chamado Ernst Schnabel e um cinegrafista holandês chamado Willy Lindwer, entre outros, decidiram encontrar e entrevistar as pessoas que cruzaram o caminho dos Frank depois da prisão. Esses sobreviventes testemunharam o que aconteceu às pessoas do esconderijo entre a prisão, em agosto de 1944, e o fim da guerra, na primavera de 1945. Informações detalhadas, inclusive relatos de testemunhas oculares do sofrimento e da morte dos meus amigos, ficaram conhecidas no mundo todo.

Eu preferia não ficar sabendo de muitos desses detalhes, mas acabei sabendo mesmo assim.

Depois que *Eu, Miep, escondi a família de Anne Frank* foi publicado em inglês e holandês, saiu em outros 18 idiomas. Jan e eu, e nossa coautora, Alison Leslie Gold, que desde então se tornou uma amiga próxima, ficamos fascinados. O livro vendeu bem e foi honrado com prêmios. Cartas começaram a chegar do mundo inteiro. Respondi cada uma delas, o que me deixou muito ocupada.

Um filme intitulado *Sótão: o esconderijo de Anne Frank* foi produzido com base em nosso livro e também recebeu prêmios. Grande parte do filme foi rodada nas ruas de Amsterdá, onde os eventos reais tinham acontecido. Quando Jan e eu fomos convidados para visitar o *set*, vivemos a estranha experiência de ver os atores dizendo as mesmas palavras que nós tínhamos dito naquelas ruas. Na verdade, a primeira vez que vi a jovem atriz inglesa escalada para interpretar Anne, eu quase desmaiei, porque ela poderia ser irmã gêmea de Anne. Definitivamente, foi uma das experiências mais estranhas que já vivi.

Ficamos orgulhosos de que, embora fosse apenas para um filme, mesmo 50 anos depois da guerra, os donos de edifícios em Amsterdá não queriam permitir que a suástica nazista fosse exibida nas paredes deles.

Apesar da idade, Jan e eu fizemos o que nos foi pedido depois que o livro foi lançado. Viajamos para vários países e encontramos muitos sobreviventes do Holocausto. Quando nos encontramos com alunos de colégios na Alemanha e na Áustria, alguns deles descendentes de nazistas, vários nos pediram:

– Nossos pais não falam sobre o que aconteceu na guerra. Nossos avós também não. Por favor, contem-nos o que aconteceu.

Como eu conseguia falar com eles em alemão, e como nasci em Viena – em outras palavras, porque era uma deles e não alguém de fora –, fui capaz de lhes contar a verdadeira história do que aconteceu. Eu podia e contei os detalhes que os pais e avós tinham escolhido não debater com eles.

Foi nesse momento que Jan e eu ficamos realmente gratos por termos deixado Alison nos persuadir a contar nossa história. Percebemos que era necessário contar a verdade sobre o que aconteceu da nossa perspectiva e que conversar com aqueles alunos era a última tarefa importante das nossas vidas.

Logo depois, o que parecia ser apenas uma maré de interesse em Anne Frank e em nós se transformou em uma inundação.

O documentário *A lembrança de Anne Frank*, cujo título parecia homenagear o nosso livro, ganhou o Oscar de melhor documentário. Fui convidada a comparecer à cerimônia em Hollywood. Quando o vencedor foi anunciado, o diretor e eu subimos ao palco, diante de um público que nos aplaudiu de pé.

Foi uma grande honra, mas era Anne que deveria estar lá.

Mais documentários foram produzidos, mais entrevistas solicitadas. Mas quando Jan adoeceu, paramos de viajar e recusamos os convites. Em 23 de janeiro de 1993, ele morreu em casa, na nossa cama, comigo ao seu lado.

Quando me senti capaz, segui sozinha.

FOI UMA SURPRESA para mim quando cartas escritas em inglês por Anne e Margot foram a leilão nos Estados Unidos. As donas das cartas eram irmãs.

Na primavera de 1940, uma professora em Danville, Iowa, querendo apresentar aos alunos um mundo mais amplo, sugeriu que eles fizessem amizade por correspondência com crianças da Europa. A professora tinha uma lista de nomes e endereços que tinha recolhido durante viagens. Uma das suas alunas, Juanita Wagner, de 10 anos de idade, escolheu alguém da lista que também tinha 10 anos e vivia em Amsterdã, na Holanda.

Juanita explicou mais tarde que em sua carta ela escreveu sobre a irmã mais velha, a fazenda da família e a vida nos Estados Unidos. Ela enviou a carta e ficou na esperança de receber uma resposta.

E recebeu.

O carteiro trouxe não uma, mas duas cartas com exóticos selos holandeses escritas em papel azul-claro. Aquela endereçada a Juanita estava assinada: "Sua amiga holandesa, Anneliese Marie Frank". A data era "Segunda-feira, 29 de abril de 1940". Nela, Anneliese – Anne – descrevia a família, a escola, a coleção de figurinhas e os amigos. Ela anexou um cartão-postal de Amsterdã e uma pequena foto dela.

A segunda carta era para a irmã de 14 anos de Juanita, Betty Ann. Margot tinha escrito sobre a escola, esportes, Amsterdã, o apartamento da família dela e o clima holandês. Quando Margot comentou que, por causa dos tempos que viviam, e porque a Holanda era um país pequeno que fazia fronteira com a Alemanha, a família dela não se sentia segura, as meninas norte-americanas não entenderam o motivo.

Mais tarde, Juanita contou o quanto ela e a irmã ficaram felizes por ter amigas estrangeiras e logo escreveram de volta. Elas esperaram por uma resposta que nunca veio.

Elas não sabiam que, menos de duas semanas depois que Anne e Margot enviaram as cartas, a Alemanha atacou a Holanda e tudo mudou. Elas não entendiam o perigo que suas amigas por correspondência estavam enfrentando porque não sabiam que as meninas eram judias.

Um museu em Los Angeles agora tem as cartas de Anne e Margot em exposição permanente para todos verem.

Recentemente, o namorado sobre quem Anne escreveu no diário logo antes de se esconder foi convencido a aparecer publicamente em alguns eventos. Entre eles, um tributo na data que deveria ser o aniversário de 75 anos de Anne. Ele era Helmuth Silberberg, apelidado de "Hello". Anne nunca soube que, pouco depois de se esconder, Hello e os pais também foram para um esconderijo próximo a Bruxelas. Ele deu um jeito de conseguir uma identidade falsa e sobreviveu.

Depois da guerra, ele foi para os Estados Unidos, e mudou seu nome para Ed Silverberg. Ele é um homem alto, de cabelos brancos e sorridente, com uma expressão jovial. Não consigo pensar que Anne não continuaria achando-o atraente. Em seu diário, Anne escreveu que Hello dizia que ela era como um "tônico revigorante", o que eu acho que a descrevia bem.

Neste livro, eu menciono cartas e pequenos pacotes que levei entre Fritz Pfeffer (chamado de Dr. Dussel no livro) e sua *Frau*, Charlotte, chamada de Lotte. Charlotte sempre pensou que Fritz estava escondido em algum lugar no campo, que eu estava passando as cartas para outro mensageiro ou alguém da Resistência. Claro que ela não sabia que eu as entregava em mãos. Charlotte não era judia, então conseguiu sobreviver à guerra, vivendo o tempo todo em Amsterdã. Por algum tempo depois da guerra, Charlotte, Jan e eu jogávamos cartas juntos. Charlotte morreu em 1985.

Poucos anos depois, uma descoberta surpreendente foi feita. Um pacote de cartas e fotos foi encontrado por uma pessoa que vasculhava as antiguidades à venda em um mercado de pulgas em Waterlooplein, Amsterdã. Entre os objetos estavam as cartas de amor trocadas entre Fritz e Charlotte que eu havia intermediado. As fotografias documentavam a ternura do relacionamento deles. As fotos do Dr. Pfeffer revelavam o homem belo e culto que eu conheci, e não o fanfarrão que Anne descreveu de forma tão grosseira em seu diário.

Poucos sabem que esse retrato não tão lisonjeiro de Fritz no diário, e a licença dramática tomada pelos roteiristas que adaptaram o diário para criar várias peças e filmes baseados nele, causavam muita infelicidade a nossa amiga Charlotte, assim como tristeza para Otto, Jan e para mim ao longo dos anos. Uma vez que essa imagem já estava criada, não podia ser desfeita, e isso magoou muito Charlotte.

Por causa das cartas de amor encontradas no mercado de pulgas e outras revelações, não era mais um segredo que, antes de Charlotte e o Dr. Pfeffer se juntarem, os dois tinham sido casados. Os dois tiveram filhos do primeiro casamento. Depois que ficamos sabendo que Fritz morreu no campo de concentração em Neuengamme, descobrimos que o primeiro marido e o filho de Lotte tinham morrido em Auschwitz, e que a ex-mulher de Fritz faleceu no campo de concentração em Theresienstadt.

Mais tarde, descobrimos que o filho do Dr. Pfeffer tinha sobrevivido na Inglaterra e foi para os Estados Unidos depois da guerra. Ele chamava a si mesmo de Peter Pepper. Por razões pessoais, decidiu não encontrar ninguém relacionado ao pai – Charlotte, Otto ou eu – até 1995, quando ele resolveu me encontrar. Nosso encontro marcante foi filmado para o documentário *A lembrança de Anne Frank*. Foi um momento memorável quando pousei meus olhos no filho de Fritz, que, de muitas formas, parecia com o pai. Nós apertamos as mãos. Nossos olhos se encontraram. Não havia nenhuma necessidade de me agradecer por ter tentado ajudar o pai dele, mas ele o fez. Naquele momento, nenhum de nós tinha como saber que ele morreria dois anos depois. A vida pode ser muito estranha.

DESDE A PUBLICAÇÃO de *Eu, Miep, escondi a família de Anne Frank*, eu recebi milhares de cartas do mundo todo, a maioria de crianças em idade escolar cheias de perguntas para mim. Fiz o melhor para responder a todas elas, mas, quando minha idade começou a dificultar isso, um holandês chamado Cor Suijk começou a me visitar semanalmente para me auxiliar. Mesmo que tivesse que dirigir de Aachen, Alemanha, ou voar depois de reuniões em Omaha, Nebraska, Cor nunca deixou de aparecer com novidades e uma piada na manga.

Em uma pasta na mesa ao meu lado, havia cartas escritas para mim por crianças e adultos de La Barre, França; Palmerston, Nova Zelândia; Omaha, Nebraska; Hobe Sound, Flórida; Hannover, Alemanha; Staffordshire, Inglaterra; Svenljunga, Suécia; Istambul, Turquia; Amsterdá, Holanda; Jerusalém, Israel; Teresópolis, Brasil. E mais. Não consigo descansar até que sejam respondidas.

Cor Suijk era um amigo próximo de Otto Frank. Ele trabalhou com a Resistência holandesa durante a guerra. Embora fosse apenas um adolescente à época, foi mandado para um campo de concentração. Algumas vezes, ele contou de um grande ataque surpresa que testemunhou em Amsterdá e que nunca esqueceu o que viu e ouviu. Homens estavam sendo colocados em bondes por soldados. Mulheres gritavam os nomes dos maridos ou irmãos ou filhos. Crianças berravam pelos pais e tios.

Por muitos anos, Cor trabalhou para promover a conscientização sobre o Holocausto ao redor do mundo. Ele fala muitas línguas, o que foi muito útil em seu trabalho e também para me ajudar a responder as cartas que recebi de tantos países diferentes.

Surpreendentemente, Cor foi o pivô de uma das revelações mais inesperadas dos últimos tempos. Por muitos anos ele permaneceu em silêncio sobre o fato de que Otto Frank tinha lhe entregado cinco páginas originais do diário de Anne para guardar. Cor explicou que o Sr. Frank tinha lhe pedido para manter aquelas páginas consigo até depois da morte da segunda esposa do Sr. Frank. Quando Cor soltou a notícia sobre essas páginas antes inimagináveis, o anúncio causou controvérsias.

Nessas páginas, Anne devaneava sobre assuntos muito íntimos. Os comentários dela foram entendidos como críticas ao casamento dos pais. Anne se perguntava se o pai amava a mãe tanto quanto a mãe o amava. Ela questiona se aquele amor é ou não romântico.

Devemos lembrar que aquelas eram apenas as opiniões de Anne. Embora o seu diário nos mostre sua maturidade e seu desenvolvimento ao longo dos 25 meses em que ficou escondida, ela ainda era, em essência, uma criança. Também deve ser lembrado que o Sr. e a Sra. Frank e todos os outros estavam vivendo sob grande tensão e sem nenhuma privacidade enquanto se escondiam. Para mim, essas circunstâncias não parecem as melhores para se julgar um casamento.

Conhecia o Sr. e a Sra. Frank como um casal havia dez anos. Na minha opinião, ele sempre foi um bom marido e pai, e ela sempre foi uma boa esposa e mãe.

Em 2007, outra descoberta foi feita, essa muito triste. Cartas escondidas em um envelope de papel pardo – mais de 80 cartas e documentos – foram descobertas entre dezenas de milhares de rabiscos e documentos em um arquivo no Yivo Institute for Jewish Research, em Nova York. Eram cartas urgentes escritas pelo Sr. Frank para seus contatos de negócios norte-americanos. Também havia cartas para amigos e familiares, incluindo dois irmãos de Edith Frank, Julius e Walter Holländer, que foram para os Estados Unidos em 1939. Naquelas cartas, o Sr. Frank pedia ajuda para conseguir visto para um país neutro ou para a América do Norte ou Cuba. A cada dia que passava, aquelas cartas mostravam um desespero crescente.

Eu sabia na época que o Sr. Frank estava fazendo tentativas desse tipo. Implorei a ele que tentasse sair da Europa. Sabia que se esconder era o último recurso. Aquelas cartas me lembraram daquele período terrível de tempos atrás, que a maior parte das pessoas não consegue mais imaginar.

Não me surpreendi ao ver que as cartas mencionavam repetidamente Anne e Margot, e o quanto o destino delas era mais importante que o dele ou o da esposa. Também não fiquei surpresa quando o Sr. Frank escreveu em uma das cartas que, se a família não conseguisse ir embora junta, Edith havia implorado que ele fosse sozinho ou, se possível, levasse as crianças consigo. Edith era esse tipo de pessoa.

OUTRA REVIRAVOLTA RECENTE diz respeito à grande castanheira no jardim adjacente ao esconderijo. É enorme, mais velha do que eu, e infelizmente não evitou pragas ao envelhecer. Por causa de fungos, podridão, infestação de traças e raízes mortas, há o perigo de que ela caia ou no museu em que o esconderijo se transformou ou na casa do vizinho. Especialistas concordam que a árvore deve ser cortada, mas protestos e clamores, tanto de ambientalistas quanto de leitores do diário, transformaram isso em uma causa mundial. As pessoas consideram-na a árvore de Anne Frank. Anne a menciona várias vezes no diário. Durante a primeira primavera no esconderijo, em 1943, Anne mal notou a árvore. Mas logo ficou encantada por ela. A menina subia ao sótão do esconderijo – algumas vezes acompanhada de Peter – e, como o sótão continha a única janela que não era coberta, ela podia olhar para os galhos daquela mesma árvore. No inverno, admirava gotas de chuva caindo nos galhos secos, no verão os admirava floridos.

Podia ver o céu e também uma gaivota vez ou outra através dos galhos. Ela escreveu que todas essas coisas que viu evitavam que ela ficasse triste.

Entendo por que a árvore significa tanto para as pessoas hoje, assim como significava para Anne. Embora tenha havido adiamentos, no momento, o destino da árvore é incerto.*

NÃO SABIA QUASE NADA SOBRE o trabalho clandestino do meu marido além de pequenos extratos e pedaços de informação que se revelaram durante a guerra. Sabia que ele conseguia cartões de racionamento ilegais para pessoas escondidas, o que significava que era capaz de obter comida para eles. Quando Paul ou eu tentávamos falar sobre a vida dele na guerra, Jan sempre dizia:

– Conto mais tarde, não agora.

Mas o "mais tarde" nunca veio. Jan morreu sem revelar a história completa de sua vida clandestina.

Por conta de pesquisas feitas pelo meu filho, por seu amigo Gerlof Langerijs e por outros desde a morte de Jan, soube que ele era um membro muito ativo de um dos grupos clandestinos formados por civis. Esses membros dividiram o mapa de Amsterdã e cada um deles visitava pessoas em seu território. Eles entregavam produtos, suprimentos médicos, cupons de racionamento e qualquer outra coisa que conseguissem. Esse era um trabalho muito perigoso, e Jan quase foi pego várias vezes quando visitou endereços que foram delatados para os alemães.

---

* Diante da mobilização popular, a árvore recebeu estruturas de aço para reforçar seus apoios e mantê-la em pé. Infelizmente, bastante apodrecida, a castanheira não resistiu a um forte temporal e acabou caindo em agosto de 2010. [N.E.]

Havia uma parcela violenta dessa organização, mas se Jan carregava armas, eu não sabia. Ele arrumava endereços para esconderijos por toda a cidade e também fora dela. Meu marido deve ter salvado inúmeras pessoas, a maioria judeus, mas também homens que não queriam trabalhar na Alemanha – *Arbeitseinsatz* – e outras pessoas que eram caçadas pelos nazistas.

Ele manteve silêncio sobre seu trabalho, assim como a respeito de seus companheiros da clandestinidade. No dia do seu funeral, vários homens daquele grupo estavam presentes. Eles apertaram minha mão, mas permaneceram reservados e nada disseram sobre as atividades dos tempos de guerra.

Meu filho se arrepende por não termos pressionado mais Jan para contar. Eu compartilho a mesma opinião.

A MAIOR PARTE DO NOVO material reunido sobre a nossa aventura tem se mostrado interessante ou surpreendente. Infelizmente, parte dele não é lisonjeira ou fundamentada. Vários pedaços de informações incorretas também se infiltraram na montanha crescente de materiais relacionados a Anne Frank.

Eu saúdo os roteiristas e diretores de cinema, e valorizo o trabalho deles. Mas acredito que é importante que os fatos históricos corretos sejam sempre observados. Algumas pistas não decifradas não deveriam ser transformadas em história.

Na interpretação de certos acontecimentos são usadas palavras negativas ou sensacionalistas para descrever os fatos, e algumas pessoas fizeram, acredito que injustamente, mal à memória de Otto Frank. Ele foi um homem que teve de lidar com a morte vindo ao seu encontro e ao de sua família. Foi um homem que fez o melhor que pôde diante das piores circunstâncias, e não merece ser caluniado.

Novas e controversas teorias sobre a identidade do traidor e os eventos que levaram a isso têm sido interligadas em diversas publicações. Por causa da nova pesquisa, agora sabemos que havia diversas pessoas com motivos ou oportunidades para trair meus amigos no esconderijo. Embora algumas dessas teorias sejam plausíveis, até agora nenhuma foi provada de fato.

Minhas palavras finais sobre a traição são essas: jamais saberemos.

COMO A ÚNICA SOBREVIVENTE DESSA história, frequentemente sou questionada sobre esses acontecimentos. Algumas vezes respondo; em outras, escolho permanecer em silêncio quando acho ser o melhor. Entretanto, eu gostaria de aproveitar essa oportunidade para esclarecer alguns fatos:

Jan e eu não fomos jantar em um restaurante na noite seguinte ao ataque alemão em 10 de maio de 1940, como um dos filmes mostra.

O homem que veio prender as pessoas no esconderijo, o primeiro-sargento da SS Karl Silberbauer, chegou ao esconderijo de bicicleta, não em um Mercedes brilhante com uma bandeira da suástica no capô como o mesmo filme mostra.

Embora Silberbauer tivesse uma pistola quando apareceu naquele trágico 4 de agosto, ela nunca foi apontada para minha cabeça, como foi incorretamente mostrado em outra versão dos eventos daquele dia.

Assim como nenhum rifle foi empunhado durante o interrogatório. E Anne não gritou no momento da prisão. Só Margot chorou, mas, de acordo com o Sr. Frank, ela o fez em silêncio. Essas imprecisões também foram acrescentadas a um filme.

Depois da guerra, quando vi o Sr. Frank através da janela da frente do nosso apartamento, corri para fora para cumprimentá-lo. Recentemente escreveram que eu o vi chegar de carro. Isto é incorreto. Vi o Sr. Frank chegar a pé. Ainda posso vê-lo passando por nossa janela.

DURANTE O PERÍODO DO ESCONDERIJO, vivi para o dia em que a guerra acabaria, quando estaria livre para entrar no esconderijo, abrir a porta e dizer para os meus amigos:

– Agora vão para casa!

Isso não aconteceu.

Talvez, quando chegar a hora de me juntar a Jan e nossos amigos no além, vou empurrar a estante, passar por ela, subir a escada íngreme de madeira, com cuidado para não bater a cabeça no teto baixo que Peter forrou com uma toalha velha. Lá em cima, Jan estará apoiado na beira do guarda-roupa, com as longas pernas esticadas, Mouschi em seus braços. Todos os outros estarão sentados em volta da mesa e vão me cumprimentar quando eu entrar.

E Anne, com sua curiosidade de sempre, vai levantar e correr até mim, dizendo:

– Oi, Miep. Quais são as novidades?

Duvido que vou ter que esperar muito tempo.

As pessoas me perguntam como é ter vivido mais do que quase todas as pessoas com quem dividi a história. É um sentimento estranho. Por que eu? Por que eu fui poupada do campo de concentração depois de ser pega escondendo judeus? Nunca vou saber.

Tentei falar por Anne, mas em várias ocasiões pensei que ela é quem deveria estar aqui para falar por si. E não podemos nos esquecer de Margot, que escrevia seu próprio diário, que nunca foi encontrado.

Aparentemente, o destino quis que fosse assim.

As pessoas também me perguntam se há algo que eu queira dizer agora que me aproximo do meu centésimo aniversário. A resposta é: eu tive muita sorte. Vim de longe e sobrevivi à guerra. Fui presenteada com uma vida longa. Talvez as conquistas mais valiosas sejam que ainda tenho a mente sã e que minha saúde – considerando minha idade – é boa.

Por alguma razão, tive a grande sorte de encontrar e proteger o diário, de ser capaz de levar a mensagem de Anne para o mundo.

Nunca vou saber por quê.

AGRADECIMENTOS

Agradeço a:

Jan Gies, que é nosso suporte tanto no presente quanto foi no passado. Pieter Van der Zwan, por sua ajuda. Jacob de Vries, por seu refinado trabalho fotográfico. Jacob Presser, por seu excelente material de referência. Jan Wiegel, pelo uso de imagem. Marian T. Brayton, pela orientação. Instituto Anne Frank, Amsterdã, e Fundo Anne Frank/Cosmopress, Genebra, pelas fotos, reproduções e permissões. Doubleday & Co., Inc., pela autorização para reproduzir um trecho de *O diário de Anne Frank* por Anne Frank, copyright 1952 por Otto H. Frank. Meredith Bernstein, pelo agenciamento entusiasmado. Bob Bender, por sua edição habilidosa. Sharon H. Smith, pela ajuda especial, oferecida espontaneamente. E a Lily Mack, pela inspiração: embora sua infância tenha sido destruída pelos nazistas, sua capacidade de ver beleza em tudo não foi dizimada.

Esta sou eu (à direita) aos 12 anos, em 1921.

Eu em 1933.

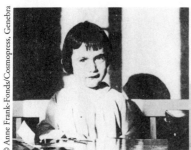
Anne Frank em 1933, época em que a família Frank emigrou da Alemanha para os Países Baixos.

Anne Frank e seus colegas de sala em 1935. Esta foto foi tirada pouco tempo depois que a conheci. Anne está no centro, destacada pelo círculo.

Otto Frank na época em que comecei a trabalhar para ele.

Anne por volta de 1936 (à direita), e por volta de 1937 (abaixo), em frente ao escritório, no n. 400 da Singel.

Otto Frank e eu no escritório da Singel,
n. 400, em 1937.

Jo Koophuis.

Após a mudança para a Prinsengracht, n. 263. À frente, sentados da esquerda para a direita, estão Victor Kraler, Elli Vossen e eu. Ao fundo, outras duas funcionárias do escritório.

Vista aérea atual da Prinsengracht, com a Westerkerk à direita.

Anne Frank, 1940.

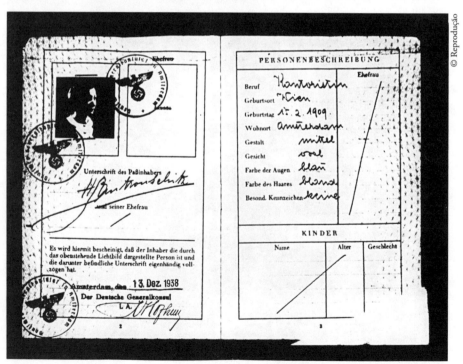

Meu passaporte com o carimbo da suástica.

Margot Frank e
Anne Frank, 1941.

À esquerda, Henk e eu no dia de nosso casamento, 16 de julho de 1941.

Abaixo, o Sr. e a Sra. Van Daan e Victor Kraler.

À direita, a Sra. Samson
(de chapéu e casaco escuros).

Abaixo, os demais convidados.

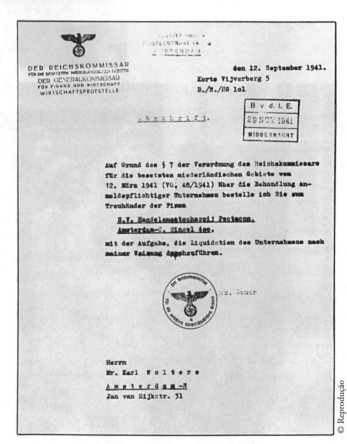

À esquerda, a estrela amarela que os judeus foram obrigados a usar.

Abaixo, a ordem que liquidou a Pectaton como empresa judia.

Ao lado, vista da fachada da Prinsengracht, n. 263.

Abaixo, vista da parte de trás, mostrando o Anexo, ou esconderijo, e a castanheira que proporcionava sombra ao edifício.

À esquerda, Edith Frank.

Abaixo, à esquerda, Peter van Daan.

Abaixo, à direita, Albert Dussel.

Anne, em 1942.

Entrada do esconderijo, com a estante de livros em frente à passagem (à direita), e com a estante puxada para o lado, dando visão da escada de acesso.

Ao lado, torre da Westerkerk vista da janela do ático, no esconderijo.

Abaixo, parede do quarto de Anne no esconderijo, com todos os seus retratos ainda afixados.

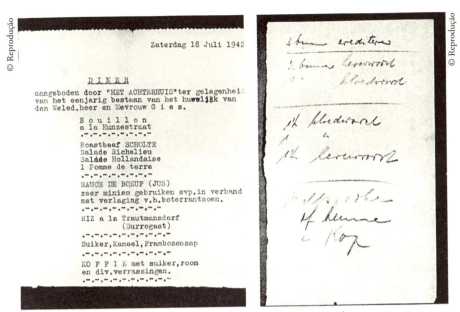

Acima, à esquerda, cardápio que Anne datilografou para a comemoração de nosso primeiro aniversário de casamento, no esconderijo.

Acima, à direita, lista de compras que Herman van Daan redigiu no esconderijo. As listas que eu levava ao açougueiro a quem o Sr. Van Daan tinha me apresentado eram quase sempre assim.

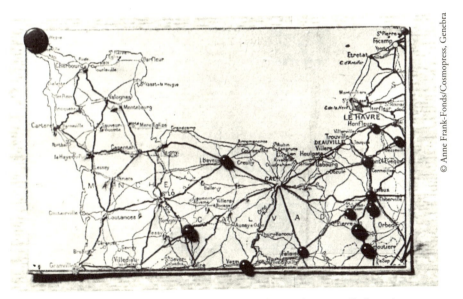

Mapa que ficava na parede do esconderijo, mostrando o progresso das tropas Aliadas após a invasão da Normandia.

A carteira de identidade de Henk e a minha.

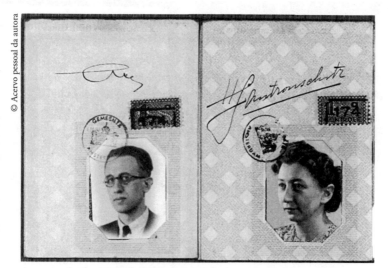

Cupons de racionamento e lista, publicada no jornal, dos produtos que podiam ser comprados, 1944.

Acima, documentos de transferência e repatriação de Otto Frank e, abaixo, seu cartão de refugiado.

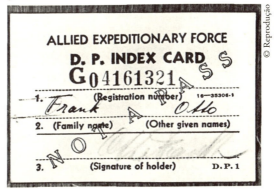

Prinsengracht, n. 263, em outubro de 1945. Em pé, da esquerda para a direita, Koophuis e Kraler. Sentados, eu, Otto Frank e Elli.

A tenebrosa carta que nos contou que Margot e Anne não iriam voltar.

Ela diz o seguinte: "Venho por meio desta informar que Margot e Anne Frank, alocadas no Schonungsblock [bloco dos convalescentes], n. 19, do campo de prisioneiros de Bergen-Belsen, faleceram entre o final de fevereiro e o início de março (1945).
Eu própria era prisioneira no mesmo campo, no bloco n. 1, e tinha amizade com as garotas acima mencionadas."

Otto Frank, Henk e eu em 1951; nos meus braços, meu filho, Paul.

O xale que Anne usava para escovar os cabelos e um retrato de Otto Frank sobre a escrivaninha que pertencera à família e que o Sr. Frank me deu antes de morrer.

Lendo o livro de Anne.

Henk e eu em Amsterdã (1986).

Eu, à direita, e Alison Leslie Gold (2002).

Este livro foi composto com tipografia Adobe Garamond Pro e impresso
em papel Off-White 70 g/m² na Formato Artes Gráficas.